人文学术系列

学术顾问（排名不分先后）

欧阳康　邓晓芒　何锡章　罗家祥

主　　编

董尚文

编　　委（排名不分先后）

程邦雄　刘久明　王　毅　王晓升

张廷国　陈　刚　雷家宏　李传印

书　　目

正义的主体性建构

Constructing Justice from the Perspective
of Marxist Subject-Analysis
——An Interpretation of Rawls's Theory of Justice

——罗尔斯正义理论研究

舒年春◎著

人民出版社

序

从学术上使"正义"概念重新成为焦点话题的当代思想家,当首推哈佛大学教授约翰·罗尔斯。罗尔斯 1958 年发表了《作为公平的正义》(也译为《正义即公平》)一文,1971 年出版了其集大成之作《正义论》。他的"正义即公平"观念出场的社会背景,如王沪宁所说,"正是美国社会风云变幻的年代。资本主义社会固有的矛盾和冲突接踵而至,此起彼伏。经济危机、通货膨胀、种族歧视、民权运动、女权运动、贫困问题、抵制越战的浪潮、学生造反……接连发生。这无疑会引起人们对社会正义问题的反思。罗尔斯置身于这样一个时代,认真思考和观察这些现象,并把走出困境的希望寄托于正义观念的澄清。"①总之可以说,正是当代实践的困境,重新激活了对传统正义观的反思。

罗尔斯正义观的一般原则是:"所有社会价值——自由和机会、收入和财富、自尊的社会基础——都要平等地分配,除非对其中一种价值或所有价值的一种不平等分配合乎每一个人的利益。这样,不正义就只是那种不能使所有人得益的不平等了。"②这就是"作为公平的正义"的基本含义。由于罗尔斯是自觉地站在西方传统自由主义的立场上,为改良西方资本主义制度而进行思考的。因此他的论述走向了具体层面的论证和相当具体化、技术化、操作化的设计,包括如何设定"公平"的前提,如何定义和推论他的几条"原则",如何落实为体制的设计等。这些叙述相当繁复细致,有时甚

---

① 王沪宁为《正义论》中译本(谢延光译,上海译文出版社 1991 年版)所写的序言。
② 罗尔斯:《正义论》(修订版),第48页。

至要靠随时创造新的概念来自圆其说和回应批评。但是他的诚实和苦心却收到了出乎意料的效果,这就是,他的结论和与之相联系的科学精神与建设性态度,对于西方传统的自由主义理念来说,构成了两个方面的颠覆性挑战:

一是他超越了一向以"自由"为首要价值的自由主义传统,使平等(公平)成为新的主调。这至少意味着,自由不再独占正义,而是从属于正义了。

二是他进一步推论出了一种"自由社会主义政体"①设想,使走向社会主义以拯救和发展资本主义也重新成为一个选项。因此贝尔说,在罗尔斯那里"我们看到现代哲学最全面地努力支持一种社会主义的道德"②。就是说,社会主义不再是资本主义的死敌,而是可以成为后者的一个前景了。

这两个方面的突破必然地触动了政治和意识形态的敏感神经,引起了广泛关注和激烈争论。对此可不细说。我们不妨暂时搁置一些细节问题,从哲学的高度回到争论的宏观主题和起点,直接去领会罗尔斯的纲领性命题"作为公平的正义"。那么可以说,罗尔斯的新正义观实际上提出了具有时代意义的重大问题和启示,即对"正义"、"自由"、"平等(公平)"三大价值范畴之间相互关系的新理解。

例如根据罗尔斯的结论,我们可以逆推出两个前提性的结论或判断:

其一,"正义"是一个"属"概念,人类历史上不同时期涌现出来的如"秩序"、"安全"、"幸福"、"美德"、"人权"、"自由"、"平等"(公平)等价值范畴,都可以看作是它的"种"概念。"种"概念代表人类为了实现正义追求而在现实中加以落实的产物,它们是构建"正义"丰碑的一块块基石。承认这一点意味着,"正义"不再脱离现实,不再仅仅代表一种纯属"应然"的想象和意愿,不再悬浮于人言人殊的虚幻境界。事实上,"正义"总有自己不断生成着的尺度和成果,即"实然"的过程和形态,它就在人类的历史实践过程中,一直被追求着,实现着。因此,我们无须在已有的秩序、美德、人权、自

---

① 罗尔斯:《正义论》(修订版),修订版序言,第5页。
② 丹尼尔·贝尔:《后工业社会的来临》,高铦等译,新华出版社1997年版,第486页。

由、公平等价值范畴之外,去寻找或构想一个与之无关的正义,而是可以通过它们之间的联系和历史进程,来具体地理解正义范畴的内涵、外延及其类型。在一定条件下,正义可以就是指秩序、美德、权利等本身,它们分别联系着人类正义发展的不同阶段、不同侧面和不同程度。

其二,经过人类长期的追索和创造,当代可供选择的正义模式,目前主要有两种基本类型:自由型和公平(平等)型。罗尔斯告诉我们,不仅存在着"作为自由的正义"和"作为公平的正义"这两种正义类型,而且,后者还是前者的发展形态。也就是说,"公平型的正义"代表着当今时代的共同价值。

尽管罗尔斯在当代美国语境下的思考,与我们在当代中国语境下的思考之间,起点固然有些不同,但有一个共同的理论需要,就是要从诸如"权力"与"权利"、"义务"与"责任"等基本概念开始,重新审视它们的理论逻辑,并进一步追问,当"权力"与"权利"、"义务"与"责任"等成为一种怎样的关系,或被怎样理解并执行时,才能够阐明公平正义?而人类历史上长期存在着权利与责任之间的分离和对立,则是最根本的不公平,并且是许多残暴悲剧和战争动乱的根源。因此可以说,我们要在所有问题上坚持公平正义,归根到底就要保证使每个个体的权利与责任走向统一。就是说,最理想、最彻底的社会公平,必须是在全体人民或公民的权利与责任到位并彼此统一的时代才能实现。这一思想正是马克思曾经阐述过的。马克思认为,只有彻底实现人类的解放,使每个人的自由全面发展得到保障,才能实现真正彻底的公平。应该说,这也就是理论上最彻底的公平正义观。

现实地摆在我们当代中国人面前的,是走出一条从"自由型正义"走向"公平型正义"的道路。这一历史任务已作为一种"实然"中的"应然"呈现于时代的前方,成为人类进步的目标。

当代中国的社会主义现代化建设已经进入"'两个一百年'奋斗目标的历史交汇期",如何在思想观念层面构建出一套适合中国情况的社会主义性质的正义观进而引领中国特色社会主义事业的更进一步发展是我们理论工作者义不容辞的责任。

舒年春博士的学位论文,是在十几年前对这一领域进行探讨的苦心之作。这些年来,他对自己的论文进行了反复的斟酌、补充和修改,终于正式出版问世了。作为他当年读博时的指导教师,我深知这一努力过程的意义和其中的艰辛,吾以此序言表示真诚的支持和祝贺!

李德顺

2020 年 2 月

目　　录

导　言

　　罗尔斯一生的著述不算太多,但其影响却是全球性的。积 20 年之功的《正义论》(*A Theory of Justice*)于 1971 年出版,给美国乃至全球的学术界尤其是伦理学、政治哲学界注入了一股新鲜血液,"罗尔斯产业"一词(Rawls'industry)足以表明罗尔斯在当时美国的影响;目前《正义论》一书已经被翻成了大约 27 种语言,可见罗尔斯及其理论的影响是超越国界的。罗尔斯一辈子的主要精力放在辩护、修补《正义论》,使之更清晰、更前后一贯和更有说服力上。1996 年,罗尔斯出版了《政治自由主义》(*Political Ciberalism*),这本书继续并修正了《正义论》中所提出的公平正义观念,从道德建构论走向了政治建构论,从而把"良序社会"(well-ordered society)的统一基础归于作为一种政治的正义观念(a political conception of justice)的两个正义原则。在《正义论》中,这个基础是作为一种统一的全备性的道德学说(comprehensive moral doctrine)的两个正义原则,这种转变体现着罗尔斯对合理多元论事实的关注,对"合理性"(reasonableness)的追求和对公共理性(public reason)理想之限制的重视与尊重。1999 年,罗尔斯又出版了《万民法》(*The Law of Peoples*),该书把罗尔斯的公共理性理念整合进万民法,从而把其社会契约理念扩展到万民之大社会(the Society of Peoples),从中引出一些为自由主义社会和非自由主义(但合宜的)社会(nonliberal but decent societies)所共同接受的、用于调整其相互间行为的标准和一般原则(八项原则),并专门考察了非理想理论中的战争问题,提出了限制战争行为的六项原则。至此罗尔斯关于合理的(reasonable)①公民共处于一个正

---

　　①　在本书附录二中,笔者专门考察了将 reasonable 译为"讲理的"理由,相应的,national 被译为"合理的"。在本书的正文部分,笔者以"理性的"与"合理的"来译 rational 与 reasonable,这是笔者在博士论文写作期间的理解,拟保持不变,以凸显罗尔斯这个关键区分的意义。

义的社会,合理的社会和平共处于一个正义的世界如何可能的思考达到一个高峰。但因为罗尔斯在《万民法》坚持人权标准划分敌友,主张对邪恶国家(outlaw states,也译为"法外国家")实行防御战略,进而主张自由主义民邦和合宜民邦(decent peoples①)拥有某些核武器并且不允许邪恶国家拥有类似的武器,从而激起了又一轮争论热潮。应当注意的是:罗尔斯正义理论的论证和发展是相当精心和小心的,但极力追求"合理性"和克服个人主义(individualism②)的罗尔斯还是未能跳出其"美国公民"身份。所以,罗尔斯的理论里充满了诸多矛盾与不一致。本书的一个重要任务就是从主体性建构的角度展示这些矛盾与不一致,并试图揭示出现这些矛盾与不一致的原因在于缺乏主体性分析,并力图将罗尔斯的理论往前推进一步。

一、研究缘起

了解、研究罗尔斯的理论是笔者的夙愿,遗憾的是长期未能如愿。究其原因,大概有二:第一,阅读罗尔斯的著作本身有一定难度,他论证问题的方

---

① 在《万民法》中,罗尔斯对 people 与 state 作了精心区分(见《万民法》第一部分第二节:为什么用 peoples 而不是用 states?)。自由主义民邦(liberal peoples),这是借用胡水君的译法,这些国家以民族为基本单位但不同于类似于理性经济人的国家,它们有三个方面特点即一个为它们的根本利益服务的合理的正义的立宪民主政府(制度上)、被"普遍同情"(J.S.Mill语)统一在一起的公民(文化上)、一种道德性(对有关正当与正义的政治[道德]观念的坚决忠诚)。简言之,自由主义民邦既是理性的(rational)又是合理的(reasonable),其理性行为及其政府的法律与政策受它们的合理感(their sense of what is reasonable)的约束,而且提供与其他民邦合作的公平条款,缺乏传统的主权所主张的尤其是战争权和无限制的国内自主。states(国家)则是许多关于战争原因与和平维护的国际政治理论中的行动者,只是理性的,受其基本利益的指导,寻求影响其他国家的军事上、经济上和外交上的实力。此种情况下,世界政治表现为全球无政府状态下的实力、特权与财富的争斗。罗尔斯所做的工作是重构传统的主权理论,国家主权的来源不再是国家的理性或审慎利益而是要受各国共同承认的万民法的限制,这是罗尔斯区分二者的原因,也是罗尔斯主张"人权高于主权"的根本原因。

② 对于个人主义的理解,罗尔斯基本遵循卢克斯(Steven Lukes)的看法:它被界定为这样的学说,人们所具有的根本目的与切身利益独立于特殊的社会形式而被决定;社会和国家被视为用以满足这些先已具有的个人目的的制度安排,而这些先行的目的由一个既定且不变的人类心理所规定。但是,罗尔斯在论文《公平地对待善》("Fairness to Goodness")(1975)中明确指出,原初状态并不预设这种抽象的个人主义学说,因为他的良序社会理论强调的是个人利益与目的对于现存制度及其所满足的正义原则的依赖,而且原初状态里的各方当事人被假定知道有关个人基于其社会性而相互依赖的一般真理。

式(如原初状态的思想实验等)让我有些抓不住要领,这也许是其中注重语义分析和论证的分析哲学和美国政治思想的建构论特色在起作用的缘故;第二,国内外阅读、研究罗尔斯的人数不胜数,研究成果当然也是浩如烟海。两方面的原因合在一起让我的阅读一度停滞。这种状况在师从李德顺先生后逐渐有了改变,是李老师让我明确了研究罗尔斯的角度:从主体性建构的视角对其理论进行阐释与批判。

在不少情况下,社会思想家对"自己的理论是为什么人说话的"这一点只有一般或模糊的意识,有时甚至完全没有意识,阐释思想的人也只是在思想家所给予的文本所限定的框架内工作,也就是说,思想家对其理论、研究者对其所研究的理论往往都缺乏主体性分析的自觉,在潜意识中常以"这个理论对于所有人都是无条件适用的"为前提。这种情况我在阅读研究罗尔斯时,有充分的感受。现在我认为,分析与辨识一种理论的立论立场对于完整理解该理论具有根本性的意义,对罗尔斯这样一位影响巨大而又争议颇多的思想家尤其如此。

研究罗尔斯是否只是笔者的个人趣味呢? 其实不然,我认为这个主题有着深刻的现实意义。由于计算机技术、交通技术和经济全球化的迅猛发展,人类社会进入到一个普遍交往、相互依赖、互竞共生的全球化或"世界历史"时代。要在这个时代生存、发展,就需要一些共同接受的行为规则,这些规则如何产生便是摆在世人面前的一个重大课题,因为规则的产生方式直接影响着它本身的合法性即公共认同。于是近年来,伦理学、道德哲学及政治哲学成为全球知识分子关注的中心。作为国际大家庭中重要成员的中国,同样要考虑在制订全球性规则时,尽自己一分力量。要做到这一点,不可缺少的一件事就是理解别人的规则是怎么制订出来的,"知己知彼",才能左右逢源。研究罗尔斯的理论就是了解西方规则制订方式和把握规则中所蕴含的精神的一个契机。

一般而言,规则的产生至少有以下两种截然不同的方式:一种是在习俗、惯例的基础上,在人们的交往互动过程中自然演化生成的;另一种是凭借人的理性建构出来的。前者形成的是一种自然秩序,后者达到的则是一种人为秩序。这类似于哈耶克所做的"自生自发秩序"(spontaneous order)

和"组织秩序"（organization）或"人造秩序"（a man-made order）的划分。而人为秩序又有两种形成方式：一是由一个最高的统治者或权威以自己的个人意志或假托"上帝"之名颁布规则；一是通过假想"社会契约"的缔结或通过相关当事人的现实的商谈、互动产生规则，如：罗尔斯的"个人选择"（原初状态）产生原则、规范；哈贝马斯的集体互动（商谈程序）产生原则、规范，等等。在一个我们可以分析、可以在其中现实生存着的社会里，两种规则其实是并存的，不然的话，落后对先进的学习要么不可能，要么没必要。而没有相互学习、相互提高的交往是不可想象的。罗尔斯所提出的正义原则就具有典型的建构论特征，而且体现出从道德建构论到政治建构论的转变，显示着鲜明的自由主义色彩，而自由主义的理念是欧美国家里影响最为深远的意识形态之一。所以，研究罗尔斯对于我们理解欧美国家的内政外交是有一定帮助的。

二、国内外罗尔斯理论研究的简要回顾

首先我们看看国外罗尔斯研究的大体情况：

根据《罗尔斯剑桥指南》（*The Cambridge Companion to Rawls*）[1]提供的信息，截至1982年研究罗尔斯的文献就超过了2500条。到1999年，约有3000篇讨论罗尔斯理论的批评性期刊文章，涵盖哲学、经济学、法律、人文学科等学术领域。[2] 在《指南》里，相关资料（截止到2001年）被分成两大类：第一，罗尔斯的本文，首先包括三本专著和他围绕其三本专著发表的、包括与其他人论战的一系列论文，从1951年到1997年，其次包括1950年写就的博士论文即《伦理知识的根据研究：参照个性的道德价值所做的考察》，由此可见罗尔斯从其读博士时起就开始了对规范之终极基础的探究，这种刨根问底式的哲学探索贯穿着他的一生；还包括 Samuel Freeman 编辑的论文选集（1999年）、由 Erin Kelley 编辑出版的《正义新论》（2001年）及

----

① 参阅 Freeman 撰写的导论，该指南由 Samuel Freeman 主编，剑桥大学出版社 2003年版。

② 参阅 Henry Richardson 和 Paul Weithman 编《罗尔斯哲学——论文精选》的 Series Introduction。

Barbara Herman 编辑的道德哲学史讲义（2000 年）和由 Samuel Freeman 编的政治哲学史讲义（2007 年）等。

第二，研究罗尔斯的资料，即（1）研究罗尔斯理论的专著和与罗尔斯进行论战的著作；（2）研究罗尔斯的论文结集包括几次研讨会的论文集；（3）关于《正义论》的论文一直到 1998 年；关于《政治自由主义》的论文到 1999 年；（4）相关专题研究：关于罗尔斯与社会契约学说关系的文章；关于自由主义与基本自由的优先性的文章；关于平等主义、分配正义及差异原则的论文；关于道德哲学和政治哲学中的论证问题即建构主义、公共理性和反思平衡的论文；关于罗尔斯的道德心理学和公平正义的稳定性的论文；关于罗尔斯和康德即康德式解释与个人观念的论文；关于罗尔斯、正义与个体应得的论文；关于罗尔斯与立宪主义及法治的论文；关于罗尔斯与功利主义的论文；关于罗尔斯与经济学及社会选择理论的论文；关于罗尔斯与社群主义的论文；关于罗尔斯与女权主义的论文；关于万民法与国际正义的论文；关于罗尔斯与马克思及左翼批评的论文；关于保守派自由主义与激进派自由主义对罗尔斯的批评的论文；关于罗尔斯与宗教的论文；（5）关于罗尔斯早期著作的讨论与批评的文章；（6）其他方面的讨论（如正义原则的拓展运用）及书评等，其中包括一些法文、西班牙文和德文等非英文文献。值得一提的还有基本收罗了研究罗尔斯的重要论文的三部文集：第一部是 Norman Daniels 编《阅读罗尔斯——对罗尔斯〈正义论〉的批判性研究》（Basic Books 1975 年出版，增加 Daniels 撰写的新序言 1989 年斯坦福大学出版社再版）；第二部是 Henry Richardson 和 Paul Weithman 编《罗尔斯哲学——论文精选》（5 卷本，1999 年 Garland 出版）；第三部是 ChandranKukathas 编《约翰·罗尔斯：对顶尖政治哲学家的批判性评估》（4 卷本，2003 年 Routledge 出版）。根据笔者与一些美国学者的接触，我们知道：在美国，有学者如施罗德（David Schrader）、马格内尔（Thomas Magnell）等对罗尔斯研究甚多，但没有专门写作相关论文或所发表的论文尚未收入国内可见的英文文献。由此可见，在相当长时间内，罗尔斯研究是英美学界乃至德法学术界的一门显学。就影响力和理论倾向而言，可以说，在当代政治哲学史上，罗尔斯是 20 世纪下半叶至 21 世纪的"康德"（Norman Daniels 称之为 20 世纪的"洛克"

或华人学者崔之元称之为"卢梭"），当然其书斋气也许比哈贝马斯（人称欧陆的"康德"）更重①。

我们再来看看国内罗尔斯研究的现状，应该提及万俊人、廖申白、姚大志、赵敦华、顾肃、何怀宏、徐友渔、应奇、慈继伟、韦森、许纪霖、胡水君、石元康、高全喜、李小科、葛四友、谭安奎、陈肖生、周保松等学者。其中赵敦华、顾肃、石元康和何怀宏等专门写过解读《正义论》的专著，万俊人、廖申白、何怀宏、姚大志、张晓辉、顾肃、陈肖生等直接翻译过罗尔斯的著作，慈继伟、韦森、许纪霖、高全喜、顾肃、姚大志、龚群、谭安奎、周保松等人的研究成果值得对罗尔斯感兴趣的人重视，李小科、陈肖生专门就罗尔斯政治哲学做过博士论文。

大致搜索了一下中国期刊网，1994 年到 2003 年，关于罗尔斯的论文200 多篇，涉及到的论题大体有罗尔斯道德哲学的方法（契约论方法）；罗尔斯与诺齐克、与哈贝马斯、与桑德尔、与麦金泰尔、与尼尔森的对话及两者观点的比较，甚至有罗尔斯与汉思·昆的比较以及"西方马克思主义"对罗尔斯正义论的批评；罗尔斯理论中的某些概念如互惠性概念、自律概念、自我概念等和某些观点如罗尔斯对自由与平等间关系、对公平与效率间关系的处理以及罗尔斯的国家观、正义原则；对罗尔斯理论的思想源流进行清理：与古典自由主义、与功利主义、与契约论传统等的关系；对罗尔斯的宗教观、政治家（statesman）观念及罗尔斯与女权主义的关系等等。通过研究内容的梳理，我的总体感觉是：第一，国人对罗尔斯与社群主义、与哈贝马斯和与诺齐克的比较做得较多，对罗尔斯单个的概念关注较多，而很少人把他的四本专著当作一个整体进行研究，而且研究的深度与力度都是有提升空间的；第二，2000 年以来罗尔斯研究在中国大陆长期是热点，罗尔斯刚逝世那段时间，国内就掀起了一场研究罗尔斯的小高潮，《世界哲学》（2003 年第 2期）《开放时代》（2003 年第 1 期）以及《沙洋师范高等专科学校学报》

---

① 美国著名法学家理查德·A.波斯纳（Richard A. Posner）虽然承认罗尔斯是对当代法学理论产生重要影响的极少数哲学家之一，但是他明确地把他与德沃金等人纳入学院道德派（academic moralism）的行列，否认他们的理论对实际司法实践的影响。转引自张国清在翻译《道德哲学史讲义》时写的译者序，第 2 页，该书由上海三联书店 2003 年出版。

(2003年第6期)等期刊专门做了纪念罗尔斯专辑。①

国内还有以罗尔斯正义理论为主题做硕博士论文的,大约有137篇,其中博士论文29篇,这些论文要么着眼于罗尔斯与诺齐克、与马克思、与G.A.科恩、与阿玛蒂亚·森、与桑德尔、与哈贝马斯等的比较,要么着眼于罗尔斯前后期思想的比较,或者是对罗尔斯建构主义方法及个别概念如重叠共识、公共理性等的阐释,要么是一些专题研究,如代际正义、环境正义、全球正义、分配正义、自由与平等的关系、自由主义中立性等。从国内外关于罗尔斯理论的研究文章的标题看,已有的研究往往多关注其理论的局部,缺乏一个总体性的视野,对罗尔斯正义理论这样一种规范理论缺乏主体性分析的自觉,因而对《正义论》到《政治自由主义》再到《万民法》的转变没有一个公认的有说服力的解释。从这个总体性的视野出发对罗尔斯的正义理论进行主体性分析正是本论文的着力之处。这个视角可以说是全新的,目前尚未有人专门以此视角对罗尔斯正义理论做过系统研究。

但是,应该承认和交代的是,由于时间和能力所限,笔者主要只是阅读了罗尔斯原著,尚未对研究罗尔斯的国内外研究性文献进行认真的全文阅读,这是笔者以后的研究应该补上的。

三、运用主体性分析方法解读罗尔斯正义理论的必要与可能

以上是本书立论的基础之一。剩下的问题便是对正义进行主体性分析与建构的可能性论证了,即主体性分析何以成为研究正义理论的一种方法或视角呢? 这是本书立论的另一个基础。

我们把我们生活于其中的世界划分为事实与价值两个部分,与此划分相应的研究是知识论和价值论:前者求"真",研究中奉行客观性原则;后者求"善"或"好",研究中奉行主体性原则。主体性分析是研究价值问题、价

---

① 2019年10月2日,以主题"罗尔斯"搜索中国知网—期刊,2009年至2017年,连续九年年度发文超200篇,其中2010年期刊发文约270篇。这表明2010年代,罗尔斯研究热潮在大陆学界达到顶峰。

值现象的一种有效方法,因为价值是以人的主体性("为我"目的性、需要、能力等及其发展)为尺度的一种(主客体)关系态,任何时候谈到"价值",都是指什么东西"对于人(人类整体或某一部分人或某个人,这一点总是具体地、历史地、多样化地表现出来的)的意义"。也就是说,在所谓的价值世界和价值观念领域,正是人——实际上也唯有人——普遍地居于最高的、主导的地位。人是根据,是尺度,是目的。

价值是人的实践与认识活动的一个维度(另一个维度是真理),表现为客体对主体的符合、客体向主体的趋近(真理则是主体对客体的符合、趋近),所以对价值问题的研究要围绕主体——人来进行。在价值领域中,人是万物的尺度,必须充分揭示和保持人的主体地位,尊重人自己,尊重他们的探索权利,让人自身切实地承担起对他们自己实践结果的责任,简单地说就是:"把人的权利和责任还给人自身"!

但是每个人都不可能单独面对自然界进行认识世界和改造世界的活动,因为人是社会的人,人的现实存在必然与他人发生关系。所以,实践着的人们总是依照某些规则联合在一起交往互动、共同面对外部事物的。这些规则即社会规范存在的理由就在于它通过调整人们之间的社会关系而可能在人群中形成一种长期有效的、有益于该社会中每个人的合作秩序;而每个人由于其个性、需要与能力的差异往往会具有不同的目的、计划或善观念,因此,如果彼此间没有一种协调,人们间就不能实现比较优势互补,更不用说实现各自的目的了。所以必然发生交往互动的人们总是需要一定规范来约束的。对规范的需要既是人们成功从事交往活动的必需,又是"社会性"的人之基本需要。

这涉及规范的价值与规范价值问题,具体而言,"规范的价值"是指规范作为客体对主体-人的生存发展所具有和可能具有的意义,这一概念意味着人把规范当作达到其目的的手段,人对规范持一种工具论的态度;"规范价值"则与前者相对,是指任何事物包括人的行为在内对于人的规范本性与需求的意义,这意味着对一定规范的依赖已被确认为现实的人的一种基本需要,成为现实的人的完整生命的一部分,满足和实现这种需要则成为了对人的一种直接价值。在这种理解中,规范成为人的主体性尺度的一部分,规范也就成了人的目的本身了。概括地讲,规范的存在与发挥作用体现着对人在价值领域中的主体地位的保证与尊重,体现着对人的尊严的维护。

前文已经说到,规范有两种产生方式:一种是在习俗、传统的基础上在人们的交往互动和实践活动中逐渐形成;另一种则人们假托某种权威(或神圣或世俗)颁布的或由人的理性设计出来的,可见,规范的产生总是直接或间接地与从事着实践活动的人有关,它体现着这些人的利益与愿望之要求。而现实进行的实践活动"赋予"活动者以主体的地位,规范对人的主体地位的尊重与保证落实为对人的利益要求的满足,所以,规范问题的研究离不开主体性分析。

罗尔斯的正义理论旨在提出一些道德原则以调整社会的基本结构,进而形成一种正义(或者说公正)的背景制度,为每个人的利益要求的满足提供必需的条件,他的理论起的就是一种规范的作用。所以,他的理论是一种社会规范理论,因而可以运用主体性分析方法解读它。

"主体性"这个概念的意义在于标示"人在自己的对象性关系中的权利与责任",承认价值的主体性意味着承认和尊重每个人在价值选择上对自己的生存与发展的权利与责任。主体性分析方法要求重视主体性在人的一切对象性活动中的表现和作用。运用到对社会规范问题的分析上,首要的就是要辨明具体的交往互动关系中的主体是谁,对于这个"谁"而言,正义规范既是可以为他/她所用的工具(即规范的价值),又是他/她的全面发展所必须加以满足的目的(即规范价值)。

罗尔斯的公平正义(justice as fairness)是对社会制度即对社会基本结构所提的要求,而制度或社会结构则必须逐层落实为具体的组织形式、活动程序和权力责任,才能得到真正的贯彻,即具体落实到经济制度、政治制度和法律制度上,落实到具体个人的自觉行为上。具体而言就是,行政官员依法行政、法官公正执法和公民对正义法律的遵循与对不正义法律的非暴力违抗(包括公民不服从和良心拒绝)。公平正义的要求还要落实到国家间关系的处理上。

在罗尔斯那里,公平正义首先落实为财产分散拥有(property-owning)的西方立宪民主制度,这种政治经济制度从一开始就把"生产"资料即社会首要善分散到每个公民手里,以免经济乃至政治生活被社会的少数所操控。这样他们就有可能成为完全的社会合作成员,表现出其作为自由而平等的理性存在的本性,从而平等的政治自由及其公平价值才能得到确保,公平的机会平等原则和其他的基本自由的优先性(如良心自由、移居自由和择业自由等)也就有了根基。

本书将分析对罗尔斯正义理论进行主体性建构的两个维度,并加以思考,即具体考察罗尔斯如何理解和设定两个层次的主体:(1)规范主体,即公平正义规范归根到底是根据、体现和维护谁的利益、反映谁的愿望的? 一句话,是为了谁的? 在现实中,这一主体怎样到位? 它包括完整社会中的优势群体和弱势群体,只有照顾到弱势群体利益与愿望的规范才能现实地发挥作用,这两个方面即是公平正义规范的价值主体;(2)规范客体,同时也是行为主体,即公平正义规范是要求于谁、约束谁的行为的,它的适用对象是哪些人,不适用于哪些人? 它又是由谁来执行的? 这些都是被要求遵守正义规范的人们,既是规范的对象即客体,同时也是他们自己行为的主体,行正义的行为主体和正义规范的执行主体。在正义规范的体系中,行为主体的权力与责任是如何确定和实现的? 公民个人或社会成员个人对规范的遵循是如何可能的? 司法、行政组织是如何贯彻正义规范的并且是公正地贯彻? 即设想由什么样的人和组织机构来具体地掌握、执行正义规范? 怎样保证其履行职责的方式始终符合正义的精神? 这些就是规范客体或行为主体的问题。

两个层次主体(即规范体系中的主客体)之间的关系问题,无论在理论上还是在实践中,都是极其重要的,然而通常它又是很容易被忽略的。在现实社会生活中,规范主体和行为主体可能一致也可能不一致。如果一致,那么立法、执法与守法就自然而然地是统一的,这是理想的"自我立法"之实现。但是,三者之间不一致是常有的事,于是就有一个对规范没有反映其利益与愿望的那一部分人进行说服、补偿以使之自愿遵循这些规范的问题。这里需要分清三个问题:第一,暂且撇开规范的层次问题,理想的情况是人们既是规范制订的参与者又是规范执行的承受者,所以,规范主体制订规范时不能只顾自己或自己所代表的那部分人的利益,还要照顾其利益与愿望在规范中未得到表达的那部分人(这部分人常常被称为少数群体或弱势群体),否则规范无法施行。第二,要清楚规范是约束谁的,这表明的是规范主体或规范所具有的权威的范围,比如:中国政府规定所有的律师都必须领取从业执照,但假如我是一个美国律师,而且在美国开业,那么这个规定就是与我无关的,也就是我不受该规定的约束。第三,规范虽然常常以命令(以威胁为后盾因而是强制执行的)的形式出现,但随着公民个人自主意识的增强和民主政治建设推进,规范要真正发挥作用还要经过接受者即行为主体的深刻审查,也就是具体的规范要在接受者那里被视为有益的建议,对自己的处境有着最切实理解的接受者自主决定该规范是否与其实际需要和基本价值观①相符。

在罗尔斯正义理论中,(1)正义规范大体上可以说是以持续发展的人类整体为价值主体的。因为一方面,罗尔斯通过原初位置(original position)的理性设计,巧妙地实现着"自我立法"的理想;另一方面,他结合现实,特别关注自由民主社会里的"最少受惠者"即各种弱势群体包括极端贫困者(经济上)、被压迫群体(政治上)、边缘群体和遭受排挤的群体(文化心理上)等,如失业工人、妇女、犹太人、有色人种、同性恋者以及难民等,社会中的这些弱势成员在美国是经过长期而艰苦的政治(权利)斗争才被当作平等的"人"来对待的。罗尔斯主要是从物质财富丰裕水平来界定最少受惠者的,在他看来,根据经济学的"木桶原理"(倒置),这些最少受惠者如同组成木桶的那块最短的木板,一定量的社会财富如同木桶里的水,如果最短的木块浸到水了,那么组成木桶的所有木块就浸到水了。罗尔斯正是通过保

---

① "基本价值观"是罗纳德·德沃金(Ronald Dworkin)在《认真对待权利》的"中文版序言"中所提出的两种价值观类型之一,另一种是"派生的价值观"。举例来说:如果我说我们应该保护知识产权,因为它可以使我们更好地保护我们在思想表达自由方面的财产利益;假如在我的观点中我只是预设了应该保护财产利益而对之并不进行任何论证,那么保护财产利益就是我的基本价值观;假如我还认为,这一财产利益为新思想的发展提供了必不可少的动机,那么促进新思想的发展就是我的基本价值观,而保护财产利益就成了我的派生价值观。德沃金说,一个观点的适切性取决于它的基本价值观的吸引力。参阅[美]德沃金:《认真对待权利》,信春鹰、吴玉章译,中国大百科全书出版社2002年版,"中文版序言",第8—9页。

证最少受惠者利益的差异原则和公正的储蓄原则①而保证价值主体的落实的。这从依据正义原则所采取的一些措施那里可以得到说明。罗尔斯主张财产分散拥有的西方立宪民主制度,通过确定最低生活保障和调整相对固定的边际税率来保证公民个人的独立自主能力(具体体现为两种道德能力的全面发展和充分运用),而且在主要考虑代内正义问题的基础上研究代际正义问题,反对牺牲当代人(或未来人)利益的过高(或过低)的储蓄率。他依据这样一种社会观,即社会是一个世代相继的公平合作体系,提出自己的、可能为所有世代的人们所共同遵循的正义的储蓄原则。

(2)一般说来,罗尔斯正义规范的价值客体或行为主体是一定自由民主社会里的自由而平等的公民,当然是像在美国这样的自由民主社会里的公民。他们具有平等的道德人格,具体表现为两种道德能力即获得有效的正义感的能力和形成、修正及理性地追求某种善观念或各种最终目的的能力,这样的公民是完全自律的;他们所具有的有效的正义感保证着他们对正义规范的遵循,而且他们拥有平等的基本自由体系,在机会的公平平等的前提下行动;公民对符合正义原则的法律有严格遵循的义务,这种严格遵循在理论上源于他的社会契约理念、法治观念和正当优先于善的理念,因为他们遵循规范是他们自己"选择或者说承诺"的结果;"选择"这种道义论道德理论所主张的道德原则要求把个人特殊的兴趣(利益)、喜好、目的等不可通约的东西放在括弧里悬置起来。而且根据适用于个人的公平原则和自然义

---

① 罗尔斯反对纯粹的时间偏爱,认为现在活着的人们利用他们在时间上的优势来谋取过分的利益是非理性的,如西季威克所说,合理性意味着一种对我们生命的所有阶段的不偏不倚的关心;也反对为着最大化的福利而主张过度积累的古典功利主义原则。于是他设计一种原初状态立场即采取任一世代的立场以在社会历史的整个过程里公正地对待所有世代;而且他假定原初状态里的各方当事人代表着家庭的延续线,带有连续的世代之间的情感纽带。(《正义论》中译本,中国社会科学出版社1988年版,2003年第四次印刷,何怀宏、何包钢、廖申白译,第44、45节,尤其是第292页及英文修订版,哈佛大学出版社2001年第四次印刷,第44、45节。以后凡引此书均简略为《正义论》中译本,《正义论》英文修订版)所以,罗尔斯根据他的两个正义原则,提出公正的储存原则以便各个世代各自承担起实现和维持正义社会所需负担的公平份额。

务原则①,公民对法律(即使是不太正义的法律)有严格遵循的职责。但是法律规范的不正义性一旦超过一定限度,公民个人的非暴力违抗(包括公民不服从和良心拒绝)便得到了辩护②。

同时,罗尔斯特别分析了正义规范的另一类行为主体即规范的执行主体,它是自由民主社会里的立法者和司法者(主要是法官和其他司法人员),还包括运用公共理性参加公共论坛的公民个人和政府官员,其中作为公共理性范例的最高法庭对正义规范精神的贯彻最为彻底。这里,作为规范执行主体的法官和司法、行政人员除了以公民身份一般地遵循法律之外,更进一步要按照职业所规定的角色要求公正地推行法律以实现秩序、安全与正义。

此外,罗尔斯还把正义规范推进到万民之大社会中,提出万民法八项基本原则,大体而言,万民法规范的价值主体、价值客体(或行为主体)依次是诸民邦(包括自由民邦、合宜民邦以及受不利条件牵累的民邦等)及生活于其中的公民;自由民邦、合宜民邦以及受不利条件牵累的民邦,包括法外国家。

规范主体和行为主体的划分不是固定的,它们之间的相互转化关系在罗尔斯那里通过"选择"和贯彻正义原则的"四阶段序列"展示出来。除了通过原初位置下选择正义原则这个思想实验落实自我立法理想,他还通过考察不

---

①　罗尔斯明确指出,一种完整的正当理论不只是适用于社会基本结构的正义原则,还包括适用于个人的公平原则和自然义务(本分)原则以及用于调整、规导国家间关系的国际法原则等。就是说,在原初状态里缔约代表所要达成协议是关于这三个层次的规范的。参阅《正义论》中译本,第109页及英文修订版,第94页的那个纯粹纲要式的图表。从公平正义的观点看,一个基本的自然义务是维护正义的义务,这一义务要求我们支持和服从那些已经存在的、运用到我们身上的正义制度,它也限制我们以使我们促进尚未确立的正义安排之建立,至少在这无须我们付出过多代价的情况下,我们应当这样做。《正义论》英文修订版,第99页;中译本,第115页。

②　罗尔斯认为,完整的正义论包括两个部分即理想理论部分,它确立了那些在有利条件下规约一个完满的正义社会的原则,这是一些对人类社会中不可避免的自然限制和历史偶然因素进行调整的原则;和非理想理论部分,它处理的是不正义的安排能否被容忍和不正义的安排在什么情况下能够被容忍,这是面对社会现实把理想的正义观念运用到人们所面临的不正义的具体情形上,包括惩罚和补偿正义、正义战争和良心反对(conscientious objection)、公民不服从(civil disobedience)和军事对抗等方面的理论,这些方面是政治生活中的核心问题。罗尔斯主要考察的是理想理论,对非理想理论只是简单地分析了一点点,如公民不服从和良心拒绝(conscientious refusal),特别是公民不服从,即便如此他还是假定背景是近于正义的状态,当然在后期,罗尔斯专门考察了正义战争问题。他认为,理想理论之所以值得研究是因为它是正义理论的根基部分(fundamental part),而且它是分析非理想部分的必要条件。

正义事态出现的必然性和对不正义程度的最大容忍度,力图使这两者一致起来。一方面,他特别提出效率和福利追求的"有益于最少受惠者之最大利益"约束;另一方面,他论证:作为行为主体的我们在自由、未受到任何束缚的情况下,能够合理性地(reasonably)接受一个程序,这个程序可能反对我们的意见而让其他人的意见有效。因为在我们只是平等地分担一种社会制度(在罗尔斯那里是西方自由立宪民主制)所具有的不可避免的缺陷的意义上,我们有义务服从民主决定的权威或者说不正义在一定限度内的法律。

四、整体框架

罗尔斯一生的致思围绕社会正义问题,也就是构造和进一步完善《正义论》展开:《政治自由主义》是《正义论》的进一步明确或限定,尤其是对稳定性或公共论证包括原初状态的改进;《万民法》是《正义论》的一个拓展,尤其是原初状态理念即契约论方法的第二次运用;《正义新论》则是他围绕《正义论》对自己一生的学术思考所做的一次大总结和总澄清。结合《正义论》和《政治自由主义》可以达到对罗尔斯正义理论的基本把握。本书力图把罗尔斯的理论作为一个整体来把握,故称其为"公平正义理论",简称正义理论。作为一种规范理论,其核心内容表现为他所提出的两个正义原则,包括适用于个人的公平原则和自然义务原则(这个层次的规范罗尔斯花费的精力相对较少)以及用于规导国家间关系的万民法基本原则。

正确地提出问题是成功解决问题的一半,因此,研究一个人的理论首先得弄清楚他所针对的问题是什么,深入梳理一个理论问题更要注意众多思想家围绕这个问题的各自侧重与关注点所在。不然的话,就会陷入思想史资料的汪洋大海而不知自己立论的立足之处、针对所在。对罗尔斯理论的研究当然不会例外,罗尔斯的公平正义理论要解决的问题是:什么样的正义原则最适合于阐明或规定公平的社会合作条款? 也就是说,调整人们实践活动的规则或规范之最终效力从哪里来? 一般地讲,只有那些反映当事人利益和愿望的规则才能得到当事人的自觉而一致地遵循。所以,接下来的问题就是分析如何保证一定的规则是对所有当事人利益的确保?

《正义论》、《政治自由主义》《万民法》所做的工作就是通过"原初状态"的理性设计包括反思平衡和公共理性的运用,建构出一种最合理的正义观念的候选即核心内容为两个正义原则的公平正义观念包括作为其延伸的万民法的八项原则，并考虑公民、民邦（peoples）及其道德心理学①和民主社会的政治文化传统以论证这些合理的观念并说明公民、民邦终生支持一个合理而正义的政治社会与万民社会的理由。其目的是保证公民被看作是自由而平等、理性（rational）而合理（reasonable）的个人，是终身的、正式的完全社会合作成员；保证各民邦成为万民之大社会的合理的、合格的合作成员。这最终体现出对人的尊严的维护，对人的社会性的尊重。其中满足两个正义原则的社会基本结构构成这种保证的内部背景制度，用万民法（the law of peoples）的基本原则调整的国家（民邦）间关系构成该保证的外部背景制度，适用于个人的公平原则和自然义务原则表现着人们的正义感并构成对正义的背景制度安排的支撑。

但是，从《正义论》到《政治自由主义》可以明显见到罗尔斯的正义观念发生了一种本质性的改变：从一种全能教义式的（comprehensive，全备性的）正义观念"后退到"一种政治的正义观念。对于这种改变在理论上的进退，研究者们意见纷纭。根据罗尔斯的观点，我们认为，作为一种政治哲学②，

---

①　在罗尔斯那里，道德心理学主要是通过绝对命令程序或原初状态理念展示出来的。

②　与摩尔所开创的、20世纪初以来的元伦理学的概念分析传统不同，罗尔斯延续的是从亚里士多德到西季威克的规范伦理学传统。他认为道德哲学的主要工作不是对道德对话或判断中的一些主要概念做意义分析，这种分析在理论建构中只占一个不大重要的位置，而是建立一套实质的理论，即提出一组原则以说明人们的道德能力或道德情操，用以指出"某些行为方式一般地或总是对的，而另一些则一般地或总是错的"。（摩尔：《伦理学》，转引自石元康：《罗尔斯》，广西师范大学出版社2004年版，第1页。）政治哲学又与道德哲学不同，它关注的是实际的政治可能性因而与政治学相关联，它引导我们思考：多元社会里存在的深刻分裂如何可能通过一种逐渐会成为重叠共识核心的政治正义观念而得到调解；但是政治哲学又不仅仅是政治学，因为它采取的是最长远的观点，并留心社会存在的永久条件，试图调节社会的最深层冲突。所以在罗尔斯那里，政治哲学的目的是揭示、阐说一个关于政治正义观念的共识的共享基础，而这个观念已经潜藏在公民们所拥有的、有关其所处的社会以及他们在社会中所处的位置的、根本的直觉理念之中。（《罗尔斯论文选集》，第447—448页。）如果说道德哲学所提出的原则追求适用于人类生活的一切领域的话，那么政治哲学所建构的原则只适用于政治领域，从而彻底地贯彻了"正当独立于善、优先于善"理念。可见，在罗尔斯看来，规范所管辖的是公共领域内的事务，人们在其纯粹的私人生活领域内是完全自主的。与罗尔斯明显不同的是，卡尔·施米特（Carl Schmitt）坚持"划分敌友是政治的标准"、"战争是敌对性的显现形式"，阐明了古典国家观对"治安"（Polizei）与"政治"（Poltik）所做的区分以及列宁、毛泽东那样的职业革命家和冷战对这种区分的终结。（参阅卡尔·施米特：《政治的概念》，刘宗坤等译，上海人民出版社2003年版）跟施米特相比，罗尔斯似乎想坚持那种古典的国家（或政治）观，继续主张国内事务中的中立化国家和在国家间关系的处理上坚持对战争的限制。之所以有这种分别，也许是因为在罗尔斯和施米特那里，社会理想有着根本的差异：前者认为社会理想就是由自由意志的个人组成的群体；而在后者看来，并不是由自由意志的个人组成的群体，而是战争的胜利才是社会理想，而且战争的胜利才是达到崇高目标的最后手段。

这种改变在理论上是一种进步。因为在罗尔斯看来,"政治的"意味着"公共的",正义原则作为一种规范调整的是公共活动空间里公众的事,它约束的是社会的基本结构而不应干涉公民个人的私事。在这里,如何划分公域与私域是极为关键的;而且公域、私域的划分不是非此即彼的截然清楚的:有纯属个人的事情如在个人空间里的饮食习惯和着装偏好等,也有纯属公共政治领域的事务如参与竞选公职或选举公职、作为法官裁决纠纷等,还有属于各种联合体或群体内部的事务及公民个人对于政治问题(包括宪法根本和基本正义问题)的个人思考,等等。所以,罗尔斯在《政治自由主义》中讲的是"公共与非公共的区分"而不是"公共与私人的区分"。而"全能教义式"则意味着公私全包,无所不包,它包括对人生中什么是有价值的东西的各种构想、关于个人品格的各种理想以及有关友谊、家庭关系及团体关系的理想,更不用说那种指示我们行为和限制我们整个人生的构想。这种要求对公共规范而言,显然是不适当的。可惜的是,罗尔斯理论上的这种进步似乎未能贯彻到国家间关系领域。例如在《万民法》里,他一方面明确主张:万民法由于满足相互性标准而具有普适性,因而不是种族中心主义或西方中心论的;另一方面他对国际社会里各种民邦(peoples)的划分中竟然有"法外国家"(outlaw states)这一不属于国际社会成员的、不属于被宽容对象的类型(因为在他们这些信奉自由主义的人看来,这些国家不守万民法的基本原则,不保国内人民的基本人权,因此必欲除之而后快);另外他所主张的容易被误解的"人权高于主权"同样也在加剧着国际形势的紧张……这些至少表明两点:首先,罗尔斯仍然没有走出敌友政治观的窠臼;其次,罗尔斯实际上没有超越西方中心论,尤其是超越美国社会政治制度优越论的前提。或者说,即使他本人超越了敌友政治观和近代主权观念及西方中心论,一部分奉他的理论为其政策制定之圭臬的人也会别有用心地把他的理论拉回到以前,从而造成了霸权主义、强权政治和"冷战思维"在当今世界依旧横行,不知这种情形可否视为"播下龙种,收获的是跳蚤"的无奈?

综观罗尔斯的学术一生,从《正义论》到《政治自由主义》再到《万民法》,不难看出和体会他一以贯之地建构一种正义秩序以使得人类生活变得有意义的良苦用心,不愧是康德思想的当代传人,康德曾经感叹:"如果世间没有了正义,那么人们存活于世便不再有任何意义!"但是,由于前文指出的两个缺陷加上人们对罗尔斯的简单化理解,使得罗尔斯所进行的理论探究和人们所继承的罗尔斯主义事业都陷入到深深的悖论之中。本书运用主体性分析的方法对罗尔斯理论进行批判解读,以实现对正义的主体性建构,力求把他对人的尊严及其社会性需要的尊重贯彻到底。全书大致分成五个部分:

第一部分主要梳理正义概念的基本含义,并运用马克思主义的主体性原则和主体性分析方法阐述建构正义规范所依循的原则、方法。这是全书的准备部分。

第二部分从整体上界说罗尔斯的正义理论,首先从罗尔斯的成长背景与经历看他提出并一生精心论证正义理论的原因,接着主要考察两个正义原则的内容及他对之所做的修正,包括正义原则在国际层次上拓展的成果——万民法及其原则。

第三部分从规范主体的角度看正义原则和万民法基本原则的建构,着重考察原初状态理念的运用和为论证正义原则所做的两个比较,这里着力说明罗尔斯所提出的正义规范最终是谁的,是为了谁的,反映和根据的是谁的利益和愿望,谁的要求在这里被漠视了。在这里,一般规范主体即全体人通过具体分析原初位置上理性受托人(作为自由而平等的公民的缔约代表)在合理条件的约束下如何作为而得到说明,通过提出"社会首要善"理念以保证特殊主体即最少受惠者的基本利益而使得这一主体落到实处。这里着重分析的还有罗尔斯对缔约代表或规范主体的理解的前后改变。在罗尔斯那里,保证包括最少受惠者在内的全体社会成员的利益与尊严的是他所提倡的"财产分散拥有的"西方立宪民主制度。

第四部分通过考察人们之间的相似性和差异性,达到对正义规范的价值客体或行为主体的理解。罗尔斯通过分析理性人或政治人的合理感(或正义感、正当感)来保证对正义规范的自觉遵循,认为公民的这种正义感是他们成长于一个良序社会的结果;对法律的严格遵守是他们作为自由而平等的公民的义务,也是与他们作为自由而平等的理性存在之本性相吻合的。

但是,如果法律的不正义超过了一定限度,他们又有不服从它的权力。罗尔斯比较具体地考察了公民不服从;这种法律不被遵循的局面不应由那些有不服从行为的人负责,而应当由那些滥用权威和权力的人负责,正是这种滥用证明了不服从的合法性,所以公民对过分不正义的法律的不服从实际上也是在履行维护正义制度和正义社会的义务。

接着具体考察了"重叠共识"的达成过程,进一步说明公民遵循正义规范的理由。这里牵涉到对他人的理解,即正义规范的公共认同问题。在此点明自由主义的一个根本特点或者说根本缺陷,即对个人的同质化理解,导致对价值观念乃至规范的不讲层次区分的普适性追求,表现为对具有不同文化传统的民族-国家或社会,在社会基本结构及根本价值观上的同质化要求与强制。这种自由主义的思维模式是当今世界盛行强权政治和霸权主义的根本原因。罗尔斯对个人的理解难脱"同质化"的局限,但是他仍然自觉地提出,要把宽容原则运用到政治哲学上,运用到政治领域内事务的处理上,而把其他领域内的事务留给个人自己去解决。

接下来,通过考察正义原则的运用来说明规范的执行主体。首先明确适用对象与范围,两个正义原则是对社会的基本制度安排所提的要求,具体考察了在一个封闭的社会或国家里(悬搁其他国家的存在及这个国家与其他国家的相互关系)贯彻正义原则的三个阶段,着重分析了运用公共理性的公民、政府官员、法官、立法者等在根本政治问题上即宪法要素和基本正义问题上对正义规范、正义原则的贯彻。

在本部分的最后,笔者考察了正义原则在处理国际关系上的推广运用,即万民法基本原则的运用,它是由像美国那样的自由民主社会或民邦作为执行者的,涉及自由民主社会对受不利条件牵累的社会的帮助义务和普遍人权标准的讨论,指明罗尔斯所设计的万民法对所谓"法外国家"的特殊政治文化传统的极度不尊重和对"法外国家"的"社会"排斥。

在此,必须明确的是,作为规范执行主体的公民个人、政府官员、法官、立法者和民族-国家等同时也是受这些规范约束的。在受规范约束这一点上,这些不同层次的主体的地位是平等的。

第五部分进一步探讨对正义的主体性建构,笔者主张在罗尔斯的基础上从互惠性的公平正义走向一种个体中心的正义理论,实现个人自主与社会民主的和谐。通过对个人和民族-国家的具体理解以及宽容问题的探讨(对特殊文化传统的重视与尊重),通过把正义的相互性从财物的等利害交换推进到人与人之间彼此尊重与关切,从物质利益上的不伤害推进到心理情感上的不伤害,把正义问题的思考落实到尊重与维护每一个人(包括女性和残疾人等弱势群体)的权益上。这里着重分析了与正义问题解决相关的三种主要反应性态度:嫉妒、愤恨与义愤,以及负罪感,从而把心理情感上的不伤害具体化。

第一章　正义概念与主体性原则

本书以罗尔斯的正义理论为对象,讨论正义的主体性建构问题。在进行理论分析之前,有必要做一番基本概念、基本原理之内涵的梳理与重释工作。涉及本书论题的有两个最根本的概念,即正义概念①和主体性原则。

第一节　正义概念的含义梳理

无论在东方还是在西方,关于正义的观念都表明着道德的最初发源,这种观念甚至比礼法制度还要古老。正义之于道德的重要性,19 世纪俄国著名的伦理学家克鲁泡特金有这样一个让伦理学家们津津乐道的说法:"没有正义,便没有道德。"但是,在不同的道德文化传统和不同的历史时代,人们对正义却有着不同的理解并形成不同的理论,正如博登海默所言,"正义

---

①　在罗尔斯那里,idea、conception、concept 是有区分的,笔者参照其他学者(如何怀宏、廖申白、万俊人、张晓辉、姚大志等)的翻译,试图把它们依次译为:理念、观念、概念。正义的概念意味着各种竞争性要求之间的一种恰当平衡。正义概念不同于人们所具有的各种各样的正义观念,正义观念是人们用来规定这种平衡的相关考虑的一套相关原则。参考《正义论》英文修订版,第5、9页。后来罗尔斯对概念和观念之间的区别有进一步的解说,并把它们统摄到一个更一般的术语—理念之下(以正义概念和正义观念为例):把正义概念应用到一种制度安排上,意味着该制度在基本权利与义务的分配方面不对个人之间做任何任意的区别对待,其规则确立着各种竞争性要求之间的一种适当平衡;正义的观念则还包括那些用于确定什么样的差异是任意的以及何时竞争性要求之间的平衡才是适当的原则和标准;人们能够就正义概念的意义达成一致,但由于他们确认不同的原则和标准,所以仍然分歧重重。参阅《政治自由主义》平装本英文版,第 14 页。可以这样归纳:概念+必要的原则与标准 = 观念,概念+观念 = 理念。

有着一张普洛透斯似的脸(a Protean face),变幻无常,随时可呈不同形状并具有极不相同的面貌。"①然而这些不同理解并不是截然排斥的,而恰恰是相互补充的:每种新的理解在最初虽然总是与正义概念已经具有的那些含义相区别,甚至相冲突,但是,随着社会历史条件的变化,新的理解往往会成为正义的基础,原有的含义或者逐步边缘化乃至部分地被排除,或者与更新的理解融会在一起,形成新的正义概念之内涵,正义概念正是在这种内涵的不断嬗变与更迭中不断丰富的。

我们先来看看正义概念的基本含义,这些含义是我们把对人对事的某种理解——确切地说是评价——归到正义之下的根据。

著名希腊罗马思想史和哲学史专家罗斑指出,所谓公道与正义,就是确切而适当的法度、均衡和正直,是与粗鄙的情欲、欺骗和统治的野心相对立的②。著名学者拉法格通过研究指出,"正义"在古希腊人那里,最初源于"直线"、"居中"等数学概念,其本意是指"置于直线上的东西"③。正义一词的希腊文是 dikaiosunee,由 dikee(审判)而来④,含义是诉诸法律,而不允许个人独裁;拉丁文中正义(justitia)得名于 iustitia(古罗马的正义女神)。这样我们很容易推断出"正义"的基本含义,依法行事,是一种由权威强制施行的法律所规定的做人行事方式,依据已有的规则不偏不倚,无所偏袒地对待其他人。很明显,它是包含"公正"、"公平"在其中的,亚里士多德的"中道"(the Golden Means)和儒家的中庸之道即是此意。

一、"正义"在汉语中的含义

我们可以先看看"义"的繁体"義",《说文解字》里说,"義,己之威仪也,从我从羊",后面还有一段注解:"威仪出于己,故从我,董子曰:仁者人

---

① [美]E.博登海默:《法理学:法律哲学与法律方法》,邓正来译,中国政法大学出版社2017年版,第266页。

② 参阅[法]莱昂·罗斑:《古希腊思想和科学的起源》第一章,陈修斋译,段德智修订,广西师范大学出版社2003年版,第24页。

③ [法]拉法格:《思想起源论》,三联书店1963年版,第98页。

④ 在古希腊神话中,狄刻是宙斯和忒弥斯的女儿,忒弥斯是掌管法律和秩序的女神,因而狄刻是公平的化身,她手持法棍,职责是除尽天下不平事。

也,義者我也,谓仁必及人,义必由中断制也,从羊者,与善美同意。"①可见,在我们的古人那里,"义"是同自我形象,进而同个人德性,也就是同通常所说的"如何做人"紧密相关的,这里的"义"意味着自制、自律、礼让和奉献。加上"君子喻于义,小人喻于利"即将"义"和"利"对立起来的传统,使得追逐私利成了一件很不光彩的事。在我们的很多先贤看来,私利不但有损于"公"即群体利益、国家利益,而且有碍于一个人立德成圣。所以,"利"即个人利益在我们的传统里是没有道德正当性的,这一点与西方传统截然有别②。

我们还可以把"义"作为一个象形文字来做一番意义分析:"义"这个字就像两个护卫用干戈保卫着他们自己的或他们主人的财产,它意味着利益的界分与对利益的平衡、越界行为的存在及对这种行为进行矫正的可能;或者"义"就像人昂首站立,威仪兼备。在中国传统思想中,"义"与"仁"共同构成道德的本源;"仁者,爱人",它表示人对于一般他人的友善意向与态度,意味着与他人关系的一种和谐处理;"义"者,宜也。荀子谓"分则义明","义谓各得其宜"(《荀子·强国》)。按照传统之解释的主流,"义"、"宜"主要关涉个人形象,围绕着个人的成仁、成圣转。所以,仁是义的补充,在某种意义上,仁又是义的基础。

"正"指无所偏倚和倾斜③,一碗水端平了,按照同一法度进行裁判才能让不同利益要求、愿望之间的冲突止息。在我们的古人那里,"正"和"义"合在一起使用与我们现代人对正义的理解没有多大关系。"正义"即正确的含义,或寻求对某个概念、某种学说的最合适解读,如"屏群小之曲说,述《五经》之正义"(《后汉书·桓谭传》卷二八上④),就是说,要摒除对《五

---

① [东汉]许慎撰,[清]段玉裁注,浙江古籍出版社1999年版,第633页。

② 在中国传统里,唯独墨子主张义利统一,"兼相爱、交相利","利,义也"(《墨子·经上》),寓义于利、以利显义,还创造一个与西方的上帝类似的"天"和与西方自然法相似的"天法"来论证交利的正当性。可惜,秦汉以降,墨学衰绝。

③ 《说文解字》([东汉]许慎撰,[清]段玉裁注:《说文解字》,浙江古籍出版社1999年版,第69页。):"正,是也,从一,一已止"。《易·乾》:"刚健中正不偏"。《周礼·天官·小宰》:"四时廉正",注:"正,行无倾邪"。

④ [南朝·宋]范晔:《后汉书》,张道勤校点,浙江古籍出版社2001年版,第272页。

经》的各种歪曲见解,述说其正确的含义,以作为判断是非曲直的标准。

我们依我们现代人的眼界,把"正义"拆开来看(这是我们的传统用法):"正"意味着"正直"、"无偏私"、"公平"或某种平衡,即对己对人一碗水端平或兼顾某个团体内所有人的利益意愿;"义"意味着某种道理、规范或标准;"正义"就是把人及其行为调控到合乎某种"义"的状态才算"正",是否为"正"要看某个行为或事态是否合乎某种"义"。这就是"正义"一词的基本含义。

在中国传统儒家伦理思想中,正义就首先指称一种个人美德。孔子所谓"子率以正,孰敢不正?"(《论语·颜渊》),孟子所谓"君义,莫不义;君正,莫不正"(《孟子·离娄(上)》),都是把正义视作个人的一种正直公道的品德,"正"和"义"形成一种互释关系:谨守自己利益的边界,不侵犯他人利益,就是遵守人际交往之"义",就是正直而问心无愧;孔孟都认为,一个人的正义行为对其他人有示范作用。贾谊也说:"兼覆无私谓之分,方直不曲谓之正。"(《新书·道术》)即是说,兼顾他人的利益与愿望而不是只想着一己之利才算划清了界限、做到了正直无私。

其次,正义作为一种"止争"的方法。荀子说:"凡爵列、官职、赏庆、刑罚,皆报也,以类相从也。一物失称,乱之端也。夫德不称位,能不称官,赏不当功,罚不当罪,不祥莫大焉。"(《荀子·正论》)说的是爵位、官职、奖赏、刑罚等等都是一种回报,一个人的所作所为与他所得到的回报要相当,无论赏罚都应当如此。孔子讲"君君,臣臣,父父,子子"(《论语·颜渊》),说的是各人要尽各人自己的本分,尽各人的职责、义务,君威臣忠、父慈子孝才不至于争讼纷起而伦常混乱、社会失序;而本分的不同,其原因在于各人在社会人伦关系中所占的位置不一样,也就是"名"不一样,所以要求按其名而尽其分,在其位才能谋其政。在孟子那里,正义是安定天下的"礼义",是社会成员要尽其职位、角色所要求的责任,"劳心者治人,劳力者治于人;治于人者食人,治人者食于人,天下之通义也。"(《孟子·滕文公(上)》)可见,如果说儒家思想能够代表中华民族的主要文化传统的话,那么就可以说,"正义"在中国文化中的基本意思是为人行事治国平天下要合乎的基本之义,是各人依名尽分,兼顾他人利益与意愿,不应纠缠一己之私利,发生利益冲突时,力主相互礼让而不是相互争夺,个人形象才是最重要的。这样,善恶各有所得,天下才能大治,实现秩序与稳定。

二、西方正义概念内涵的嬗变

本书的考察对象是罗尔斯的正义理论,所以本节主要梳理西方正义概念内涵的嬗变,首先必须交代的是笔者的梳理脉络基本遵循廖申白《西方正义概念:嬗变中的综合》(载《哲学研究》2002 年第 11 期)一文。

(一)希腊思想家对正义的理解

古希腊先哲思考正义问题的社会历史背景是进入"人类学时期"(文德尔班语)的流俗希腊人放荡不羁、目无法纪,头脑冷静的人们看到了激昂沸腾的希腊社会背后的危机,于是开始寻求普遍有效的法律,因为他们认为,对法律的服从是人们的最高职责,利益争夺、党派斗争只有在不危害法律秩序的前提下在道德上才是可容忍的。

我们先看看受命于危难之际的梭伦。面对当时雅典异常激烈的穷人和富人之间的争斗,他非常清醒地意识到,雅典的政体偏向哪一边都不行,那样只会加剧已有的争斗,正义与和平当然也就无法实现。他认为要止争,就必须在富人和穷人之间做到不偏不倚,而斗争双方都要抑制自己的欲望。他要求富人节制自己的为所欲为,同时他对处于弱势的平民有所扶持。他禁止借贷以人身作为担保,使借贷的平民获得人身自由;他还通过立法保证任何遭受不正义的人——只要他愿意——都能够申诉自己的冤屈。但是他拒绝给平民更多的福利尤其是财产权,要求平民也要节制。他认为,贪婪是城邦社会纷争的根源;财产是靠努力挣得的,它属于其所有者,不可以不正义地侵夺;自由和恰如其分的尊严是平民的应得,但他们不应当奢望分得财产。所以他拒绝平民析分城邦财产的要求,只有这样才能形成相反相成的对抗,进而形成合宜的社会秩序。他说他要手持坚盾,"保护两方,不让任何一方不公正地占据优势"[①]。可见,在梭伦那里,正义是发生利益冲突的各方抑制自己的欲望,从而把冲突限定在一定程度上,并且通过"一视同

---

① [古希腊]亚里士多德:《雅典政制》,三联书店 1957 年版,第 14 页。

仁"的法律来调整不同利益主体的冲突要求,使得私与私、私与公、上与下、贵与贱、贫与富之间达到平衡。他试图通过利与利之间的关系调整,实现利与利之间的和谐,达到义与利的统一。他明确地将"应得"与正义概念联系起来,但是,他把"应得"即"给一个人以其应有"作为正义的基本含义主要是出于政治的考虑,而对于为什么一部分人应当享有他们的财富,另一部分人只应享有他们的人身自由;占有财富的人们是由于他们或其先人先前的劳动还是由于他们提供了有德性的公共服务而应得那些财富等在当时经常被争论的问题,梭伦并未做更深的思考。

在常识中,应得是作为一个人的行为之后果的赏或罚。在哲学家们的概念中,"应得"还获得了这样的意义:它是属于一个人自身的、无待他人的东西。把两者结合起来:赏罚就由于一个人自身的行为而属于他自身。"应得"的含义由梭伦首先阐述后,在西方思想中产生了长久而深远的影响。作为应得的正义可以说是后来的权利、自由、应当、正当等等概念的起源。"应得的"就是有权利要求得到的。"权利"与"正确的"在英文中是同一个词(right),它意味着,你要求得到这件东西是对的、正确的,你这个要求是正当的。所有这些概念都是从"应得"这个概念逐步引申出来的。

在梭伦那里,应得主要是指好处、奖赏等肯定的东西,关于"应得的恶或罚"即正义的一部分含义是用恶来惩罚一部分人的问题到了柏拉图和亚里士多德那里才得到真正的思考。如果正义还在于"给"坏人以其应得的恶,那么一方面正义便赋予自身恶的性质,并且使已有的恶有所增加;另一方面这种"给"由好人来执行,于是,好人造成恶果,这会败坏好人的德性。所以,正义在于给予一个人应得的善,这样才能与"正义是一种德性"相一致。正义作为一种德性与他人的善相关,而不是与他人的恶相关,对正义特性的这一界定对希腊、罗马直至基督教的伦理思想都产生了深远的影响。

在《理想国》①中,为了实现正义的理想,柏拉图认为组成国家的三个部分即学者阶级或统治阶级、军人阶级和劳动阶级,必须各安其位,各守其职,

---

① 参阅[德]文德尔班:《哲学史教程》上卷,罗达仁译,商务印书馆1996年版,第172—174页。

各具自己应有的美德,依次是智慧、勇敢和节制。具有正义德性的人在国家中给他人的不是具体的善而是各人做好自己的事,同时又不妨碍其他人做他们自己的事这种整体的善。与此类似,正义对个人而言也是人自身的灵魂状态的一种整体的德性和善。正义是灵魂的理性和激情、欲望这三个部分和谐地发挥各自作用的状态,对于人的实践来说它是德性,对于人自身来说,它是灵魂的总体的善。这三个部分相应的德性也是智慧、勇敢和自我控制,正义则是作为整体的灵魂的德性。按照柏拉图的看法,正义不是具体的美德而是美德的整体,它起着协调三个部分的作用,在这种协调中,灵魂实现了和谐,城邦实现了秩序;也就是最适合参政的人即有教养的人统治,不适合参政的人服从统治;两类人不能相互掺和,否则只会相互妨碍。很明显,柏拉图是维护当时的等级制度即奴隶社会制度的。

应该注意,柏拉图的正义观点是针对当时流俗的正义观点提出的。这些正义观的代表是特拉西马杰斯(智者派)和格劳孔,前者认为"正义就是强者的利益",正义及其制度化体现(即政治国家)看上去是公共的,其实不过是掌握着政治权力的某一个利益集团为自己谋利的手段。格劳孔则认为"正义是恶的妥协",是一种诸恶之间无可奈何的妥协。因为在格劳孔看来,人人自然地都想做不正义之事以获益,但为了免吃他人的不正义行为给自己带来的苦头,便不得已放弃类似的想法与做法,相互订立契约、议定法律以约束人们的行为,并把守法践约叫做合法的、正义的。正义的本质就在于最好与最坏之间的那个折中——所谓最好,就是干坏事而不受惩罚;所谓最坏,就是受了冤屈却没法申诉报复。所以,正义为人们所接受,并不是因为它本身是善的,而是因为任何个人都没有足够的力量去行不正义而不受惩罚。常识也似乎是这样,任何一个真正有力量作恶的人是绝不会愿意与别人订立什么既不害人也不受害的契约的。

亚里士多德与格劳孔有些许相似,他发展了正义概念,将正义分成两类即作为德性整体的正义和部分的、具体的正义,一个对整体而言,意味着守法,表示对他人及其善的一种关注态度,要求人们不伤害、不妨碍他人使得他人可以不受干涉地追求自己的善,可以说是以社会全体成员的利益为依归;一个对部分而言,具体的正义与诸如荣耀、财富之类的善相关,其积极含义是让他人得其应得,消极含义是取己应得,这里的"应得"有三个方面的意思:首先个人对共同劳动成果的取得按照其贡献,所得与贡献成正比。至于什么贡献最大,不同的政制下的人们意见会不同:或财富或德性或出身,等等;其次,在交易正义中,依照交易各方的生产能力及其交换意愿,不允许有强制、欺诈等非自愿交易行为的发生;最后,在矫正的正义中,只是把不义地多得的部分给回少得者,使双方的利益关系恢复到"交易"前的状态,而不是施加惩罚或以恶报恶。在这里,法官或陪审团起着辨析"应得"为何的作用并依法作出权威的裁决。

亚里士多德一方面将正义与法律联系起来考虑,另一方面又清楚意识到法律的僵化性,所以他在讨论城邦的维护和对其法律的遵守时,明确提出衡平(equity)和友爱(friendship)德性作为正义的补充。衡平虽然没有高级法或自然正义的原则作为其根据,但是由于它密切关注那些影响个体行为结果之正义性的细节而可以纠正法律的一般化缺陷,衡平实践与政治人的审慎相似。友爱的范围比今天的更广泛,包括对朋友的情谊、夫妻之爱、对父母、子女的爱、属于各种私人团体的个人之间的同胞情感、同一城邦的公民之间的同胞情感以及某些情况下人们之间的同胞情等。亚里士多德认为,如果人们相互为友,那么他们无需正义;但如果他们是正义的,他们还需友爱作为补充;因为友爱的作用在于减轻人们对其私人利益的热爱而与其他人同时分享作为身外之物的善;于是,友爱能够作为一种利益共同体的有力黏合剂,而这种利益共同体是形成任何人类团体的基础。① 而且有友爱就可能相互谅解,谅解是对他人的忍让,受伤害者对于自己所受的、法律裁定多得者应该归还给自己的利益,鉴于多得者多得有时是情有可原的,而且有的损失是无法完全弥补的,因而可以谅解多得者,并少要回一点。所以谅解对于冲突的解除、人际关系的和谐、共同体的形成都是有相当的积极作用的。

---

① 参阅[美]李奥·施特劳斯等编:《政治哲学史》英文第三版,芝加哥大学出版社 1987年版,第129—130页。

(二)基督教思想家对正义的理解

应得、德性整体、与他人的善相关、不干涉、比例的平等①这些被古希腊人所阐述的正义概念的含义,在基督教世界都被融合在一种与神相沟通的良心正直或公义②(righteousness)的概念之中。良心正直或公义是一种包含正义概念所关涉的所有德性、并与不正义永不妥协的普遍主义意识,它在世界主义的意义上讲兄弟友爱,要求人们爱其仇敌并饶恕人的过错,从而超出了亚里士多德的城邦范围;只有行为端正,只取自己的应得、不损害他人的善,并且表现出体谅他人、爱他人的态度,一个人的良心才能宁静,这是与神沟通的途径,是找到正确后的一种心灵平静。

人生最大的痛苦是良心受折磨,人之所以常常要经受良心的折磨主要还是因为在他所生活的现实世界,恶的伤害十分流行。于是,行公义在恶的流行中更显出其可贵与艰难。基督教教导人们在恶的流行中、在不义的人以恶的行为获得种种利益与好处的境况中保持良心正直,要求人们出淤泥而不染,在面对伤害时不以恶报恶。它把对恶的惩罚全部推到"末日审判",到那时,善的将得回报,恶的将受惩罚,一切终将到来。而且末日惩罚将是最严厉而彻底的,远超过人世间的惩罚;与这种惩罚相比,人世间的法的惩罚将不足一提。同时,审判日对良心正直的奖赏也将是最大的,没有任何人间的奖赏可以与它相媲美。更为关键的是,在末日审判进行之前,人们总有自我拯救、弃恶从善的机会,每个人不论何时,都可以争取在自己的记录中善对恶的余额更多一点,从而在末日审判时结果更好一点。这些如同耶稣借耶和华之名对芸芸众生作出的承诺。

---

① 亚里士多德的观点,他主张根据人的才能和身份来分配政治职务和财富,因为给不平等者以不平等的对待才是平等,荀子也说,"惟齐不齐"(《荀子·王制》)。

② 宗教改革家、神学家马丁·路德(1483—1546)在1519年有一个经过有意更正的、关于公义的两个方面的讲道:外在于我们的基督的公义和作为前者之成果的我们自己的公义,基督的公义从我们的外面被灌输给我们。在此之前(1518年9月),他曾经通过分析"罪"的三个方面来阐释"公义"的三个方面:与明显的世俗罪恶相联系的法律公义、与原罪相联系的株连性的内在公义及归于特定个人的公义。

（三）近代思想家对正义的理解

西方近代以来的思想启蒙是从向人文主义①复归和自然权利理论（natural rights theory）②的提出开始的。在正义概念上，自然权利理论在很多方面背离了希腊思想和基督教观念，尤其在对于惩罚的论证上。

----

① 人文主义，英文为 humanism，也有人将之译为人本主义或人道主义等。董乐山认为，人道主义是 humanism（他将之译为"人文主义"）在一定历史条件下产生的新内涵，而不是相反。董乐山指出，该词应直译为"人主义"，考虑到汉语言说和行文的习惯，我们可以根据上下文添上"文"、"本"或"道"等。英国史学家阿伦·布洛克在《西方人文主义传统》中考察了人文主义（humanism）一词的起源与内涵：（1）在没有印刷的书籍、没有报纸和其他交流媒介的古希腊罗马时代，擅长演讲和论辩的人才能获得权势、才能有优越性。而要精通演讲术，就需要接受全面的教育包括语法、修辞、逻辑、算术、几何、天文、音乐等七门文科学科，对这种全面教育，希腊文叫 enkyklia paedeia，百科全书（Encyclopaedia）即源出于此；西塞罗根据希腊人那种培育纯粹属于人和人性的品质让之变得卓越的观点，在拉丁文中找到了一个词 humanitas。这是人文主义的最初含义：以文化人使之卓越。（2）人文主义一词在古代世界和文艺复兴时期都没有出现，到 1808 年才由 F.J.尼特哈麦在一次关于古代经典在中等教育中的地位的辩论中用德文 humanismus 杜撰；后来由乔治·休伊格特在 1859 年出版的一部著作中首先用于文艺复兴，书名是《古代经典的复活》（又名《人文主义的第一个世纪》）。（3）人文主义作为一种看待人和宇宙的模式，其主要含义是聚焦于人，以人的经验作为人对自己、对上帝、对自然了解的出发点，昭示着对"人"信任，它关注诸如"人的本性、我们生命的目的以及我们走向哪里去？"之类的问题。（4）发源于古代世界"全面教育"的人文主义传统——按照布洛克的观点——诞生于重新发现和复活古代世界的欧洲文艺复兴时期，其后有许多版本：包括 18 世纪启蒙运动的乐观主义，19 世纪实证主义的对科学、进步和前途充满信心的人文主义，从斯密的《国富论》（1776 年）到凯恩斯在 20 世纪 30 年代中期出版的《就业、利息和货币通论》和罗斯福新政之间的、马克思主义所谓的资产阶级个人主义阶段，以及承认人性双重性特别是个人和社会身上非理性力量的 19 世纪 80 年代到 20 世纪 30 年代的人文主义新版本等等。人文主义传统带给人类最大的财富不是保证人类总能作出好的选择并正确预知结果或避开灾祸；而是给予人类创造一个自己的新世界的信心与权力，重视与集体行动相协调的人的个体性，强调世界的人的维度，并教导人们在做决定时，始终把自己所遇到的最穷苦的人的利益放在心上，这体现出最彻底的人道主义关怀。所以，从起源和实现措施上讲，将 humanism 译为"人文主义"较为妥当；若从精神实质或价值诉求上讲，译为"人本主义"更好，如果祛除"人道主义"的资产阶级独属性和抽象性，用"人道主义"也是可以接受的。具体可参阅［英］阿伦·布洛克：《西方人文主义传统》，董乐山译，三联书店 1998 年版。
② 自然权利理论源于并从属于自然法理论（natural law theory），自然法理论可以追溯到亚里士多德的目的论伦理学和斯多葛派哲学，现代自然法理论家的代表有诺齐克、罗尔斯等，其基本旨趣是为人定法提供道德依据，也就是人定法的约束力源于自然法。自然法是普遍的和永恒的（主要指观念上，而不是具体内容），或基于神意或基于人的本性，并能够为人的理性所发现。自然权利理论是自然法理论在启蒙时期的具体表现，自然权利是指只是由于我们的人性而不是由于任何特殊的法律、政治或社会制度而属于我们的那些权利，它是人们在自然

在柏拉图和亚里士多德那里，我们看不到对伤害者进行惩罚的充分理由，而正是他们奠定了西方人对于正义概念理解的基础。以牙还牙的惩罚或报复，按照亚里士多德的说法，只是将多得给回少得者以恢复到交易前或伤害发生前的状态。

惩罚的正义只是要求实现"应得"状态，不是以恶报恶而与正义的德性精神相违背。基督教则在总体上把惩罚推到由获得权柄的耶稣来主持的末日审判上，现世的惩罚只是一种必要的恶，它不足以从根本上遏制流行的恶。但是，在近代启蒙思想家看来，末日审判遥遥无期，人注定自己管理自己，不可能等到世界末日由一个超越于人类之外的权威来对人类进行审判，这种不及时的惩罚或报偿对于人间正义的维护不会起太大的实际作用。而如果对恶的现世的任何惩罚始终同正义不相容，人世间岂不始终处于恶的流行中而永劫难复？所以自然权利理论家致力于为惩罚的正义性找寻理由。

他们从希腊人那种法律与道德出于习俗和约定的学说里得到启发，从个人在成立国家的契约中所受的损失中找寻惩罚的理由。这里的关键点是前约定状态即自然状态。在前契约状态，如果一个人受到了伤害，如果他有力量的话，他会自然而然地进行报复。这种报复，希腊人从正义是德性的观点、基督教从普遍爱的观点出发都认为是恶的，但在自然权利理论家看来，则是一种自然的正义(natural right/justice)。因为在自然状态下，一个人如果伤害另一个人，就违反了受害者的自然权利，伤害行为对自然权利的违反就赋予被伤害者以报复的充分理由。订立了契约之后，契约所蕴含的法律撤销了个人的报复权利，但是形形色色的个人依然可能作恶害人，于是契约

状态下依照自然法而持有的、神圣不可侵犯的权利。按照洛克的看法，自然权利包括生存权、自由权和财产权等。尽管法律实证主义——其创立者是边沁，他认为自然并不为权利提供根据，权利只能由法律造成——极力反对这些自然权利的可能性，但是自然权利仍然一直被视为居于人权核心的基本权利。注意在法哲学和伦理思想传统中所谈论的自然法指的是为有理性的行动主体的自愿行动指明方向的一种规则或戒律，它意味着一种责任，而不是那种我们观察自然运行得到的不以人们的意志为转移的一般规则（即自然规律），这种意义上的自然法并不暗示什么责任。参阅[英]尼古拉斯·布宁和余纪元编著：《西方哲学英汉对照辞典》，人民出版社2001年版，自然法、自然权利等词条，译文稍有改动。

的法律就以某种大家同意的方式代行惩罚。所以,按照自然权利理论家们的看法,法律必须起到代替受害者向实施伤害者报复的作用。对于恶的惩罚本身尽管如柏拉图和亚里士多德以及基督教所理解的那样是一种恶,但它是正义所要求的必要的恶,它的正义性根源于自然权利,自然权利优先于任何成文法所规定的权利,任何法律的正义都不应当违反自然的正义。当以法律之名对罪行实施惩罚时,原有的恶由于正义的伸张而在一定程度上被抵销,所以这个惩罚行动就没有增添什么恶。这样一种法律的惩罚会不会使恶的循环无限下去呢? 自然权利理论家给出这样的解释:首先,由于惩罚不是由受害者实施的而是由法律来实施的,由于法律与伤害者本身无冤无仇,只是一个中立的裁判者,所以,这种报复不太容易有如个人实施的报复那样的过当和任意,而且比较容易做到公正;其次,法律的实施是以强大的国家暴力设施为后盾,而一个人如果决定反抗法律前就必定先要估量一下自己的实力,国家机器的强大至少会消除很大一部分对正义的惩罚进行报复的心理。所以受到法律惩罚的人一般不会考虑报复法律。但是,由国家以法律名义对犯罪者实施惩罚显然不能够从根本处截断恶的链条,一个刑满释放者如果没有受到正义力量的感召而真心悔过,总会寻找机会、积蓄实力报复国家;而且,这种报复还可能转变为有组织的犯罪。所以,法律的报复仍然可能使恶无限循环下去。我们可以说,自然权利理论并不能充分证明基于自然权利的法律惩罚将有充分的道德力量中止恶的循环。

　　然而,自然权利理论开启了从权利视角思考正义问题的自由主义理论。近代自由主义关于正义的概念肇始于下面这个基本的理解:正义在于应得,应得首先是个人对其财产的所有权,财产权来源于劳动;财产权是最优先的权利,是最重要的应得,这与梭伦有差别。这是自由主义在整体上对正义给出的解答。在早期自由主义思想家们看来,财产权的道德理由是最初的劳动或占有行动。洛克认为,一个人如果通过劳动使共有东西中任何一部分脱离它的自然安置状态,就对那部分事物具有道德意义上的所有权。洛克还补充说,一个人可以合理地将一事物作为其财产来占有还有另一个道德上的理由,即他能在一件东西朽败之前使用它来满足生活之需:或者能够在那件东西朽败之前将它消费掉或者将它储藏起来而使得它不会朽败。这样,他就可以由于他在那件东西上付出了劳动(或将有限之物的功用发挥出来)而获得对它的财产权。所以,劳动与享用能力的大小规定着一个人的应得范围。没有人应得自然界恩惠给人类的一切资源。但是,如果一个人由于才能和天赋而特别能劳动,他就显然有权利占有他能施加劳动并将其消费或转变为不会腐败的储存物的所有资源。所以,劳动默认才能与天赋的天然差别与权利。①

休谟对正义的理解比较经验化,他认为,正义是伴随着财产制度的形成而产生的,是财产制度的规则系统。所以正义是法律、契约和制度的伴随物,而不是在自然状态中就存在的规则。要遵从正义,首先就要尊重财产权,财产权最优先。②

财产权对早期自由主义者来说是同自然权利一样确定不移的权利,是有道德理由的权利。在这种源于劳动或对无主物的出于消费需要的占有活动而产生的财产权的基础上,早期自由主义者也承认通过转让或馈赠而获得的财产为一个人的应得。国家不能禁止一个人将属于自己的财物赠送给另一个人,而只能以公共安全的维护者和财物监管者的名义对受赠者征收适量的税赋。受赠者在纳税后,便具有支配赠物的充分的道德权利;这种权利来自那部分财物中所包含的赠者先前所付出的劳动和占有活动,赠与行为所导致的不仅是财物的转移,更重要的是财产权的转移。但是,有效的财物转让与赠与必须以其所有者的自愿为前提;所以,我在愿意的情况下将部分财产转让给你是合于正义的,我不将它转让给你,绝不包含任何不正义;你或者任何第三方若以权势或诱惑强制我做出财物转让行为,就无异于抢劫与欺骗,而抢劫与欺骗是从根本上违反持有正义原则的。这一点为诺齐克等许多当代自由主义者所特别坚持。换句话说,转让或帮助的道德理由只能从财产所有者那里给出,而不能从需要帮助的人那里产生。在许多自由主义道德哲学家那里,正义是同亚里士多德的友爱与衡平、基督教的普遍兄弟爱观念及其世俗的仁爱品德明确区分开的;正义同制度明确地关联在

① 参阅[英]洛克:《政府论(下篇)——论政府的真正起源、范围和目的》,叶启芳、瞿菊农译,商务印书馆 1964 年版,第 5 章。
② 参阅[英]休谟:《道德原理探究》,中国社会科学出版社 1999 年版,第 3 章、附录三。

一起,它是那种尊重个人财产权的制度的德性,也是一个人在按照这种正义的制度而行动时表现出来的德性;仁爱,在自由主义的观念里只是正义的外在的、可以听由个人的任意去支配的补充。①

财产权优先的观念在一部分温和的现代自由主义者中间已经变得有些淡化了。这些自由主义者倾向于把权利或自由的本质理解为在某种不同他人类似的行为或活动相冲突的范围之内支配自身、不受干涉的行为权利或自由。他们把财产区分为生产资料和一般生活资料:生产资料方面的财产权并不是一种基本权利;同一般生活资料相关的财产权则仍然被视为基本的权利,被看作是个人成为一个有个性、有人格尊严的社会成员的基础。在一般意义上说,在自由主义者那里,基本权利包括财产权利、人身权利、思想权利等,现代自由主义者越来越强调后两种权利的重要性,这在伯林的自由概念中表达得最为清楚。自由意味着一个人在法律确定的界限之内,不受政府和任何他人的干涉而支配他自身行为,这是自由或权利体系的本质。自由意味着至少有一个最小的范围,一个人可以在其中自由地决定自己的行为而不受任何外部干涉,此种意义上的自由始终是免于……的(free from…)。②

基于这种自由的概念,正义意味着两件事:一是政府或他人对我在我的权利范围以内的事务负有不干涉的义务;二是社会根据什么原则将这个自由限制到多大范围以内。现在问题的关键是,一种权利是否属于这个免于一切干涉的范围? 属于这个范围的便是应得,政府等社会制度的作用就在于具体地裁决这个范围并维护该范围的自由、权利。这样自由主义的发展使正义概念所关注的中心从个人对他人的善的关切转移到制度对个人人身权利和思想权利提供保障的关切上;人为的制度设置只是为着保障这些权利的不被侵犯。根据这一正义概念,被特别继承的只是被柏拉图表述为不干涉、被亚里士多德表述为守法的消极正义概念,以及亚里士多德具体正义中的分配正义同财产权的维护相关的正义含义。

① 参阅[美]诺齐克:《无政府、国家与乌托邦》,中国社会科学出版社 1991 年版。
② 参阅[英]伯林:《两种自由概念》,载《自由论》,胡传胜译,译林出版社 2003 年版。

　　历史上的自由主义者分为两种,一种将上述的权利概念作为核心概念,另一种则以功利概念为基础。前一种是一般意义上的自由主义者,如道义论自由主义;后一种常常被称为功利主义者。功利主义者提出"最大功利是行为正确的标准"的著名原理,在惩罚问题上,它比一般自由主义者更具优势。两种自由主义者都倾向于主张惩罚对于正义的必要性,并且他们都根据实证的法律与制度而不是根据自然状态观念说明惩罚的正义性,他们都不认为自然状态下的普遍报复是对侵权人进行惩罚的充分根据。不同的是,对功利主义者(如边沁)来说,惩罚是否正义取决于做出这个惩罚是否必要与值得:在不存在伤害、害不及利或者伤害必定会得到补偿的情况下,就没有理由与必要对伤害者进行惩罚;在惩罚不能遏制一种较大的恶,并且对它的使用又将增添恶时,使用它就不值得;当惩罚是制止一种较大的恶的有效手段时,它就是有道德理由的。① 而一般自由主义者,或者将惩罚侵犯者视为守夜人国家的被预先确定的责任,或者将它视为对各个人施加限制的契约规则的一部分。与功利主义者在惩罚问题上诉诸利弊权衡的做法相比,一般自由主义者所作的论辩就显得有些苍白无力。

(四)对正义的社会主义理解

　　社会主义思想与运动对于西方正义概念的影响主要在于两点:第一,它主张只有现实的活的劳动才是应得的权利,"不劳动者不应得";第二,它又反对天赋与才能享有特权,主张实质的平等即社会的与经济的平等,应当得到道德的保障。在这两点之中,后面一点即平等主义对正义概念的影响尤其广泛和深刻。

　　社会主义同自由主义,作为启蒙思潮,都是对自然权利理论的某种否定。而社会主义思想自它在近代产生以来,就与自由主义走着相反的路。自由主义认为权利通过法律得以确定,权利的基础是财产权而不是自然的正义,制度的正义在于保障人们的生命与权利。社会主义尽管同样认为社会的组织与法律是正义问题的主要课题,认为正义问题的答案在于寻找恰当的社会组织与计划的方案;但是,与自由主义不同的是,社会主义认为社

---

　　① 参阅[英]边沁:《道德与立法原理导论》,商务印书馆 2000 年版,第 13 章。

会正义的合理根据不是财产权制度而是劳动,认为应得是劳动的权利。在早期社会主义者设想的社会组织中,人人都从事实际的劳动,不劳动的生活是不道德的。例如,在圣西门眼里,没有什么人比不劳动的游手好闲者更可耻。社会主义者认为,如果财产最终是由于所投入的劳动才在道德上是应得的,那么财产权就不应当替代劳动而成为应得的根据。应得应当源于劳动而不是财产权。在马克思等科学社会主义者那里,问题的关键在于,劳动的本质是实践即现实地进行的劳动活动,而私有财产制度是物化劳动支配真实的即活劳动的制度,因而资产阶级的财产权制度是不合理的。在《1844 年经济学哲学手稿》中,马克思把人描述为通过劳动而生成,又由于财产权制度及伴随它的社会分工而成为被自己的劳动成果所支配的异化存在。在自由主义思想的奠基者洛克的观念中,劳动原本是施加在自然物上的现实活动,如搬运、加工等等;财产的界限是一个人能够对其施加劳动并能够在腐败前将之消费的事物的范围;在存在剩余产品的条件下,一个人通过不会朽败的货币而持有的、对可在任何时候消费的产品的权利同样是基于劳动的。但是对马克思而言,以货币形式持有的物化劳动同活劳动有着根本的区别:只有活劳动才是使人生成的历史实践与运动;而以资本形式存在的物化劳动对活劳动的支配是不合理的。[1]

资产阶级财产权制度就是这种资本支配鲜活生命的活劳动的极不正义的制度,因为它对财产来源的合法性问题追究不深入:大量通过抢劫与欺骗而获得的财物都由于未受追查而获得了合法性,财产作为物化了的劳动,尤其是接受转让、馈赠而获得的财产,都已经远离了真实的劳动,并且造成了对现实进行的劳动的恶劣的剥夺与统治,因此,这种制度不再具有劳动的道德性质,而且沦为了一种反道德。维护人的尊严的、正义的社会组织应该在自己的旗帜上明确地写着"各尽所能,按需分配"[2]。

但是马克思对财产权制度、劳动的分析、对理想社会的构想并未到此为

---

[1]　参阅[德]马克思:《1844 年经济学哲学手稿》,"异化劳动和私有财产"部分,人民出版社 2000 年版。

[2]　参阅[德]马克思:《哥达纲领批判》,载《马克思恩格斯选集》第 3 卷,人民出版社 1995 年版,第 306 页。

止,他深刻地指出,由劳动而获得的权利其实是资产阶级权利。因为,承认依劳动获得的权利,就要合逻辑地承认一个人支配他的凭劳动获得的东西的权利,从而承认一个人转让他的部分劳动所得物的权利和另一个人持有他的转让物的权利,从而仅仅确立劳动的应得权利不可避免地会导致物化的死劳动统治活劳动的不合理局面。因此,在否定财产权时,社会主义所真实主张的是每个个人都具有对于公有财产的平等的权利。社会主义认为,人和人之间作为社会成员的社会地位上和经济福利上平等,即对于公有财产的同等权利,才是最重要的正义;而财产权制度倾向于使人的实际社会地位与经济福利权利变得不平等,因此应当以公有制来取代它。

这是社会主义提出的关于正义的实质平等观念,这里面含有两重意义:首先,平等的正义意味着对于社会的公有财富和资源的兄弟般的、人际无差别的占有,只有这种无差别的共同占有才不会导致人与人之间的不平等,才不会由于这种不平等而产生剥削与压迫。社会主义的平等的正义观念将亚里士多德的公民友爱、基督教的普遍兄弟爱直接引入正义的概念并将之落实到"地上";其次,平等的正义意味着实质的平等,而不仅仅是公民身份的形式上的平等。在社会主义者看来,公民的或政治权利的平等不是平等的称职的保障者:它许诺了平等的权利,但是容许不平等的社会权利与经济权利,听任一部分成员的平等公民权利由于社会的、经济的不平等而在实质上被剥夺。这种被许诺的平等公民权利作为那种由于社会的、经济的不平等而不能真实运用的权利只是空头支票。真实意义上的社会的正义,必定是每个人能够拥有实际运用他的平等公民权利的正义。这种实质平等的概念是社会主义的思想对于西方正义概念的最大贡献。当然这种实质的平等不可能是古代的粗俗平等的简单恢复,而是在每个人都能充分满足其自由发展的需要基础上的;它也否定才能与天赋的特殊权利:承认才能和天赋的特权,显然就需要合逻辑地承认必定会由它引起的社会的和经济的不平等权利。社会主义不仅反对以财产权制度组织起来的社会,而且主张取消才能与天赋的社会的、经济的特权。因为,才能与天赋是出于自然的、偶然性的东西:一个人并不能够从道德上应得他所具有的优势才能与天赋,一个天生低智低能的人也不是从道德上应得其低劣的禀赋;而有道德理由的权利必须是道德权利主体通过其现实的实践活动努力挣得的。天赋与才能是对于每个个人的自由发展有特别意义的财富,它们是社会的善、人类的善,一个人不应当因为拥有某种才能或天赋而享有较大的社会的与经济的特权。社会主义者相信,在一个人人都能满足其自由发展的需要的社会,发展才能与天赋将只是个人自由发展的需要,而不再是要求个人获得特殊利益份额的资本。社会主义的实质平等观念所提出的是一个作为未来社会的组织原则的正义理想:人是在劳动中生成、在理想的社会中趋于完善的存在物。人的生成和趋于全面的自由发展是人的自由的本质的方面;对社会进行良好组织的目的就是人的自由而全面的发展的实现。所以,社会主义所包含着的是同自由主义的消极自由概念对立的积极自由概念。

积极自由的概念是同卢梭、康德、黑格尔等思想家的名字连在一起的,它通常被表达为哲学的、反思的自由,可以追溯到柏拉图和亚里士多德的完善论伦理学。按照伯林的分析,积极自由概念体现在"做自己的主宰"这种观念之中。康德的积极自由是内化的、退守到自身的心灵城堡之中的自由:我仿佛退入我的理性、善良意志之中,逃避暴君的迫害和自身欲望的宰制。亚里士多德、黑格尔的积极自由则是自我实现:在这种自由观念中,某种真实的、完善的自我被设定为目的,实践或劳动被理解为促使这个真实自我生成的、由自我进行导向的实现活动。在社会主义思想中,积极自由的概念通过"凭借社会组织做自己的主宰"这个观念得到表达,一个人要想成为他的真实的、更好的自身,唯有通过社会组织的改善这个前提才是可能的。

(五)正义概念含义的当代综合——罗尔斯的"公平正义"

上面梳理的正义概念的种种含义都是以其中某种基本观念为基础统摄、整合正义概念以往含义的系统。今天西方的政治哲学包含着西方正义概念的一些当代综合。在这些新的综合中,罗尔斯在20世纪70—90年代精致阐述的公平正义(justice as fairness)观念可以说是其中最重要的一个。同其他综合比较,罗尔斯的综合最清楚地循着并接续着西方思想传统和正义概念含义嬗变的发展路向。

罗尔斯把公平正义诠释为人们关于一个合理的(reasonable)、组织良好的(well-ordered,意为"井然有序的",一般被译为"良序")社会合作体系的实现条件的观念。总体而言,罗尔斯基于公平正义观念阐发的是一个在自由主义框架内的正义概念综合,它的独特性和最突出的贡献在于:它将社会主义的实质平等观念的某些要素纳入到借助公平的社会合作体系观念来说明的自由主义的正义概念之中。按照罗尔斯的观点,实现合理而持久的社会合作的条件在于:参与社会合作的每个成员在公平承担合作负担的同时,对于合作所产生的好处享有同其他成员同样完全的一份权利,并且合作体系的制度安排将保障他的这份权利既不会为着某种目的而被牺牲,也不会由于自然的与社会的偶然性而遭受严重挫折,也不会由于受具体交易或协议的累积后果的影响而被剥夺。这些思想表达在他所提出的著名的公平正义两原则之中。

社会主义的实质平等所要求的社会的、经济的平等一向对自由主义的平等即公民的平等的空洞性构成严重批评。但从公平正义观点看,社会主义的这一平等要求本身需要澄清,因为如果社会的、经济的平等是未来社会才可能实现的平等,它显然不能成为一个调整现实的合作体系的正义原则;而且考虑到现实的人类社会中各种不平等盛行的事实,如果把实质平等原则作为调整社会与经济的不平等的原则并且将之严格限制于此,也许它就能成为一个关于现实的合作体系的有意义的原则。考虑到社会的持久的稳定性,罗尔斯认为,对社会的、经济的不平等的调整应当从社会中受惠最少的成员群体的角度来作出。设想一下,一个处于不利社会地位、经济地位的社会成员,一旦从原则上获得了同样的管理国家社会事务的能力,他最期望什么? 可能有两个主要之点:第一,他期望发展机会对他是开放的;第二,他期望在对他而言开放的竞争中,他不会因为其不利的社会与经济地位而处于劣势。如果这个有不利社会和经济地位的人的这两个期望能够得到社会基本制度安排的支持,那么这种安排对于他而言就是公平的。但是处于最不利地位的社会成员如何才能使自己的不利地位不至于让他陷入困境呢? 他通过合法的劳动与交易,通过社会提供给每一个人的系统帮助——主要是教育和职业技能培训——获得更大能力,从而获得更多的东西,这样他的合法期望才能有最大的提高。在这种情形下,如果从事社会管理的人所提供的服务是最能提高他的合法期望的,这些服务人员通过从事管理工作而得到较高的收入对于他而言就是公平的。所以,社会主义的实质平等观念与罗尔斯的公平社会合作体系的观念是相容的。

罗尔斯正义理论对传统的继承与发展还表现在:(1)在一般自由主义者那里淡化了的希腊人关于正义是一种德性的观念在罗尔斯理论中恢复了活力:正义是基本制度的德性,并且它依赖于人们作为社会成员的正义感,这种正义感是正义德性的更深层的人类心理基础;(2)原初状态设计在很大程度上是自然状态观念的一个运用,使自然权利观念恢复了其生命力,尽管罗尔斯在后来试图使他的理论摆脱对这种设计的依赖;(3)罗尔斯在自由主义的框架内纳入社会主义的实质平等观念的同时,他的公平正义理论也将积极自由概念以某种限定的形式纳入消极自由的概念框架内。本来,积极自由和消极自由是统一的,在政府、社会无所作为的地方,个人才可以有所作为;个人在积极作为时应当对其他人同样的权利采取不干涉的态度。公平正义理论的基本旨趣是捍卫每个社会成员的不受干涉的基本公民自由,即消极意义的自由,这种捍卫是政府、社会的职责。公平正义理论将这些自由权利看作这样一种应得的权利:它是一个政治社会作为一个公平社会合作体系所创造、并由这个社会合理地加以限定的权利,一个人作为该政治社会中的成员自出生便具有与任何他人同样完全的一份,在这些自由权利的界限之内,他将不受政府或他人的干涉与侵犯。

罗尔斯在1971年出版的《正义论》中开宗明义地讲:每个人都拥有一种基于正义的不可侵犯性,这种不可侵犯性即使以社会整体利益之名也不能逾越。社会合作要公平、持久,这种权利就得不被牺牲、不受挫折和不被剥夺,处于罗尔斯正义理论核心的正是这一消极自由概念。然而在公平的正义理论中,消极自由概念以下述方式一定程度地扬弃了同积极自由概念的对立。在政治社会的安排方面,除了良好的秩序这个法律的目的之外不能有其他哲学的或宗教的目的,因为任何这类目的都要求一种特殊的全备性哲学或宗教学说。于是社会基本制度的目的只在于维护人的基本权利,但是在个人的道德和社团的道德中,通常存在更具综合性的哲学的或宗教的目的。因为个人如果过的是一种丰富的生活,它通常都具有合理的善的观念并且通常都需要进行选择,根据亚里士多德主义原则,具有更大复杂性的追求善的活动会给人带来更大的快乐;社团的生活通常与某种共同的善相联系,在追求这种善的过程中各个个人之间的交往、交流与感情联系本身就具有价值。个人或社团的成员可能为着这样的目的进行有约束的活动,而且实现这类目的的积极自由一般地说也是活动的目的或目的之一。可见在罗尔斯的思想中,关于社会基本结构的消极自由概念在一个组织良好的社会体系中,可以与具体的积极自由概念相容;一个人对生活持有康德主义或亚里士多德主义的信念未必就与他在公共生活方面的消极自由观点根本冲突。

通过对中外思想史上有关"正义"概念的含义的考察,可以得出这样的结论:第一,正义,作为一种观念或精神,是人类社会中具有永恒意义的基本价值追求和基本行为准则。看看中外思想传统和当代思想家罗尔斯的正义理论,以及围绕罗尔斯《正义论》一书所展开的经久不息的遍及全球的评价、研究热潮,还有普通民众对正义问题的青睐等事实,我们完全可以得出这一结论。第二,正义,正如罗马法学家乌尔庇安所指出的,"是给予每个人他应得的部分的这种坚定而恒久的愿望",这是正义的主观方面,主要是作为个人的一种品德来起作用的。但是公平对待的善意只有被个人付诸实际行动或者设计成现实运行的制度,制订出实际的措施才有意义,这也是中西正义观的最大区别。在中国,正义就主要被限定为个人品德,主要通过道德教化而不是设立政治法律制度以实现正义的品德和正义的社会。所以更重要的,正义要落实为具体的制度安排,它意味着这样一种关系的调整和制度的安排,它能使生活物资和其他用于满足人们的各种要求和愿望的手段,能在最少阻碍和浪费的条件下尽可能地给人以满足。在这样的制度安排下成长起来的个人有一种行正义的自我强制,也就是他们有一种有效的正义感。第三,正义就在于给予每个人他应得的东西,即这种"给予每个人应得"的愿望、品德、实际行为以及制度上的安排。至于何谓"应得"则与特定的时代即特定的社会历史条件相关,且"应得"具有绝对的道德约束力,其含义主要在于,作为人类中的一员的每个人在不同的时代都有一些起码的要求必须被满足,这既是对每个人尊严的维护,也是对整个人类的尊严的维护。第四,正义的具体内涵是历史的,有阶级性的。在柏拉图眼里,奴隶制度是合乎正义的制度安排。很明显,这是奴隶主阶级的看法,处于受剥削、受压迫地位的奴隶则会在一定的发展阶段上,要求打破这种制度安排,代之以更合理的制度。美国内战时期的情况即是如此。

三、"正义"一词的适用

但是对正义问题的研究,弄清"正义"的基本含义只是第一步;正义问题的关键是正义与否的判定标准,即要明确在具体情况下,我们是依靠什么对相关的事态,作出让人接受的正义评价。因为较为一致的正义判定是实现社会团结和秩序的基础,而大众认可的正义判定标准是人们在行动过程中必须遵守的规范。

探讨正义与否的判定标准,其实是要弄清楚正义与否的评价是由谁、依据什么、对什么作出的。"正义"或"非正义"是两个价值评价词,"正义"表明评判者对某事态的赞同态度,在这种态度中,有"合法的"、"好的"、"正确的"、"合情理的"等意思;"非正义"表达则是评判者对某事态的一种排斥和否定,表明某事是不合法的、违背情理的、错误的、坏的甚至是恶劣的。可见,正义评价表明的是一种比较态度,这里比较的参照系便是判别正义的标准所昭示的、为人们所共同承认的一种标准事态。从这里可以见到正义与否的评价与评判者自身的利害(包括其利益要求、价值取向)是紧密相关的,也就是说,评判者总是从被评价的事态与自己的利害之间的价值关系出发,依据一定的正义标准即道德法律规范作出评价的。

但是,并不是任何评价都是正义的评价;按照德国学者奥特弗利德·赫费(Otfried Höffe)的观点,超出技术和适用范围的评价,才是道德评价或正义评价。① 正义是从规范意义上对一定事态(包括事实或行为)所作的一种批判性的评价。而且正义与不正义跟好与坏或正确与错误相比较,是更具体的道德批评形式。举例言之,"正义"可以用来表达对根据拥有财富的差别分配税收负担的法律的赞同;"不正义"可以用来表达对禁止有色人种享

---

① 参阅[德]奥特弗利德·赫费:《政治的正义性——法和国家的批判哲学之基础》,庞学诠译,上海译文出版社 1998 年版,第 39—40 页。

用公共交通工具或公园的法律的反对；我们可以理智地声称法律因其是正义的而是良法，而不是相反。

所以，正义所关注的不是单个人的行为，而是作为某个阶层或群体的成员被对待的方式，和某种利益或负担在它们中间分配，以及由于产生了某种程度的侵害而提出了补偿或赔偿要求。可见，正义是就人们之间的相互关系而言的，它起着关系调整的作用，它要求"同样情况同样对待"和"不同情况不同对待"，对待方式的差异取决于被对待对象的相关具体情况。每个人都是特性与共同性的统一，这就要求既不能是"一刀切式"的"平等"，也不能是任何情况下都"特事特办"而没有任何规则可循。而是以"同样情况同样对待"为基本准则，既然同为一个地区的居民或一个国家的公民；但由于每个人在复杂的社会关系网络中的位置不同，所以在这些差别跟所考虑的事项是相关的时候，就应当尊重这些差别。这要求既要区分规范的层次与类别，又要分析具体的情境和相关当事人的具体性。如：禁止杀人的法律若以对待其他杀人犯的同样方式对待染着红头发的杀人犯，就不能说它是不正义的；如果该法律拒绝对理智健全的人和精神病人实行区别对待，那它就是不正义的。

正义标准（包括道德法律规范及其他规范形式）一般而言有两种：一种是来源于评价主体之外的上帝或神的意志，即上帝的善恶是非观；另一种则源于人们具体的社会经济政治生活，是人们在实践、交往中逐渐形成的，即正义标准是历史的，其生成与演进都具有历史的性质，"人们自觉地或不自觉地，归根到底总是从他们阶级地位所依据的实际关系中——从他们进行生产和交换的经济关系中，获得自己的伦理观念"，"一切以往的道德论归根到底都是当时的社会经济状况的产物"。① 这里的意思是：只要基本的社会经济状况不变，一定的道德法律规范体系总是可以约束人们的经济行为以及日常生活行为的。这两种来源不同的根据会有许多共通之处，因为上帝的意志其实是现实生活中那些假托圣言者的意愿；但不同的人的不同取

----

① ［德］恩格斯：《反杜林论》，载《马克思恩格斯选集》第 3 卷，人民出版社 1995 年版，第 434、435 页。

舍取决于各自的世界观、价值观以及其真实的需要。必须特别注意的是,这些历史的标准以及这些标准所包含的精神体现出不同时代的人们之利益要求的变动性与恒常性的统一。

其次,正义评价意味着某种冲突情形,提示着不正义事态的存在。一般而言,正义评价针对由利好和责任的给予和取得、要求和拒绝、分配和补偿所产生的冲突情形。正义与否的评价极力地彰显着评判者的价值取向(与利益愿望):对不正义事态的谴责与纠正此不合理事态的意愿,以及评价者所把握的道德法律规范。

最后,正义与否的评价意味着一种社会性的约束力,它要求表示出评判者的真实意愿,要求作为中人的裁判者超越一切同情和厌恶的情感,依照已被接受的规则,无所偏倚地看待被评价事态,因为正义的含义中内含着一个规范性的主导原则,即无所偏私的公正原则;也要求作为当事人的评判者走出一己之利的狭隘,依照已被接受的道德法律规范,作出公道的判断。这样,正义评价会形成一种规范性的社会舆论,才会有要求纠正被判定为非正义的事态的力量。

然而,正义与否的评价是很难取得一致的意见的,因为任何人都不可能摆脱其主观情感的影响,任何正义与否的评价严格说来都是不符合正义标准的要求。但这绝不是说,谈论正义没有什么实际意义,相反正因为正义的内涵因时而变,因人而异,才使得正义问题历久弥新。影响正义评价的因素,除正义评价所判定的冲突情形本身的复杂性外,主要是评判者的主观情感和评判所依据的道德法律规范,而这个主观情感又与评判者的切身利益直接相关。正是这些歧异的正义评价才使得正义精神的彰显成为可能,也就是说,共同的正义精神是在歧异的正义评价之较量中形成和显露的。同是依异而存的,如同卢梭在《社会契约论》中所言,除掉个别意志间正负相抵消的部分,剩下的个别意志的总和就可以被视为"公意";而且如果没有不同的利益要求,那种"共同利益"就永远都碰不到障碍,因而就很难被感觉到①。

---

① 参阅[法]卢梭:《社会契约论》,何兆武译,商务印书馆1996年版,第39页。

第二节　马克思主义的主体性原则

我们生活于其中的世界在严格意义上不能被称为"自然世界"（这里的"自然"意为事物成其所然，与人力无关），因为那是一个我们人类参与的世界，"用人类学的笼统术语说，叫人类文化世界，也就是思想的、价值观的、信仰的、艺术的、语言的、象征的、神话的、制度的、历史的(包括科学史)世界"①，它作为人类本质力量对象化的确证，是由人类实践和认识活动创造的。

价值论或价值哲学就是以这个"人类文化世界"及在其中发生的一切事态为研究对象的一门学问，具体地说，作为哲学基础理论的一个分支，价值论所研究的是真、善、美、功利等特殊价值的共性内容，它是从世界观、方法论的高度回答有关价值的一系列根本问题，是整个价值学最普遍的理论基础。②

在中国，虽然传统哲学的主流可以说是一部以人伦价值的研究为中心的伦理政治哲学，但是作为一种哲学理论的价值论到了 20 世纪 80 年代初③才正式兴起，而它从一开始就是在马克思主义世界观和方法论的基础上展开的，它是作为关于实践唯物主义问题讨论的深入和主要成果出现的。关于实践唯物主义的讨论是真理标准问题讨论的继续和以探讨教科书体系变革为背景的，更重要的是，实践的唯物主义是作为马克思哲学实现思维方式根本变革的成果出现的，它被当代中国的哲学家体认为马克思主义哲学的真精神。其中以李德顺为代表的马克思主义价值论对实践唯物主义精

---

① ［英］阿伦·布洛克：《西方人文主义传统》，董乐山译，三联书店 1998 年版，第 251 页。

② 参阅李德顺：《价值学》，载李德顺：《立言录》，黑龙江教育出版社 1998 年版。

③ 20 世纪 80 年代的中国由于邓小平同志及时拨乱反正，推动"思想解放"，重新启动了中国特色的社会主义现代化建设事业而进入了"科学的春天"，全国上下"春意盎然"。当时的知识分子思想活跃，面对活生生的现实进行理论思考，在理论上建树颇多。在马克思主义理论界尤其如此，对许多时代性的问题如"什么是检验实践的标准？""如何看待实践中人的目的、需要及其与真理的关系"等做了深刻的思考。

神——主体性原则、主体分析方法和主体本位观念——的贯彻最为彻底,所以其价值论又可以称之为"主体性"价值论。① 而且由于现代自然科学和社会科学的发展、世界范围的民主化浪潮的推进以及有中国特色的社会主义现代化事业的进展,使得主体性精神成为当前时代精神的一个实质性方面,成为其精华的一部分,所以哲学必须承担起从理论上阐明主体性原则、体现主体性精神和倡导主体性思维方法的责任,才能不脱离现实并发展自身,以实践的观点为首要和基本观点的马克思主义哲学最适合担负这个责任,它作为"与时俱进"的开放的理论也应当自觉地担负起这个责任,这样才能将为全人类谋福利的事业进行到底。

一、马克思主义主体性原则的内涵

马克思主义的主体性原则是实践唯物主义思维方式的具体体现,马克思主义价值论则是用实践唯物主义的思维方式或主体性思维方式处理价值问题的具体操作。所谓主体性原则,就是承认、重视并坚持主体在实践和认识活动中的地位和作用的原则。

有主体就意味着有客体,两者共存于一定的对象性关系或活动中。主体与客体是人的对象性活动中的一对关系范畴,两者严格相关:人和物(包括有生命的物和无生命的物)、人和人之间只是在构成一定的对象性关系(如实践和认识)时,它们才是主体和客体关系;离开这种具体的对象性关系,失去其中任何一方,主体和客体概念都是没有意义的。而且更为关键的是,没有作为主体的人发起一定的对象性活动,就不可能构成现实的主客体关系;主体和客体是描述具体的对象性关系中关系项的地位和作用的范畴,其中占主导和支配的地位的一方被称为"主体",它是一定对象性关系的建立者和推进者;相应的作为对象的一方被称为"客体",它处于从属的和被支配的地位。于是,"谁"是一定对象性关系中的主体、主体的结构、需要和能力等特性在这种关系中起什么样的作用等问题就是所谓的"主体性问

---

① 至于价值论兴起的国内实践方面的背景和国际文化背景,可参阅李德顺先生《价值论在中国》一文(载李德顺:《立言录——李德顺哲学文选》)。价值论、主体性、实践等问题成为中国马克思主义哲学新发展的生长点,这三个"点"其实是相互缠绕在一起的。

题"。对于这些具有普遍意义的问题,不同的哲学有自己的、或自觉或不自觉的、或隐或显的答案,其中对主体的地位和作用作出肯定结论的不同方式,就构成不同性质的主体性原则。

马克思主义的主体性原则建立在辩证唯物主义和历史唯物主义的统一——即"实践的唯物主义"的基石之上,其基本内容最集中地包含在马克思的、被恩格斯称为"包含着新世界观的天才萌芽"的《关于费尔巴哈的提纲》中,尤其是第一条中。马克思指出,科学的"实践的唯物主义"对对象、现实、感性的理解,不只是着眼于客体的或直观的形式,而是还"把它们当作人的感性活动,当作实践去理解",即"从主体方面去理解"[1]。对现实的把握必须从主体和客体两个方面进行,以人的实践活动作为现实的基点。列宁也曾以同样明确的语言表达了这一原则:"必须把人的全部实践——作为真理的标准,也作为事物同人所需要它的那一点的联系的实际确定者——包括到事物的完满的'定义'中去。"[2]对物的理解必须明确意识到被理解的物是被人的实践活动改造过的物。鉴于人民群众是一般意义上的实践活动主体,毛泽东则始终一贯、非常明确地坚持人民主体论的价值观念,主张"真理与人民利益的一致性"和"从实际出发与对人民负责的一致性"这样的真理与价值辩证统一的结论:"共产党人必须随时准备坚持真理,因为任何真理都是符合于人民利益的;共产党人必须随时准备修正错误,因为任何错误都是不符合于人民利益的。"[3]邓小平明确指出,社会主义现代化建设"代表着人民的最根本的利益","人民,是看实践"[4],并把"人民主体价值观念"鲜明地提了出来。

马克思主义的主体性原则体现出对人的全新理解:实践是人的存在方式,是人的社会性的最集中体现,而对实践又要做动态的把握。实践是人类

---

① [德]马克思:《关于费尔巴哈的提纲》,载《马克思恩格斯选集》第1卷,人民出版社1995年版。

② 列宁:《再论工令、目前局势及托洛茨基同志和布哈林同志的错误》(节选),《列宁短篇哲学著作》,人民出版社1993年版,第445页。

③ 毛泽东:《论联合政府》,载《毛泽东选集》第三卷,人民出版社1991年版。

④ 转引自李德顺:《邓小平人民主体价值观思想研究》,北京出版社2004年版,第124—125页。

特有的对象性的感性活动,是人类生存发展的特殊本质形式,它不仅仅是马克思主义认识论的核心范畴,更重要的是,它是存在论、价值论意义上的哲学范畴,它意味着人的存在方式是实践的,实践是人的目标、目的(包括需要、愿望和利益要求等)的实现方式,是人的价值的实现途径。

人类实践活动或人的实践活动的具体形式与内容总是变化发展着的,在一定的社会历史发展阶段上,总会表现为一定的历史形态①,从生产实践到交往实践,从物质生产的、精神生产的、人自身生产的实践到管理实践、交往实践、知识实践、信息实践、虚拟实践等。从实践的这些具体形态,我们可以看出,在科学技术的运用对人们的生活产生日益全面和深入影响的今天,在各种媒介的作用越来越大的情况下,人们之间直接的信息交流、交往协作等在具体实践活动中的重要性日渐突出。

在实践中,一方面,作为主体的人必须面向客体,必须重视客体的作用,要求主体按照世界的本来面目去认识世界和改造世界;另一方面,也是更重要的,主体总是从自己出发的,是按自己的能力、需要和方式去理解客体、改造客体并使它们为自己服务的,进而认识世界和改造世界的。实践作为人所特有的生存、发展与活动方式,它的威力在于它逆转了人与世界的关系,使人上升到起主动、主导作用的主体地位:自然物由一个自在的存在变成了"属人的"或"为人的"存在;人由从属于自然界的一部分变成自然成了属人的世界;与我们隔离着或对抗着的其他人现在成为我们可以从中获益的对象;作为主体的人对于客体如同光之于黑夜,有了作为主体的人②,作为客体的人或物,才显得有了光彩、才有了意义。当然这里的"意义"是指作为

---

①　根据李德顺的提示,大陆最早明确而正式提出"实践的历史形态"这个概念的是赵剑英,在完成以此概念为题的博士论文(2000 年)之后,他又提出并论证了实践的新形态——信息实践;2002 年 8 月,张明仓完成博士后出站报告《虚拟实践论》,该报告把以往实践理解中"虚"的方面即发生在头脑、意识或逻辑中的作为实践准备的活动"实"化,面对数字化技术造就的"虚拟空间"这个现实,提出已经作为人类实践正式形态的"虚拟实践"。这可以说是赵剑英思想的深化。参阅张明仓:《虚拟实践论》(序),云南人民出版社 2005 年版;赵剑英为已经结项的国家社会科学基金资助项目"马克思主义哲学范畴研究"所写的"实践:历史形态与当代发展"。

②　这里的人不是抽象的,而是具体的,是分层次的:人类主体、群体主体(包括社会、阶级、民族、国家等)、个人主体,在具体的对象性关系中,主体是哪一个层次的这一点是需要具体分析的。

客体的人或物的存在和属性与作为主体的人的结构、需要和能力的一致，是主客体相统一的一种特定的质态，在哲学上，我们称之为"价值"。所以，在任何认识和实践（广义的实践包括认识）中都必然客观地存在着一种"主体性尺度"，而对价值问题的研究更要侧重分析这种"主体性尺度"，弄清价值是对于"谁"的哪一方面的价值。

马克思主义的主体性原则相对于别的主体性原则，其特点在于：（1）它对客体、对象、现实有一种既从客体方面又从主体方面的全面理解。（2）它对主体，对各种不同情况下的现实的人及其群体做一种彻底唯物主义的理解，主体首先是一种客观的存在即社会存在，不是人们的社会意识决定他们的社会存在，而是人们的社会存在决定他们的意识。因此，在马克思主义的主体性原则中，对人的主体性包含有社会的、历史的客观性的理解，人的精神、意识、主观性只是主体性的一个方面，而且是一个被人的社会物质性、社会存在和社会关系的客观性所决定的方面。（3）它对价值问题有一种比较科学的把握，它认为价值问题的奥秘在于主体，价值问题研究的根本标志、标准和特点在于它是以主体的尺度来衡量客体，而不是单纯地反映客体；不是客体本身有什么，而是客体上所承载的这些什么与主体的需要、能力和尺度是否相一致、接近或符合，是客体对主体的意义；进一步地，价值评价上的差异也不能全从评价主体的主观上找原因，这些差异更多地反映了主客体之间相互作用上的客观情况；所以价值问题在某种意义上说就是主体性问题，价值问题的研究当然就要贯彻主体性原则。

二、马克思主义主体性原则的贯彻

对马克思主义的主体性原则的贯彻最为关键的是进行主体分析，主体不是一个一般的抽象或实体，它是一个关系范畴。因此必须在具体的对象性关系中确认谁是主体，把握主体的具体结构、功能、特性及其作用，探讨不同层次主体之间的相互关系，而不能抽象化①。在理论研究中不可把某一

---

① 参阅李德顺：《论马克思主义主体性原则及其现实意义》，载李德顺：《立言录》，黑龙江教育出版社1998年版，第107页。

特殊关系层次上的特殊主体一般化,因为社会生活中存在着多种不同层次和不同方面的主客体关系,每一关系中都有自己的具体主体。概括地讲,主体分析有以下几种情况:(1)在人类和自然界的相互关系中,唯一的主体是人类,这里主体分析就是理解人类的一般本性、特点、地位和作用问题;(2)在人类面向自身的实践(自我实现和自我改造)和认识(自我意识)关系中,人类既是主体又是客体,人类现实的结构和特性被客观地分成两个方面:能动地、主动地活动的方面和被认识、被改造的方面;(3)在人类社会内部人与人之间(个人与个人、个人与群体、个人与社会、群体与群体、群体与社会等等)发生对象性关系,而且他们之间形成的常常是交互主体关系。必须注意,这里的群体也是需要分析的,包括各种利益集团、阶级与阶层、各种兴趣团体等。在这些具体的关系中,总有一定的人(个人、群体、社会)在一定方面或一定水平上处于主动的实践者、认识者即主体的地位上。处在具体主体地位上的人的特殊结构、属性和作用问题就是这一关系中的主体分析所囊括的问题;(4)同人类一样,个人对自身也有主客体关系即客观上存在着"行为者之我"和"我的行为对象之我"、"思考着的我"和"被我思考的我"的具体区别。作为"行为者之我"和"思考着的我"的结构、特性、地位和作用的问题就是个人自我关系中的主体分析所涉及的问题。① 由于人在其根本处是各种具体"社会关系的总和",所以上述几种情况总是复合地、动态地结合在一起,每一种都不是孤立地纯粹地表现出来的,这样对具体的对象性关系必须进行全面的主体分析,而不能把不同的关系及其主体混在一起。

贯彻马克思主义主体性原则还要坚持的一点是强调人的权力和责任相统一的原则,主体性原则意味着实践的人是作为主人或当事者而不是作为旁观者或客人对待自己的生活和自己的事业的。承认主体的具体地位和作用正是为了科学地确立人在自己的实践和认识中应有的和能够承担的权力和责任的界限,并使二者合理地统一起来。权力和责任都来自主体在实践

---

① 　参阅李德顺:《马克思主义哲学新发展的一个生长点——关于哲学主体化趋势的思考》,载李德顺:《立言录》,第 92 页。

活动中所处的实际地位和所发挥的实际作用,而不可能是来自一个与人及其活动无关的"自然";现实的权力和责任不可分离地存在于具体的对象性关系中,在客体面前,主体的权力所在即是责任所在,反之亦然。人作为主体的权力和责任源自其在实践活动中的实际作为这一点是自然而然的。所以,马克思主义的主体性原则对任何现实的主体的第一个要求就是自觉地认清自己作为主体的权力和责任及其统一,而不是只要权力不要责任的"随心所欲",这是每个人的根本旨趣所在。

在一定的实践、认识活动中,主体总是活动的发起者并处于支配者的地位;实践活动的方式实际上就是人的存在方式,而人又是有目的、有意识的存在;所以实践活动的成功意味着主体目的、意愿的实现,但是主体改造世界的能动性的发挥要受到来自主体和客体两个方面的限制:客体的存在与属性及主体对它的认识程度,主体的存在状况即主体人各方面需要与能力的发展情况,这两方面的限制都是不以主体人的主观意愿为转移的客观情况。对一定的实践活动中人的主体地位的承认意味着对人的探索未知的权力和责任的尊重,对人的独立性和尊严的尊重,人的这些权力与责任、独立性是有限度的,但是,鉴于人的尊严之复杂性与根本性,可以说,在现代社会,对人的尊严的自觉维护和依法保障是绝对的。

对马克思主义主体性原则的,贯彻意味着对"群体本位"和"个人本位"的超越,而主张一种多元化、多级化的"主体本位",即在多层次、多侧面、多重关系的社会生活中,谁是一定关系的主体,这种关系就以谁为本位,而不是使某种特殊的主体地位普遍化,使全社会的本位单一化。① "主体本位"要求对"主体"做具体分析,而不是简单地一概而论,"群体本位"和"个人本位"犯的就是这种简单化的错误:"群体本位"实际上是家族或以社会整体为名义的少数统治者本位,如封建社会流行的就是这种虚假的"群体本位",在社会生活中忽视个人、抹杀个性;"个人本位"则是以私人经济利益为实质的极端个人主义,如资本主义社会,在社会生活中则走另一个极端:否认集体、社会,对个人持绝对抽象化、孤立化的理解。其实这两种本位都

---

① 参阅李德顺:《立言录》,第115页。

只是一定历史条件下形成的特殊社会文化现象,而不是绝无仅有的两种"本位"形式。在"本位"问题上,合理的态度是:纯属个人的活动、个性发展方面的事情,必须尊重个人的主体地位,由个人来做选择,不能由他人、群体和社会来包办代替甚至粗暴干涉;当个人作为一个共同体中的一员、一个整体的部分,就共同体或整个社会的公共事务发表意见时,则必须以整体主体为本位,此时讲"个人本位"只会导致共同体、整体主体毫无凝聚力而形同一盘散沙。试想一下,国家行政官员、社会组织的公务人员、大工业生产系统中个别环节上的工人等等都以个人为本位,都仅仅对个人的利益、兴趣和个性负责,要么视整体权力和责任为异己之物,要么视之为私人的所有物,倘若真的如此结果可想而知。总之,分析、确认具体关系中的主体是谁,谁是主体就以谁为本位,不同层次、侧面的主体不能混淆和取代;遇到冲突的情况,则需要寻找各个主体之间的"共同点",也就是确立一个更高层次的统一主体。

三、马克思主义主体性原则在规范问题研究中的运用

道德、法律等是作为一定的社会规范协调人们之间的互动的,对一定道德、法律规范的遵循是人之社会性的必然要求,社会规范问题属于价值问题研究的领域。所以,需要从哲学价值论的角度研究协调人们之间交往互动的规范。一定的规范是人们在实际的实践和交往中逐步形成的,它不是由什么外在于人们实践活动的"权威"(或类似于上帝的万能的神或这种神在地上的代言人)颁布的;规范不是专为某些个人的利益与愿望而制定的,规范的制订应具体考虑每个相关者的利益与愿望;规范的制订必须承认所有人的主体地位,因为在现实地具有一定的实践能力这一点上,人们是平等的,而无论其穷富、贱贵、性别、种族、实际能力及世界观、价值观等方面的差异。为了保证人在规范问题上的主体地位,我们要注意两个概念的关系,即规范主体和行为主体之间的关系。这是因为,一方面,制订规范的总是少数,因而总有一个制订规范的少数强势对多数特别是弱势的照顾问题,于是,虽然直接制订规范的还是那少数,但是规范主体却可以是包括少数强势、一般多数和大量弱势的全体人们;另一方面,虽然规范往往是满足人们

利益要求的工具,但是由于人们之间不可避免地存在的互不相容的特性和人们容易犯任性、霸道之类的错误,所以,行为主体对于规范的态度还有一个敬畏它、依它行事不容商量的维度。

规范主体是指制订规范或规范体现着其利益与意志的人(群),这是规范体系的真正主体,规范是为之服务的,规范的作用就体现在对这些人(群)的利益与愿望的维护与实现上;说到每个人,他首先是他自己思想和行为的主体,这种主体在规范面前,无一例外地成为客体,是被规范约束和评价的对象。

两个主体可以一致也可以不一致甚至对立,这具体表现为规范的主体性,即规范总是一定人(群)的规范,如美国的法律只是约束美国人的法律,只是美国人的法律,别国人既不是它的主体也不受它约束;而在我们国家的法律中,人民既是自己行为的主体又是国家法律的主体,这两个主体的一致意味着立法、执法和守法的三者之间的统一。如果规范主体本身在日后也是受规范约束的行为主体,那么这就是一种自我规范,曾经作为规范主体的人们与作为行为主体的人们不同的利益和愿望就比较容易协调,于是,利益达到平衡,社会和谐得以实现;如果规范主体日后不受规范的制约,那么这种利益与愿望的不一致或冲突就难以达到平衡,社会和谐就难以实现

每个人作为自己行为的主体首先考虑的必然是自己的利益与愿望,并且倾向于损人利己,如果没有一定规范的制约,那么结果必定是谁都达不到自己的目标,因为每个人的力量旗鼓相当,不接受一定规范的制约必然是俱败俱伤。但是,个人对规范的遵循不是无条件的,而是需要正当理由的。规范总是一定人(群)利益与愿望的表达,规范并不表达、保证其利益与愿望的那些人对规范的遵循就是需要说明理由的。所以,制订规范(包括对规范的修改与废止)的那些人必须考虑到反对这些规范的那些人的利益与要求,否则,要求普遍地遵循这些规范就是不合理的。也就是说,制订规范的强势群体或行业权威或政治道德权威作为代表要真心而切实地照顾弱势群体的利益与愿望,这是保证规范得到普遍遵循的一种有效方式。

现代比较流行的规范制订方式是民主的方式,按照民主的方式产生的规范是多数人利益与愿望的表达。在此种情况下,只是大体上可以说,人们

既是规范的制订者又是规范的承受者。基于此,规范总是具体的。

规范也是分层次的,在一国的范围之内,有牵涉到所有国民切身利害的、针对社会基本结构的规范;有牵涉到部分人利害的、针对具体行业、领域的规范;也有个人之间的特别约定。超出民族-国家的范围,则有地区性的规范,有全球性的规范。这些层次意味着规范的适用范围,不能相互混淆,也不能把某一层次的特殊规范普遍化。

规范体现出对正义价值、正义精神的维护,是与事实、真理无涉的价值问题,规范作为价值观念的一部分,是支配人们进行评价、选择的标准。其实,规范就是在人们实践、交往活动中,就某个具体问题发表各自意见,经过协商达成妥协或共识的结果,具体规范就是这样随着社会实践的不断发展而不断变化与生成的。但是,众多具体规范之中也有不变的东西,这就是被称为"规范精神"的规范价值或法理,这种精神或价值体现为对规范所建立于其上的社会秩序和价值目标的维护,包括正义、秩序、效率等价值目标,当然这些价值目标的具体内涵是随时势而变的。

将马克思主义主体性原则以及它在规范问题上的具体运用贯彻到分析罗尔斯的正义理论上,本书将主要涉及以下问题:第一,罗尔斯是如何理解或界定规范主体的? 制订规范的强势群体如何照顾弱势群体的利益要求或者说如何协调他与弱势群体之间的利益冲突? 这是一个普遍的问题,因为实际制订规范的——即使采取民主的程序——总是一部分人,这样具体的规范就不能一成不变;另外,总有一个如何向纯粹受规范约束的那部分人说明接受规范制约的理由的问题。罗尔斯并未简单地将制订规范的强势群体设想为全体人们。第二,罗尔斯对行为主体的理解是怎样的? 这里要解决的是规范的公共认同和自觉遵循问题,这牵涉到对人们相似性和差异性以及宽容原则的理解。对行为主体的两种类型——即作为一般公民的行为主体和作为行政、司法、管理人员的行为主体,罗尔斯是如何理解的,对二者之间的关系罗尔斯又是如何说明的? 第三,如何评判罗尔斯的正义理论在国际领域的拓展? 最后,如何推进罗尔斯的理论? 具体而言,罗尔斯对人的尊严、对人权的维护、宽容原则等如何更切实地贯彻到人们生活的实处?

第二章　罗尔斯正义理论的
提出与发展

　　罗尔斯的正义理论是本书的研究对象,而罗尔斯的这个正义理论又不是一成不变的。相反,罗尔斯一生的学术致思是围绕着完善正义理论而展开的,所以首先要对该理论的发展状况有一个基本的把握。

第一节　罗尔斯何以提出并精心论证正义理论

　　要想真正把握哲学家的思想,仅仅阅读他/她的著作是远远不够的,我们必须注意思想所产生的土壤,包括他/她的个性、成长环境以及师承等。参照这个哲学家的生活经历和思想个性,才能成功解读他/她的思想,由于思想从深层展示着哲学家思维方式的独特性;而某种特殊的思维方式则是由哲学家个人的生活、经历与思考直接造就的,这种思维方式的独特性是一个人的特异性的最根本方面,需要借助对他/她成长经历的了解才能把握这种独特性。本章对罗尔斯正义理论的把握就是从观察他的成长经历来揭示其个性进而体味蕴藏在其思想中的个性真意开始的。
　　在当代西方政治哲学舞台上,罗尔斯(1921—2002)无疑是一位有着独特而鲜明思想个性的哲学家。之所以这么说,是因为他的两部代表作分别开辟了两个时代,这两部著作又是从根基处有差别的,简单地说就是,《正义论》鸿篇巨制,他给予人们的是一个全能道德教义以作为建立一个正义社会的全能道德基础;《政治自由主义》将近 500 页的篇幅,他所做的核心工作却是将此全能教义(comprehensive doctrine①)转型为一个独立的政治观念(freestanding political conception),虽然全能教义和政治观念的基本内容在字面表述上没有什么差异,都称为公平正义,但是这个转型——全能教义和政治观念的区分——对于罗尔斯、对于政治哲学包括道德哲学是尤为关键的。

自20世纪70年代发表《正义论》以来,罗尔斯就一直是哈佛、美国乃至整个西方政治哲学界的"领军人物",被人誉为当代西方"新自由主义"的哲学领袖,是哈佛"自由主义思想铁三角"之一角(另外两角据说是帕森斯和亨廷顿②)。诚然,罗尔斯影响的广度已经遍满整个世界,包括我们中国,《正义论》已经被翻成了所有主要的欧洲语言,加上中文,大概有20多种。从1951年发表初鸣之作《伦理决策程序纲要》(*Outline of Decision Procedure for Ethics*,可见当年的《哲学评论》杂志)以来,罗尔斯的写作就规定了英美政治哲学研究的实质性课题,也影响了世界其他地方的政治哲学③。为什么罗尔斯有如此大魅力使得这么多人阅读、研究他的著作,并且以跟他讨论问题为荣呢?

一、罗尔斯的生平简介

看看罗尔斯的生平也许我们可以找到部分答案。约翰·波尔顿·罗尔斯(John Borden(Bordley)Rawls)1921年2月21日出生于马里兰州的巴尔的摩,在家排行老二。少年罗尔斯在康涅狄格州肯特郡的一所(新教)圣公会教徒中学接受教育(1934—1939),接着他通过申请进入普林斯顿大学学习,1943年获得文科学士,之后参军,在太平洋战场作为步兵服役至1946

---

① comprehensive doctrine在中文里有多种翻译,万俊人将之译为"完备性学说",曹卫东译为"全备性学说",笔者也曾试着译为"整全性学说",商戈令主张将之译为"全能教义"。笔者认为,将comprehensive译为"全备性",将doctrine译为"教义"更贴合罗尔斯的意思,本书根据上下文,使用"全备性学说"和"全能教义"两种译法。参阅商戈令在翻译布尔顿·德雷本(Burton Dreben)所做的关于罗尔斯与政治自由主义的演讲时所加的一个注,中译见《论罗尔斯》,载《儒家与自由主义》,北京三联书店2001年版。

② 此处借用万俊人的说法,参见他为论文集《政治自由主义:批评与辩护》(罗尔斯等著,万俊人等译,广东人民出版社2003年版)所写的"编译导言"。

③ [美]萨缪尔·弗里曼(Samuel Freeman)编:《罗尔斯剑桥指南》英文版,剑桥大学出版社2003年版,导言(弗里曼所写),第1页。

年,那年初,受惠于一项特殊的退役军人法案,罗尔斯得以重返普林斯顿,攻读哲学博士学位。1950 年,在沃尔特·斯泰斯(Walter Stace)的指导下,罗尔斯完成了题为《伦理知识的根据研究:参照有关个性的道德价值之判断所做的考察》("A Study on the Grounds of Ethical Knowledge:Considered with Reference to Judgments on the Moral Worth of Character")的博士论文,在其中,他发展了一种反基础主义的程序(这接近于后来的"反思平衡"观念),用以限制或者说纠正我们对一些特定事例最初所下的道德判断,限制的方式是通过一系列道德原则来阐释这些判断①。这些原则类似于哈贝马斯所力图找寻的、作为沟通(或交往)或言语行动(communicative or speech act)前提的规则。

值得一提的是,在论文完成后、取得哲学博士学位前,罗尔斯遇到了后来成为他妻子的玛格丽特·福克斯(Margaret Fox),他们于 1949 年 6 月结婚。玛迪(罗尔斯对妻子玛格丽特的昵称)对丈夫的研究工作发挥了日益积极的作用,帮助他推敲润色和校订文稿,更使他关注女性平等权利问题,罗尔斯也对妻子的专业(艺术和艺术史)保持着长期的兴趣,两个人就这么相依相伴、相互激励、相互促进了一生。接下来,罗尔斯在普林斯顿大学哲学系任讲师至 1952 年,那年他接受厄姆森的建议,申请到福布莱特基金(Fullbright Fellowship)的资助,在厄姆森(J.O.Urmson)所在的基督城学院(Christchurch College)以高级访问学者的身份访学一年。从牛津(大学城)归来后,罗尔斯即在康奈尔大学取得一个助理教授(Assistant Professor)的职位。从 1962 年起,罗尔斯转至哈佛哲学系执教直至 1991 年退休。遗憾的是,上天只给了退休后的罗尔斯四年光阴。1995 年在加利福尼亚州召开的一次学术会议上,他得了中风,这使得他脑力和体力都大大衰退了。尽管如此,拥有非凡自制力的罗尔斯还是在他的不知疲倦的妻子和学生的帮助下,完成了其一生的创作:从 1999 年到 2002 年,他出版了 5 本书:代表作《正义论》的修订版(1999 年,2001 年第四次印刷)、正义理论的一个新的阐释版《公平正义——一种重释》(2001 年,中译本名为《作为公平的正

---

① 这些思想在其初鸣之作《伦理决策程序纲要》(1951 年)中即得到概略阐述。

义——正义新论》)、论文集(1999 年,2001 年第四次印刷)、一篇关于国际
正义的论文扩充版《万民法》(1999 年,2001 年第三次印刷),还有道德哲学
史讲义(2000 年)。从这些晚期著作在短期内印刷的次数就足以见出罗尔
斯的影响。这些作品的付梓对深受病痛折磨的罗尔斯是一个巨大的安慰。
从罗尔斯的生平,我们可以看出,是他自己的不懈努力和持久专注造就了这
样一位哲学大师,而他的四部主要著作都是在哈佛完成的,可以说哈佛对这
样一位大师的成就功不可没。

二、正义理论产生的原因

直接对罗尔斯的理论成就有助益的至少还有以下因素:第一,罗尔斯自
己觉得他一辈子相当幸运,患过重病、打过仗、经历过政治运动但基本上是
毫发未损。小时候,他的两个弟弟都是由于受他传染而相继夭折;家境优
裕,受到了较好的教育,比黑人和穷苦白人都幸运;战场上很少遭遇战斗,仅
有一次险遭日军伏击,战后受惠于特殊的退役军人法案得以重返普林斯顿;
在麦卡锡主义时期,他所工作的普林斯顿却基本未受影响;《正义论》打印
稿险遭大火吞噬……在他所选择的事业中,他也是相当的好运。他认为伴
随他一生的这种幸运不是他应得的,所以他一生探索如何减少这些自然幸
运和社会偶然因素对人的受教育机会和成功前景的影响。也许正是这种时
刻感受到的幸运感使得罗尔斯形成对平等、正义问题的学术兴趣并激励着
他一辈子从事其正义理论的构思、写作与完善工作。

第二,罗尔斯的学术兴趣刚好与当时热点问题一致,也就是说罗尔斯对
社会现实有一种深切的关怀。在一篇题为《约翰·罗尔斯:学术之路》①的
采访记录中,罗尔斯提醒人们:《正义论》的成功是各种情况凑到一起的结
果。20 世纪 50 — 70 年代,朝鲜战争(1950 — 1953 年)、华沙条约的签署
(1955 年 5 月)及冷战的激化、越战和各种民权运动支配着当时的政治生
活,严重的政治矛盾需要政治哲学并且正常地导致了政治哲学的产生。人

---

① 载罗尔斯等:《政治自由主义:批评与辩护》,万俊人等译,广东人民出版社 2003
年版。

们对这些问题争论颇多,但真正系统而深刻地讨论这些问题的大部头著作,《正义论》是第一本,所以在罗尔斯本人看来,《正义论》的出名只是巧合。但是,70年代以来的美国政治、社会形势①与罗尔斯在《正义论》中"大政府"主张正相反对,于是罗尔斯反思自己理论的根基,转而倡导康德式建构主义,从道德建构主义进到了政治建构主义②。《政治自由主义》就是由杜威纪念讲演稿扩展而来的,是对《正义论》发表以来所引起的各种争论的回应与总结。《政治自由主义》包括《正义论》的出版引起了来自欧洲的思想大师哈贝马斯的家族内争论,两位大师之间的争论占据了1995年3月号《哲学杂志》整期篇幅,造成的影响可想而知。也许这种被万众注视的"明星"待遇于罗尔斯也可以说是不应得的,实际上,这里正应了一句俗语"时势造英雄",英雄顺应时势而动,便成就了自己的事业与辉煌。

罗尔斯对社会现实的这种深度关注伴随着他的一生:(1)1993年他应邀参加大赦国际③每年在英国牛津大学举行的讲演会,在题为《万民法》④(The Law of Peoples)的演讲中,他将正义理论的适用范围扩展到国际层面,通过原初状态的第二次运用,他推导出万民法的七个原则,并特别突出人权的作用;(2)1995年,就第二次世界大战期间,美国于1945年8月6日和9日在日本的广岛和长崎市区投掷原子弹是否正确的问题,迈克尔·沃尔泽(Michael Walzer)组织了一次公共研讨会,罗尔斯从伦理的角度对原子弹的使用进行反思⑤。他明确指出,1945年春开始的对日本城市实施的狂轰滥炸和8月6日

---

① 20世纪70年代以来,美国的政治、社会形势发生不利于罗尔斯理论主张的变化,从企图消灭"新政"型自由主义的尼克松实行"新经济政策"(1971年8月至1974年8月)到里根的"小政府"(1980年11月)。但是,诸如以人权外交驰名的卡特总统的在任等事件,也给自由主义的革新带来了某种机遇。面对现实,罗尔斯转而思考其正义理论的现实基础,从道德建构论走向了政治建构论。

② 具体体现为1980年4月在哥伦比亚大学所做的长达3天的杜威纪念讲演,讲演稿以《道德理论中的康德式建构主义》为题在当年9月的《哲学评论》上刊载。

③ Amnesty International,总部设在英国伦敦的一个国际性组织,自称专事调查各国政府侵犯人权的行为和争取释放因政治、宗教原因而被关押的人。

④ 《万民法》是罗尔斯晚年的一本重要著作,是牛津大赦演讲的扩充版,外加一篇总结性的论文《公共理性理念再探》。

⑤ 参阅 John Rawls,"Fifty Years after Hiroshima"(1995),in Collected Papers,edited by Samuel Freeman,Harvard University Press,2001。

向广岛投掷原子弹是极大的错误（great wrongs），是没有正当性的。他提出规约民主制民邦间战争行为的原则即关于战争中的正义（jus in bello）的六条法则，并针对四种通常的辩护向广岛投掷原子弹的方式，断定这四个理由很明显都没有遵从战争中的正义之法则，并指出这是盟军方面政治家的失职（the failure of statesmanship）。最后，罗尔斯呼吁，战后50年后的今天，美国人要回顾过去并好好认识他们的错误，日本人亦应如此，如同德国人说的"反思过去"（Vergangenheits-verarbeitung）。由此，罗尔斯改变了将其正义理论限于所设想的理想情况的限定，积极地将其理论运用于对现实问题的分析。

　　第三，对罗尔斯有帮助的主要有这些人，首当其冲的是他的母亲和妻子，罗尔斯在孩童时代即通过他母亲争取妇女权利的工作而形成了正义感，妻子玛迪则与罗尔斯意趣相投，都认为男女应得到同样的受教育机会并在他们的儿女身上得到实践，这些强化了罗尔斯对平等的追求。其次，是在哲学方面，作为罗尔斯最初老师之一的诺曼·马尔科姆（Norman Malcolm），他所开的一门有关人类罪恶的准宗教讨论的课程对罗尔斯影响甚大，战争问题和宗教问题在课堂上得到了讨论，这些问题在罗尔斯后来的著作中得到了详细的阐述（《万民法》和《政治自由主义》）。再次，让罗尔斯受益最大的是在牛津的学习（1952—1953），是由于厄姆森（J.O.Urmson）的建议罗尔斯才来到牛津的，在那里他结识了哈特并参加了由哈特主讲的一门课程，从而知晓了《法的概念》一书的主要观点；参加了伯林和汉普希尔主持的一个研讨班，课程内容包括孔多塞、卢梭的《社会契约论》、密尔的《论自由》、亚历山大·赫尔岑、摩尔以及约翰·凯恩斯的两篇论文①。罗尔斯一直认为

---

　　①　另外，在知识背景上，对罗尔斯的理论体系产生深刻影响的是他对经济学基本理论的把握。他曾于1950年秋季参加了由著名经济学家W.鲍莫尔（William J.Baumol）开设的研讨班，主要研读希克斯的《价值与资本》和保罗·萨缪尔逊的《经济分析的基础》；在接下来的春季学期，除了继续讨论这些经济学理论问题之外，罗尔斯自己研读了李昂·瓦尔拉斯的《纯粹经济学要义》、约翰·冯·诺伊曼与奥斯卡·摩根斯坦合著的《博弈理论与经济行为》，这些经济学知识尤其是理性选择理论和博弈理论在《正义论》中可以明显地见到，甚至于他把其正义理论视为理性选择理论的一部分，也许是最为有意义的一部分（参阅《正义论》英文版，第3节第15页）。当然，他对这一点有根本的改变（参阅《作为公平的正义——正义新论》，姚大志译，上海三联书店2002年版，注80，第351—352页），因为如果正义理论是理性选择理论的一部分，那么他的正义理论就彻头彻尾是霍布斯式的，而不是康德式的。

这种研讨班是值得他效仿的教学的典范。正是由于有这些贵人的帮助与影响,罗尔斯正义理论才得以成就并不断精致与完善。

正是在这个时候,罗尔斯开始发展出一种通过参照建构适当的慎思程序来论证实质性的道德原则的观念,他后来的关于原初状态的理念就是这种程序的再现。这与他在博士论文中所发展的反基础主义程序即后来的"反思平衡"观念共同构成其正义原则论证的两个方面。

第四,罗尔斯本人的自信、执着、独立思考和对现实社会问题的关注也是他出名的原因。其实,《正义论》取得这么大成功是罗尔斯始料未及的,《正义论》的写作耗时近二十载,他经常给自己打气说"这本书真是棒极了!",而且自以为"知识分子需要一本这样的书",后来在面对纷至沓来的批评时,他也没有乱阵脚,没有失去自己的定力,而是继续写文章一方面消除《正义论》的内部不一致性,先是通过组织良好的社会(良序社会)的观念,得出贯穿于全书的公平正义概念,在这样一个社会里,每个人都被假定为接受同样的全能道德教义;后来他认识到在一个民主社会中,实际情况并不如此,合理多元论事实是民主社会的永恒条件。于是对有关良序社会的论述作出修改,这导致了重叠共识理念和一些相关的理念,并走向了政治自由主义,这些与现实关切相关的学术上的问题才是罗尔斯的注意力所在。另一方面,有选择地回应一些对自己的理论有促进的反对意见,意图将反对观点从另一方面加以发展并与《正义论》的观点结合在一起,他为我用,可见罗尔斯的思想是发源于内部的,总体上是自己在纠正自己的错处。

早在二战初期,罗尔斯不是在后备军官训练团项目上签字,而是去图书馆查阅有关一战的资料,战争的理由问题一直是罗尔斯关心的问题之一。在越战期间,从一开始他就认定这是一场非正义的战争,并公开为自己的观点辩护,并开设"战争问题"课程,参照越战讨论有关战争的各种各样的传统的与现代的观点,不仅如此,他还深入探究美国参与这场充满暴行的不义之战的社会症结所在以及公民为反对这场战争能做些什么。关于第一个问题,他认为问题在于财富的分配严重不均,而金钱很容易转化成政治影响。美国当时就有这种经济主导政治的情况,《正义论》的写作就有针对这一问题进行思考的痕迹:"无论人们的经济、社会地位如何差异,那些天资禀赋相近的人应该享有大致相同的获取政治权力的机会……从历史的角度看宪政体制的一个主要缺陷是未能实现政治自由的公平价值……此法律体系普遍容忍了远远超出政治平等所能容纳的资产和财富分配的不平等。"①

关于第二个问题，罗尔斯认为培养一种公共文化非常重要，在这种文化中，非暴力违抗(civil disobedience，也译为"公民不服从")和良心拒绝(conscientious refusal)被理解和尊崇为少数人对多数人良知的诉诸②。在对越战的思考上，罗尔斯也简要说明了国际关系伦理③，这在《万民法》中得到了详尽而有所修正的阐述。正是这第二个问题在当时的哈佛校园引起了轩然大波，因为虽然服役是 26 岁以下男青年的义务但是越战并不需要所有适龄男性参加，于是国防部决定不征募学业优秀的学生，这样教授就有了异乎寻常的权力与责任。罗尔斯对此决定极为不满，这样区别对待学生是不公正的，还不如抽签决定来得合理，于是罗尔斯与哲学系的 7 位同事以及政治学系的 8 位同仁一起采取了联合行动，争取对学生的公正对待，可惜的是结果未能如罗尔斯他们所愿。

最后，值得指出的一点是，正是罗尔斯对现实社会问题的关注和缜密思考才扭转了当时的学术风气，也造就了这样一代大师。在 20 世纪 50 年代即罗尔斯开始写作《正义论》时，哲学家们正忙于叹息政治哲学的死亡，伯纳德·克里克(Bernard Crick)注意到：那些伟大的政治理论被学生当做训练解剖用的尸体来对待。深受科学知识论的影响，大部分哲学家只关心哲学的逻辑分析和语义分析的技术工作，自称为"情感主义者"(emotivists)的哲学家更是认为道德只是个意见问题。而功利主义以其理论的系统性和原则的简单性(即最大化社会福利)在学界内和政府政策的制定上有极大的影响，但是，如果按照功利主义原则，为社会福利牺牲个体的权利就是被允许的，这与人们的共同直觉是相悖的。可是相信权利神圣不可侵犯的人既不能为反对功利主义提出系统化的哲学论证，也对长期存在的马克思主义

---

①　参阅《正义论》英文修订版，哈佛大学出版社 2001 年第 4 次印刷，第 36—39 节。
②　参阅《正义论》修订版，第 55—59 节。
③　参阅《正义论》修订版，第 332—335 页。

对权利的批判①缺乏有效的回应。偏偏就在这样的以概念分析为主要任务而把对诸多社会现实问题的思考包括正义推给科学的哲学理解里，罗尔斯继续了由柏拉图、亚里士多德所开创并由洛克、卢梭和康德所承继的社会政治哲学话语，重谈自由与正义这类被当代伦理学家判定为"不可言说"、"不可证明"的话题，并聚二十年理论探究之功于 1971 年向"形式主义"哲学投去了一颗重磅炸弹，这颗炸弹爆炸所产生的冲击波震动了全球，改变了哲学界技术化的"冷冰冰"面貌，把哲学尤其是伦理学和政治哲学的生命力重新拉回社会现实的土壤。托马斯·波吉（Thomas Pogge）说，罗尔斯《正义论》的发表对于仅仅关注自身理论问题的 20 世纪哲学界而言，是一个富有建构意义的事件。

第二节 《正义论》的两个正义原则

罗尔斯的两个正义原则最初是针对功利主义的缺陷，继承并推进社会契约论思想传统而提出的，显示出他对平等、正义的强调，其中差异原则体现出对弱势群体的偏爱。在一定程度上，罗尔斯的理论标志着道德哲学、政治哲学主题从"自由"转变为"平等"，也是超越当代自由主义困境的一种努力。

一、罗尔斯对功利主义的改造与超越

罗尔斯对功利主义的思考至少可以从 1954 年算起，1955 年 1 月，《规则的两种概念》一文在《哲学评论》上发表，罗尔斯的思考背景是功利主义内部关于功利原则之本性的争论。通过研读经典密尔的《功利主义》，1953年厄姆森撰文《密尔的道德哲学的解释》指出：功利原则不是适用于单个的个人行动的规则，而是适用于指导一定的群体行动的规则。基于此，斯马特

---

① 这种批判指出，权利论者把资产阶级的特殊利益混同于人类的普遍利益，把对物的权利即财产权等同于人的权利。

等"行为功利主义者"与厄姆森、布兰特等"规则功利主义者"就功利主义的真谛展开了激烈的争论。前者认为,功利主义的意旨在于提出为各个个人的行为提供指针的个人道德标准;后者则认为,功利主义的真谛就是评定规则、社会制度能否实现最大幸福的社会伦理。罗尔斯也因为这篇论文在学界名声大震。

在《规则的两种概念》中,罗尔斯指出功利主义规则观(规则即概括)的局限,提出自己的"规则即实践"的观点。规则概括观认为,所谓规则就是从功利原则对各个具体事例直接适用的结果中获得的,是对以往诸决定的概括,而在各个具体事件上的决策在逻辑上先于规则,这样,对规则的遵循失去了神圣性和绝对性,直接由具体事例的特殊性、由遵守规则能否导致有利结果所左右。这种对规则的"归纳主义"理解无法对履行诺言的职责之类的规则作出有说服力的解释。

受维特根斯坦后期思想的影响,罗尔斯认为,规则不是让功利原则去适应个别事例的决策,而应该是规则在逻辑上先于个别事例,因为承诺本身就是一种实践①,某人一旦承诺就应放弃按功利原则行为的权利。按照维特根斯坦的解释,"让我们下盘棋"这个表达的意思和这种棋类游戏的所有规则之间的联系是在游戏的规则表中,在教人下棋的活动中,在日复一日的下棋实践中实现的,……归根到底,游戏应该是由规则来规定的②。罗尔斯认为,规则是在具体实践中展示出来的,规则意味着某种特殊的活动形式即实践,规则在先。

在论文中,罗尔斯特意指出最大幸福原则不是单纯的社会的最大利益,而是"任何人的权利都不得侵犯"这样一个限制性的社会最大利益,进而他主张用这个修正了的基准作为功利主义的根据。可见此时,罗尔斯并没有替代功利主义的打算。

---

① "实践"一词(practice)在罗尔斯那里是作为一种专门术语来使用的,他把实践(即惯例)与受其调整的特殊行动区别开来,认为它意指某种由一套规则调整的活动,这套规则规定着公职担任、角色扮演、下棋、处罚、辩护等活动并赋予某种活动一定的结构,如下棋、举行仪式、进行审判和议会辩论等。

② 参阅[奥]维特根斯坦:《哲学研究》,李步楼译,陈维杭校,商务印书馆2000年版,第197节、567节。

他把形式繁多的功利主义分为三类①：一是古典的功利主义(classical utilitarianism)，这是罗尔斯用来与其公平正义做比较的那种一般意义上的功利主义思想。西季维克在《伦理学方法》中对之做了最清楚、最容易理解的论述，其要旨是说，如果一个社会的主要制度被安排得能够达到总计这个社会所有个体②的满足而形成的最大净余额，那么这个社会就是被正确组织的，因而也就是正义的；二是平均功利主义(average utilitarianism)，它在契约论中较之古典功利主义更可取，因为它注重的不是满足的最大净余额，而是这种净余额对各个体的意义，追求诸个体平均功利的最大化。把这种观念运用到社会基本结构上，制度的建立就要最大限度地增加各代表个体期望总额的百分比。可见，平均功利主义把各个体按其相应地位分类，计算人均功利时把期望总额乘以处于一定地位的人所占整个社会人员总数的比例。而对具体的财富分配对特定个体的实际影响，平均功利主义是关注不够的；三是共同序数功利主义(co-ordinal utilitarianism)，这是在解释基于一种共享的最高层次的偏好的人际比较时，罗尔斯对功利主义的一种形式的称呼。在解释这种功利主义时，他遵循阿罗③的表述，但这种共同序数功利主义观点阿罗是不接受的。跟古典功利主义一样，共同序数功利主义也主张一种理性的善就是欲望或偏好的满足，但是共同序数功利主义拒斥满足的基数人际比较(cardinal interpersonal comparisons)，而主张不同个人的福利或满足水平的共同序数比较。这意味着，在我们确定两个人的境遇是否同等或一个是否优于另一个时，满足水平之间的差异并不能给出一个有意义的量化测量；这些不同的水平只能被排序，在此意义上，人际比较就是共同序数的，给不同的满足水平赋值并不影响对某个人的福利水平的比较判

---

① 在《正义论》中是前两类，第三类即共同序数功利主义是罗尔斯在答辩论文《社会统一和首要善》(1982年)提出的。主要参阅《正义论》英文版，第5、27、28、30节及《罗尔斯论文选集》(Collected Papers)，第376—377页。

② 在西方思想传统中，一般将个体(individual)等同于单个的个人，将社会、群体与个体并称。

③ 关于共同序数功利的解释见K.J.Arrow的论文"Extended Sympathy and the Possibility of Social Choice,"(同情的延伸与社会选择的可能)，American Economic Review, Supplementary Issue of the Proceedings(1977):219-225.参阅《罗尔斯论文选集》，第376—381页。

断,数值只表明满足水平的次序。

在罗尔斯看来,功利主义包括古典功利主义、平均功利主义和共同序数功利主义的基本缺陷在于它没有认真对待个人间的差别,没有把人当人看。它把有关个人的道德上相干的方面等同于其享乐与遭罪的能力,把通过强度和持久程度得以度量的苦乐看作内在正价值与内在反价值的唯一形式,个人只是满足与不满足的集装箱(container),只是一个经历复合体的支托物(holder);这些经历的价值对于个人而言是内在的,这些经历的总体价值不受个人间差异(界线)的影响,正如水库的水量不会受水的分配方式的影响一样。① 于是,不得不求助于一个假想的、理性而公道的、有同情心的旁观者(impartial sympathetic spectator),旁观者的想象力和同情心使得他能够准确地评估他人的苦乐并对之进行加总,这样就可以将适用于一个人的理性选择原则拓展到作为一个整体的社会上。这样的话,强制某些人作出牺牲就是合法的、合理的,只要这些牺牲是为着其他人的更大利益的。也就是说,这个旁观者把所有人的欲望组织成一个统一的欲望体系,把众多不同的个人变成了毫无差异的"一"②,分配作为一种价值也就无关紧要了。这是极端的"推己及人",是对复杂问题的极端简化,这在罗尔斯看来是极不合理的。用于规范一个事件的原则之正确性依赖于该事件的本性,所以规则的制定必须充分重视有着相互分离的目的体系的、受规则约束的不同个人的多样性,这种多样性是人类社会的一个本质性的特征。

罗尔斯对平均功利主义的批判通过说明在原初状态中,各当事人如何会选择两个正义原则而拒绝平均功利原则来展现。因为(1)各当事人不知社会环境和技术分布状况,虽然他们可以列举种种可能情况,但是在支持平均功利原则的概率推理上仍然提不出充足的根据,此种情况下,不充足理由原则也不是克服这种界限的正确方式;(2)他的两个原则(尤其是差异原则)能确保各当事人有一个令人满意的最低保障,可以确保某种社会地位(social position);(3)平均功利原则可能导致各当事人不能接受的结果,所

① 参阅《罗尔斯论文集》,第244页。
② 参阅萨缪尔·谢夫勒(Samuel Scheffler):《罗尔斯与功利主义》,载《罗尔斯剑桥指南》英文版,第426—459页。

以两个正义原则才是各当事人的最终选择。我们可以举出这样一个例子进行说明:假如一个社会由 30 人组成,可供分配的财富总量是 60Gs(good things),有这样两种社会经济安排(social economic arrangement,简称 SEA)可供选择,假定这两种安排都能保障和提供平等的公民权和平等的机会。其中 SEA1 把 30 人分成富裕程度不同但人数相等的三组:第一组 30Gs,人均 3Gs;第二组 20Gs,人均 2Gs;第三组 10Gs,人均 1Gs;SEA2 也把人分成三组:第一组 25Gs,人均 2.5Gs;第二组 20Gs,人均 2Gs;第三组 15Gs,人均 1.5Gs。两种安排里都存在不平等,但是在原初状态里,处于无知之幕之后的理性缔约代表将放弃 SEA1 而选择 SEA2,因为这种安排既带来了财富的增长,又考虑到了最少受惠者的利益,而 SEA1 则没有相应增加最少受惠者的利益。这里,选择是基于安排 SEA0 做出的,这个社会也由 30 位成员组成,可供分配的财富是 30Gs,均分这些财富,每位得到 1Gs。SEA2 是满足罗尔斯的两个正义原则的社会经济安排,没有 SEA1 会造成的、人们不能接受的那种结果:全社会的平均福利提高但最少受惠者的境况却不能得到改善。

其实,对功利主义这一强大而复杂的思想传统,罗尔斯的态度是复杂的,一方面他折服于功利主义的系统性和建构性品格,另一方面他又不满意功利主义以社会整体利益之名对单个人权利与福利的漠视,从而努力通过恢复和推进契约论传统为正义提供一个更接近我们所深思熟虑的正义判断的功利主义替代,找寻这个替代也是罗尔斯理论思考的焦点。

在《正义论》首版和修订版前言中,罗尔斯都如此说:在英美政治思想传统中长期占据统治地位的功利主义学说作为西方立宪民主制度的基础,其缺陷是明显的,因为它不能为作为自由而平等个人的公民的基本权利和自由提供一个令人满意的解释,而对民主制度而言,对公民的基本权利和自由的优先保证是具有首位重要性的要求。所以他通过原初状态理念把社会契约理念推进到一个更一般也更抽象的水平,提出公平正义观念,为基本权利和自由及其优先性提供了一个有说服力的说明。这也就是公平正义的第一个目标,公平正义的第二个目标是把这个说明同对民主的平等理解整合起来,而正是民主的平等导致了公平的机会平等原则和差异原则。因此,罗尔斯被人称为"新契约论者"。

二、罗尔斯的新契约论

但是,复兴了契约论思想的罗尔斯不是借助契约观念解释社会或(和)政府的起源及政治统治的合法性,而是通过虚拟的缔约过程提出两个应用到社会基本结构上的道德原则即他的两个正义原则,这是原初位置中的人们在建立国家前将要共同同意的东西或者说是现实社会中人们据以调整社会基本制度安排的原则,并且以此为先决条件进行个人道德义务和职责的演绎和指导国家间关系的道德原则的演绎。如果考察契约论思想发展的历史,我们可以知道,罗尔斯是社会契约论思想的集大成者,尤其是对霍布斯的公民哲学、洛克的政府理论、卢梭的民权学说以及康德的绝对律令的概括与提高。

在考察思想史前,我们对主要作为经济法律概念的"契约"做一番语义分析。

契约首先意味着缔约主体的复数,意味着一种主体际的交往;其次它意味着缔约主体是独立自主的独特个人,否则无所谓契约的缔结,因为协议本身就表明协议达成之前,诸个人的意见是歧异的;再次,由缔约所达成的合意同时意味着缔约各方的利益、愿望有和谐一致的一面,而且合意所意味的承诺是相互的,产生着某些自愿施加的约束,个人的权利和责任就体现在履约或违约中,承担一定的责任带来一定权利的享有;最后,合意意味着缔约各方是自由而平等的、有理性的存在,协议的达成是各方自由意愿的体现,又需要诉诸人的理性,要求各方进行合理推理;另一方面,各方有讨价还价的能力,能明确自己的利益所在。由此可见,"契约"是以自主个体的存在和这种对自身的自主性和其独特利益的自我意识为前提的,它被用于解释社会的起源,注重的不是社会的有机生长性,而是社会的某种机械结合性。

作为说明社会或国家起源的社会契约由于其虚拟性而遭到一些思想大师的诟病。黑格尔在《法哲学原理》第 258 节附释①中批评卢梭说,卢梭虽

---

① 参阅[德]黑格尔:《法哲学原理》,范扬、张企泰译,商务印书馆 1982 年版,第 254—255 页。

然提出意志(思想、思维本身)作为国家的原则,但他所理解的意志只是特定形式的单个人意志(同于后来的费希特),他所理解的普遍意志也不是意志中绝对合乎理性的东西,而只是共同的东西,即从作为自觉意志的这种单个人意志中产生出来的。这样一来,这些单个人的结合成为国家就变成了一种契约,而契约乃是以单个人的任性、意见和随心表达的同意为其基础的。此外又产生其他纯粹理智的结果,这些结果破坏了绝对的神物及其绝对的权威和尊严。

可以看出,这是黑格尔有感于似乎是由卢梭的"公意"概念和人民主权学说所造成的法国大革命的恐怖而写下的。他对国家的理解是政治神学式的,他认为,国家是地上的精神,成为国家成员是单个人的最高义务,国家是绝对优先于其成员个人的。他反对那种把国家和市民社会混淆起来、并认为国家的使命在于保证和保护所有权和个人自由的观点,相反,个人的特殊满足、活动和行动方式要以国家这个实体性的和普遍有效的东西为出发点和归宿。

当代哲学大家罗素虽然承认制宪时期的美国切合洛克所说的情况,承认把社会契约说当作一个法律拟制,给政治找根据,有几分道理,但他在评论洛克的社会契约思想时仍然说社会契约按这里所要求的意义讲,总是一种架空玄想的东西①。罗素所不满的是社会契约的非历史性(或反历史性),由此可以说,罗素没有领会契约论思想的精神。

思想大师康德对社会契约的这种虚拟性却有着坦然的接受,并给予这种假想的合意以高度的重视。在《道德形而上学》第一部分,第47节中,他明确宣布:人们借以把自身组成为国家的这种行为——即所有人的共同的原初契约,更恰当地说,是这种行为的理念——构成了国家唯一合法的基础,从而使它可以为人们所相信。这种契约不必是事实,甚至不可能是事实,它只是一种理性的观念,然而其现实性又不可否认,也就是说,它要求每个立法者都需以所有人的联合意志为法律的起点,同时视每一个人——就他愿意成为公民而言——都同意这个意志。因为,这种合意是一切公共契

---

① 参阅[英]罗素:《西方哲学史》下卷,马元德译,商务印书馆1997年版,第166页。

约的试金石,契约是否合法全依此而定。① 罗尔斯对社会契约论的态度类似于康德,他也坦言自己是康德事业的当代继承人。

至于契约思想的源头,比较公认的看法是古希腊思想和《圣经》。确切地说,人们一般将源头直接追到伊壁鸠鲁。伊壁鸠鲁是德谟克利特之后的又一位原子论者,但是德谟克利特的"原子"一味处在旋涡运动中,在他看来,一切均由必然性而产生,这必然性就是命运、法律、天意和世界的创造者②。伊壁鸠鲁则认为处于旋涡运动中的原子还有一种运动形式或能力即"偏离"直线运动,正是原子的这种"偏斜"使得直线下落的诸原子有了第三种运动形式"碰撞",碰撞意味着结合,这在社会政治生活的隐喻就是社会契约。

伊壁鸠鲁明确地说,自然法是一种求得互不伤害和都不受害的[对双方]有利的契约;公正不是某个自身存在的东西,而是存在于人们的互相交往中,它是一种契约,是每一次在一些国家内为了不损害他人和不受他人损害而制定的契约③。因此,马克思明确指出:国家起源于人们相互间的契约,起源于 contrat[社会契约],这一观点就是伊壁鸠鲁最先提出来的。④

伊壁鸠鲁原子论的人文意蕴在于:社会中的每个人是作为真正个人,而不只是作为社会的一个成员被尊重的。原子有充分的自主性,原子间不存在你主我从的隶属关系,一个原子并不比另一个原子有更多的机遇,原子间的碰撞、结合也是每个原子自己的事情。同样,社会契约的缔结意味着缔约各方的地位平等,而且由契约产生的有约束力的任何权威的最后凭借也在于每个人。所以,以个人为本位的个人主义是契约得以产生的前提,契约的缔结意味着每个缔约人的自由,是有着自由意志的人们的意愿之间的碰撞。在此基础上,古罗马诗人卢克莱修第一个道破了原子偏斜的自由谜底,并以伊壁鸠鲁的契约论思想对"文明的起源"作了第一次探求。马克思称伊壁

---

① 参阅何怀宏:《契约伦理与社会正义——罗尔斯正义论中的历史与理性》,中国人民大学出版社 1993 年版,第 96—97 页。
② 参阅《马克思恩格斯全集》第 40 卷,人民出版社 1982 年版,第 253 页。
③ 参阅《马克思恩格斯全集》第 40 卷,第 34、267 页。
④ 参阅《马克思恩格斯全集》第 3 卷,人民出版社 1960 年版,第 147 页。

鸠鲁为最伟大的希腊启蒙思想家,并认为他是无愧于卢克莱修的称颂的。

遗憾的是,伊壁鸠鲁的原子学说未能流传下来,在公元前 1 世纪就断线了,所以近代西方的社会契约论首先同源于斯多葛派的自然法学说相关联。自然法理论的形成是与古希腊城邦的衰落和从亚历山大大帝开始的世界性帝国的兴起相适应的,是世界性帝国的兴起使个人的自然本性变成了社会的普遍法则。

对斯多葛派思想家来说,自然、理性、命运和德性是同义的,包括正义、勇敢、节制和智慧四种合乎人之本性的美德。道德是出于自然的,人们运用其理性能力可以认识自然的普遍规律,认识他们的职责和人间的法律。在这里,自然法不是外在于人的异己的存在,而是明确内化为人的天性的东西。斯多葛派思想家以此为基点解释道德、法律、国家、社会的产生,把它们看做是人们相互约定的结果,并以此来论证人应是自由的、人跟人之间应是平等的。他们认为,主要的善就是以一种顺从自然的方式生活,就是顺从一个人自己的本性即顺从普遍的本性生活,是自然引着我们这么做的。

斯多葛派的自然法观念经由西塞罗的阐释得以流行。他借着斯多葛派思想家莱利乌斯(Laelius)的口说:"真正的法是符合自然的正当理性;它是普遍适用、永恒不变的;它以其命令召唤义务,以其禁律制止罪恶。……法在罗马和雅典没有区别,现在和将来也没有不同,一个永恒不变的法在所有国家和一切时代都将是行之有效的。在我们所有人之上,将只有一个主人与统治者即上帝,因为他是这个真正的法的创制者、颁布者和执行者。"①只有在自然的引导下,才能建立最好的国家体制以及适合这种体制的全部法律和良好风俗;自然法是合法和不合法、高尚和丑恶的尺度;但是西塞罗所说"法"不像斯多葛派那样主要在于内心向度上的"自我意识",而在于"正义"所必然肯定的人的正当权利。查士丁尼御纂的《法学总论》就有这样的条文:正义是给予每个人他应得的部分的这种坚定而恒久的愿望,根据自然法,一切人都是生而自由的。② 人——每个人以至一切人——的自由权利

---

① *History of Political Philosophy*, edited by Leo Strauss and Joseph Cropsey, Chicago and London: the University of Chicago Press, 1987, p.169.

② 参阅[罗马]查士丁尼:《法学总论》,张企泰译,商务印书馆 1989 年版,第 5、7 页。

被认为是自然赋予而出于"自然理性"的,当然这一点在当时并未妨碍它的宣示者对奴隶制必要性的认可。

中世纪是基督教的信仰时代,从奥古斯丁到托马斯·阿奎那,神学把人的心灵引向一种救赎的期待,托起这一期待的决定性原则不是自律而是他律;自然法虽然延续着,但"自然"不再有伊壁鸠鲁所表达的那种自己是自己的毋庸置疑的理由的含意,也不再有斯多葛派所赋予的、与命运(理性、德性)合一的意味,它披上了神学的外衣,从"上帝对创造物的合理领导"这一永恒法那里寻求依凭。阿奎那是这样界说自然法的,我们赖以辨别善恶的自然理性之光,即自然法,不外是神的荣光在我们身上留下的痕迹。可见,在阿奎那那里,自然法是上帝理性在人类理性中的具体体现,其直接的着眼点已不是个人的权利,而是以君主制为最好政体的国家的尊严。①

自然法理论在近代西方发展到了高潮,一方面,它彻底脱去了神学的外衣,也超越了古希腊的那种直观、朴素的猜测,成为了一种以科学的知识论为基础的自觉的理性认知,从人的理性出发来解释自然法,即以自然在人自身之中的内化所体现的自然本性和理性为基点,将其规定为人类理性的产物、合乎人类理性的法则,并对之展开论证,从而形成了一个完善系统的理论体系,主要代表是格劳修斯、霍布斯、洛克和亚当·斯密等;另一方面随着资产阶级革命的蔓延,它传遍整个西方世界,在现实中成为近代西方资产阶级批判宗教神学和封建专制制度的重要思想武器,成为伸张人的自由、追求人的解放的思想旗帜,进而落实为人的自由、平等、幸福等自然权利,成为新的文明体系得以建立的理论基石。

正是隐含在契约论中的自然法思想凸显了契约精神——个人权利与个人理性,自然法"教导着有意遵从理性的全人类:人们既然都是平等和独立的,任何人就不得侵害他人的生命、健康、自由和财产"。② 理性的灵感最初来自与自然规律的类比,后来则与上帝相接,在近代又表现为一种要对一切

---

① 参阅《阿奎那政治著作选》,商务印书馆1963年版,第107页。转引自黄克剑:《"社会契约论"辨正》,载黄克剑:《心蕴——一种对西方哲学的读解》,中国青年出版社1999年版,第259页。

② [英]洛克:《政府论》下篇,叶启芳、瞿菊农译,商务印书馆1981年版,第6页。

经验事物进行评判的"自我立法"的人的理性即实践理性。当然,罗尔斯在其道德契约论中,理性没有这种完全的普遍化追求,而是试图通过一种虚拟的创制即原初状态理念建立起一种合乎理性的、适用于西方自由立宪民主社会的正义原则。

原初状态理念的具体设计和运用(两次)是罗尔斯的契约论的新意所在(具体内容见第三章第二节),原初状态理念设计和运用的结果是假想的理性缔约人就罗尔斯的两个正义原则达成了一致意见。两个正义原则是罗尔斯正义理论内容的最集中表达,从中我们可以直接见到他对平等的强调和对每个人的尊严的维护。

三、《正义论》的两个正义原则

我们先来看看罗尔斯对正义原则的几次表述:

《正义论》修订版对两个正义原则有两次表述,第一次表述如下:

(1)每个人都应对那个最具广泛性(the most extensive)的平等基本自由(权)体系①有一种平等的权利,这个体系与适用于其他人的类似的自由权体系相容。

(2)社会和经济的不平等应这样安排以便这些不平等(a)被合理地期望是为着每个人利益的;(b)依系于地位和职位向所有人开放。②

第二个原则的表述里有两个含义模糊的词组"每个人的利益"、"向所有人开放",所以在第12—13节有第二次表述,即通过引入"最少受惠者"(the least advantaged)概念而给出差异原则③的确切阐述。差异原则主要体

---

① Scheme 的翻译承何怀宏,万俊人将之译为"图式",姚大志译为"体制"。因为 scheme 的基本意思是"规划"、"方案"、"图式"、"计划"等,根据上下文,它的意思大致为各种平等基本自由权的组配方案,这个方案是由各种基本自由权组成的体系,是一个整体,罗尔斯将这些基本自由权看做一个整体,而且自由权的优先性是这些基本自由权作为一个整体优先于其他非基本自由权,优先于物质利益的算计,这种优先性并不赋予任何特殊的基本自由权。"图式"的先验意味较重,一般用来翻译认知的先天结构与能力,"体制"有强烈的制度、规范含义,"体系"则更符合罗尔斯的意思及上下文。

② 《正义论》英文修订版,第53页,译文参考何怀宏等中译本,黑体为引者所加。

③ 又称为极大化极小值(衡平)标准(maximin(equity)criterion),极大化极小值标准完全不同于适用于不确定条件下进行选择的极大化极小值规则(maximin rule)。

现出对社会弱势群体的照顾,用罗尔斯的话说就是保证最少受惠者的利益。根据经济学的"木桶原理",任何东西的分配只要惠及最少受惠者,那么所有的社会成员自然都得到了好处。

但是,必须指出的是,同样的东西在不同的人那里由于其特殊性而具有根本不同的意义。举例来说,自行车这一物品对正常人和腿脚残疾的人的用处是完全不一样的,对前者而言,自行车也许是其日常生活的必需,但对后者来说,自行车则基本是无用的,所以,要注意将个人的享用某物品的能力与对某物品的分配结合起来考虑平等、正义问题才是现实的、合理的。阿马蒂亚·森对罗尔斯理论的批评就极为突出这一点,他指出,如果罗尔斯强调的不是主观的效用而是客观的福利在个人间的比较,就不应该只比较社会首要善(好)的拥有值,而应该比较享用这些善的个人的"基本能力"(basic capabilities①)能够得到何种程度的实现。在"基本能力"的实现之中,应当尽可能谋求作为人的生存之根本的衣食住行和参加社会生活等方面的平等。所以,在森看来,罗尔斯关注的主要是收入而不是收入对人的影响,关注的是"自尊的社会基础"而不是自尊本身。②

这两个原则主要应用于社会的基本结构,它们主要规导权利和义务的分派,调节社会合作所产生的经济利益的分配。相应地,第一个原则用于界定和确保平等的基本自由权(政治的、法律的方面),第二个原则用于规定和确立社会经济的不平等(经济的方面),社会制度(social system,社会系统)的这两个方面不可以做交易,也就是说,第一个原则严格优先于第二个原则,对第一个原则所保护的基本平等自由权的侵犯不可能因其带来更大

①　能力论是森对罗尔斯正义理论的发展与深化,森认为,他提出的"基本能力平等"是罗尔斯方法在非拜物教方向上的扩展。在森看来,罗尔斯所列举的基本自由与权利、机会、收入与财富、自尊的社会基础等首要善对每个公民的平等公民身份的确极为关键,但是这些首要善毕竟只是一些物质的东西,是有限的;而社会生活中最大的不正义不是某次具体的分配中个人失去了多少物的东西,而是伴随着物的损失而来的个人创造财富的能力被压抑或被剥夺了,重要的不是收入剥夺而是发展能力的剥夺。所以对森而言,保证每个人都有实质性的自由去选择他/她认为有价值的生活的能力才是社会正义问题的关键,他就是从能力剥夺的角度来看贫困问题的。

②　参阅[日]川本隆史:《罗尔斯—正义原理》,詹献斌译,河北教育出版社2001年版,第133—134页;森:《什么样的平等?》,闲云译,《世界哲学》杂志2002年第2期。

的社会经济利益而得到辩护或补偿;财富、收入的分配和拥有一定权力并相应承担一定责任的地位的分配必须与基本自由权的确保和机会平等的保证相一致。当然,诸如拥有某种财产(如生产资料)的权利和自由放任学说所理解的缔结合同的自由等自由权由于不在基本自由①清单上而不享受第一原则优先性所提供的保护。

紧接着,罗尔斯给出了一个关于正义观念的更一般表述②:

所有的社会价值——自由权与机会、收入与财富以及自尊的社会基础——必须被平等地加以分配,除非对这些价值之一种或所有的不平等分配合乎每个人的利益。

于是,不正义粗略地说就是不能惠及所有人的那些不平等,当然这个一般表述比两个正义原则表述更需要解释③。在《正义论》修订版中,罗尔斯还给出了一个关于适用于基本社会制度的两个正义原则的最终表述④:

第一原则:每一个人对那个最具广泛性的平等基本自由权的总体体系应有一种平等的权利,这个总体体系与适用于所有人的相类似的自由权体系是相容的。

第二原则:社会经济的不平等应这样安排以便这些不平等(a)合乎最少受惠者的最大利益,且与正义的储蓄原则相一致;(b)依系于公平的机会平等条件下的地位和职位向所有人开放。[两个原则]

第一个优先规则(自由权的优先性):

即正义原则按词典式(即词典编排,lexical order)顺序排列,因此只有为着自由的缘故,基本自由权才能够被限制。这有两种情况:

(a)一种不够广泛的自由权必须加强为所有人所分享的总体自由

---

① 基本自由之所以是基本的,是因为它对两种道德能力的充分而灵活的运用是必需的,如平等的政治自由和思想自由、良心自由和结社自由、人身自由和由法治所涵盖的权利与自由等。参阅《作为公平的正义——正义新论》,姚大志译,第183—186页。

② 参阅《正义论》英文修订版,第54页;译文参阅何怀宏等的中译。

③ 可以把两个正义原则表述视为一般表述在特定社会类型即立宪民主社会中的应用,当然在罗尔斯那里是指比他本人所处的社会更为理想的良序社会。这一点受莱斯诺夫的启发,参阅[英]M.H.莱斯诺夫:《二十世纪的政治哲学家》,冯克利译,商务印书馆2002年版,第306页。

④ 《正义论》英文修订版,第46节;译文参考何怀宏等的中译。

权体系，

（b）一种不够平等的自由权必须可以为那些拥有较少自由权的公民所接受。

第二个优先规则（正义对效率和福利的优先）：

即第二个正义原则以一种词典式的次序优先于效率原则和最大限度追求利益总额的原则；公平的机会优先于差异原则。这有两种情况：

（a）一种机会的不平等必须扩展那些机会较少者的机会；

（b）一种过高的储蓄率必须最终能够减轻那些承受着这一艰难的人的负担。［两个优先规则］

在这一节的结尾处，罗尔斯坦诚地提醒我们，这些原则和优先规则放在复杂的现实中无疑是不完善的。他主要考察的是理想理论在理想情形中被严格遵循的情况，这些理论也基本足以应付简单的非理想情况。通过分析各种实例，罗尔斯力图说明这些优先规则如何能够被运用，从而表明其可行性。这样，理想理论中正义原则的词典式排序返回到非理想的情境并指导这些原则在非理想情境中的运用，进而发现优先规则的限制①所在，这也是反思平衡的一部分。但是，由于在更极端、更复杂的情况下优先规则不足敷用，所以我们必须力争把我们的社会安排得免于优先规则失效，这就是信念、理想可以发挥的对现实的范导作用。

其实，这两个优先规则还蕴涵着第三个也是最为根本的优先规则即正当对善的优先，这成为罗尔斯区别于功利主义等目的论的关键点，是道义论的根本原则，也是《政治自由主义》中的主要理念，是重叠共识和公共理性的背景理念。

---

①　罗尔斯的优先规则是在每个人的基本物质需要得到满足的前提下应用的，罗尔斯本人对此有清醒的认识。佩弗干脆直接主张用四条原则表述罗尔斯的特殊正义观念，依优先顺序如下：第一，必须满足每个人的基本物质需要；第二，对于一个与人人自由的类似方案相容的、完全恰当的平等的基本自由的方案，每个人都享有平等的权利；第三，社会体系必须尽量增加处境最不利的阶层获得它们希望得到的社会地位的机会；第四，经济不平等必须做出这样的安排，使它能够尽量增加最贫穷阶层的财富。R. Peffer, *Marxism, Morality and Social Justice*, Princeton University Press, 1990, p.14. 为意思表达通顺，笔者对冯克利的译文做了些许改动，转引自［英］M.H.莱斯诺夫：《二十世纪的政治哲学家》，冯克利译，第 313 页。

第三节 《政治自由主义》对两个正义原则的修正

在《政治自由主义》中，罗尔斯立足于西方立宪民主社会的政治文化传统和合理多元论事实，把自由主义的宽容原则运用于政治哲学自身上，提出政治的正义观念，通过重叠共识理念对其公共性进行论证。

一、《正义论》和《政治自由主义》对理论目的的不同说明

在《正义论》一书的结尾，对于正义原则的普遍有效性，罗尔斯是这样写的：

> 从原初状态的视角来看我们在社会中的位置，也就是从永恒形式的观点（sub specie aeternitatis，英文意为 from the perspective of eternity）来看待我们的特殊境况：即不仅从所有社会而且也从全时态的观点来审视人的境况。永恒的观点不是一个从世界之外的某处产生的观点，也不是一个超越的存在者的观点；毋宁说它是处于世界之内的、有理性的人们能够采纳的某种思维和情感形式。一旦人们接受了这种思维和情感形式，无论他们属于哪一代人，他们就能够把所有个人的视角融为一体，就能够达到那些调节性的原则，这些原则能够为那些依照它们而生活的每个人所肯认，而且这种肯认是从他们自己的立场作出的。[1]

从罗尔斯在《正义论》一书的行文我们虽然可以感受到他的两个正义原则是适用于像美国那样的自由民主社会的，但是谨慎的罗尔斯还是难逃追求道德原则之普适性的窠臼。必须承认的是，罗尔斯对其理论的普适性要求的程度是日渐降低的。

在杜威系列讲演（即《道德理论中的康德主义建构论》）（1980 年）中，罗尔斯就对自己的理论任务做了重新规定：

> 如果我们把探究集中在民主社会里自由与平等之间的明显冲突之上，那么这将导致一个直接后果，即我们不是不管这些社会的特殊的社

---

[1] 《正义论》修订版，第 514 页，参阅何怀宏等中译本，第 591 页。

会与历史环境,去努力找寻适用于所有社会的正义观念,而相反,我们想解决的是现代条件下,民主社会里人们关于基本制度正义形式的一个根本分歧。我们考察我们自身和我们的未来,反思我们《独立宣言》以来的争论。至于在更广泛的背景下,我们的结论能走多远则是另一个问题。

所以 20 世纪 80 年代以来,罗尔斯的本土情怀尤为突出,他所关心的不再是发现普遍适用的正义原则,而是发现适合于美国这样的现代社会的道德原则,为此,他发展出一种康德式的正义观念,所运用的方法是康德主义的建构论。这种方法之所以是建构论的是因为它首先把我们引向某一公平程序的建构,只要程序是公平的,其结果也必将是公平的,而无论具体结果是什么,这是一种纯粹的程序正义观点;之所以是康德主义的是因为罗尔斯和康德一样,都想为诸道德原则提供合理的基础,这些原则的合理性并不依赖于那变幻不定的人性,即不依赖于人的欲望、激情或本能等;这种正义观念的内容也不决定于对人类行为的某种说明,而决定于"关于个人(person,人格)的某种理解方式",那么人们如何决定这样一种正义观念呢? 罗尔斯的做法是通过考察隐含于某一社会共同生活之中的关于个人的理解及关于社会的理想来为该社会提供政治原则,罗尔斯具体考察的是美国社会,他所发展的康德主义道德哲学深深扎根于对美国自由民主文化最深层价值(即自由与平等)的理解之中。

在《公平正义:政治的而非形而上学的》(1985 年)一文中,罗尔斯进一步指明,公平正义是作为一种政治的正义观念而被提出的。一种政治的正义观念具有以下三个特性:首先,它是"针对某一特定主题即一种立宪民主政体的基本结构提出的一个道德观念";其次,接受某种政治观念并不预设对任何特殊的全能的宗教、哲学或道德教义的接受,相反,政治观念本身可以单独地成为适用于基本结构的一个合理的观念;第三,它不是根据任何全备性的学说而阐述的,而是根据被认为是潜含于某一民主社会的共同政治文化之中的某些根本的直觉观念进行表述的。①

这种政治哲学的研究路径不同于麦迪逊(James Madison)和卡尔霍恩

---

① 参阅罗尔斯:《正当的优先性和诸善观念》(1988 年),载《罗尔斯论文集》,第 450 页。

(John Caldwell Calhoun)的研究路线,也不同于罗尔斯本人以前的研究程序。在当时的罗尔斯看来,政治哲学不能通过寻求西方宪政设计的诸原则来指导政治制度的建构,这样的政治制度确实可以减少人们在追求他们的私利时所带来的邪恶,但是这样一种政体的稳定性由于依赖于协调相互竞争的、变幻不定的利益因而只会是一种权宜之计,要依靠各种偶然事件的偶然结合,因而这样的稳定性是靠不住的。

而且人们不可能在关于正义的全能道德教义上达成一致意见,所以稳定性只能通过建立对政治正义诸问题的重叠共识得到。依据这个重叠共识,基本结构的各种制度对任何一个公民来说都是可以证明是合理的,因为这个重叠共识是一个民主社会的所有公民都会持有的某种一般观点,它包括两个方面:一方面与某一政治的正义观念相吻合,另一方面又从属于那些包罗万象的全能教义。在这里起决定作用的是理由的力量而不是其他的各种用于讨价还价的优势——无论是权势还是财力,这类似于哈贝马斯在沟通行动(communicative action)中为达致同意而对更好的理由之力量的强调与尊重。这样以公平正义观念为核心的重叠共识就能够充当在被视为自由而平等的个人的诸公民之间所达成的公开而自愿的政治协议的基础,进而成为民主社会统一性的根基。①

所以,《正义论》与《政治自由主义》在目的、内容与方法方面存在着重要差异。《正义论》试图为民主社会提供最恰当的道德基础,为秩序良好社会(即良序社会)提供一种普遍的正义原则。此时,秩序良好社会指的是这样一种理想的社会:(1)每个人都接受、也知道别人接受同样的正义原则;(2)基本的社会制度普遍地满足、也普遍为人所知地满足这些原则,在这个社会里,作为公平的正义被塑造得和这种社会观念相一致。当时,罗尔斯将此类受正义原则支配的社会视为一种共同体或联合体,相信全体社会成员都能够一致信奉某种普遍而无所不包的宗教、哲学和道德学说(如同全能教义),并在此基础上达致共识。

《政治自由主义》则不讨论《正义论》中所关注的那些形而上学问题,它

---

① 参阅《重叠共识的理念》(1987年),载《罗尔斯论文集》。

处理的是现实的政治问题。20 世纪 70 年代末期以来,罗尔斯逐渐地、越来越清楚地意识到西方立宪民主社会的统一基础不可能建立在《正义论》里所讲的全能的道德原则上,没有任何理由作出这种强制性要求,而且这种要求也与西方立宪民主社会的多元主义事实不相符,也与民主理想的精神相违背;《政治自由主义》里所主张的那种政治正义观念就足以作为西方立宪民主社会的统一根基。《正义论》没有区分"政治观念"与"合理的全能教义"(reasonable and comprehensive doctrine),然而,由于政治观念可以而且完全可能为大家所共享,而合乎情理性的学说或教义则不行,除非压制性地使用国家权力强制人们接受这种全能教义,显然,国家权力的这种使用方式与民主精神不符。所以,我们必须在公民们普遍可接受的关于根本政治问题的公共证明与属于各种全备性学说的、且只对那些肯认它们的人而言才是可接受的许多非公共证明之间做出区分。基于这一区分,《政治自由主义》将《正义论》所提出的公平正义学说转变成了一种适用于社会基本结构的政治的正义观念,亦即政治自由主义。政治自由主义并不是一种全能教义式的自由主义学说,它将对人生价值、个人美德和品格等的说明留给各种不同的全能教义,让它们各自用它们自己的方式对之作出回答。政治自由主义承认,存在着各种各样、多元化的全备性学说,这些学说可以是自由主义的,也可以是非自由主义的,可以是宗教的,也可以是非宗教的,甚至包括不合情理的观点(unreasonable views)。政治自由主义的问题即是为一种西方(自由主义的)立宪民主政体制定一种政治的正义观念,以使各种合理的学说或教义的多元存在可以基于正当理由而得到认可,这些合理的教义也可以自愿地基于正当理由确认这种正义观念。

二、从《正义论》转向《政治自由主义》的原因

是什么导致罗尔斯对《正义论》做出修改,并转向《政治自由主义》呢？我们认为主要原因在于罗尔斯意识到了其正义理论的美国特色,意识到他的理论必须考虑作为现代民主社会永久性条件的"合理多元主义"(reasonable pluralism)事实。这也许是美国特色的哲学——实用主义传统在起作用,因为他的目的不再是质疑或批判相互竞争着的各种哲学学说,而是通过形成或发现

一种它们都能从自身出发加以接受的观点从而超越这些学说;假如这种政治哲学能够获得成功的话,那么这种结局将通过把各种最基本的争论从政治议程中排除出去进而可以将政治哲学的注意力集中于急迫而根本的现实中的政治问题,而不是老是纠缠那些古旧问题,如奴隶制合理不合理,或我们是否可以接受极权主义等。罗尔斯认为,在现代民主社会中,存在着各种各样的全能教义式的宗教学说、哲学学说和道德学说,这些学说互不相容但又都是合乎情理的,但其中的任何一种都不能得到公民的普遍肯认,此即合理多元主义事实①。在罗尔斯看来,这一事实是"民主社会公共文化的一个永久性特征","民主社会的政治文化总是具有诸宗教学说、哲学学说和道德学说相互对峙而又无法调和的多样性特征"。正是合理多元主义事实要求一种政治的正义观念,也可以说导致了这种政治自由主义理念。

在《政治自由主义》里,罗尔斯明确意识到其《正义论》的根本缺陷,即良序社会理念的非现实性,因为良序社会的本质特征是其公民的全部或至少是大多数都接受根源于同一种全能哲学(或道德或宗教)教义的两个正义原则,而没有考虑民主文化的合理多元论事实。直接面对这种合理多元论事实,他把正义观念从一种全能的哲学教义改造成为一种政治的正义观念,这样就从全能教义式的自由主义转向了政治自由主义,从道德哲学进到了政治哲学。政治自由主义的问题是一个由自由而平等的公民组成的稳定而正义的社会之长期存在是怎么可能的——在这些公民被那些合理却互不相容的宗教学说、哲学学说和道德学说②深刻分裂着的情况下? 换句话说,

---

① 合理多元主义事实(the fact of reasonable pluralism)是多元主义事实之一般的特殊,它是立宪民主社会里的多元论事实,这种事实是有着某种统一性的,即都接受源于民主社会传统的政治的正义观念,它不允许那些疯狂且具有侵略性的教义存在,也就是说,在构造一种政治的正义观念并使之获得重叠共识的支持时,我们不是屈服于现存的非理性,而是服从于合理多元论事实。参阅《政治自由主义》平装本版,第144页,参考万俊人中译,第153页。

② 在罗尔斯那里,comprehensive doctrine(全能教义或全备性学说)与 political conception(政治的观念)是有明确区分的,弄清这个区分是恰当估价其《政治自由主义》的基础。罗尔斯深刻地指出,为了维持一个教义的权威,一定要诉诸国家权力或压制性的权力。这是对传统理性观(the traditional view of reason)的一个重大挑战,传统理性观认为有理性的人们仅仅通过理性的运用都会(或至少有足够数量的人会)逐渐赞同同一种哲学教义。参阅 Burton Dreben 所写的 On Rawls and Political Liberalism,载《指南》,第319页,中译参考商戈令的译文,载《儒家与自由主义》,三联书店2001年版,第132页。

深深地相互反对着但又是合理的那些全备性学说如何可能共存并确认同样的西方立宪政体的政治观念？这样一种必不可少的政治观念的内容其实是自由而平等但同时为深刻的学说冲突分裂着的公民间公平社会合作的条款，没有这些调节公民间合作关系的公平条款，公民间的互利合作关系和社会秩序是不可想象的。罗尔斯在这里严格区分两种视点：公共视点和诸多非公共视点（并非就是私人视点），不是把政治自由主义的政治正义观念看作真的，而是看作合理的，从而揭示出只有在根本政治问题上，才存在一个合理的公共论证基础的可能性的条件。《政治自由主义》的目的即在于通过原初状态、重叠共识和公共理性三个理念，论证这种自由主义政治正义观念，从而为价值多元的自由主义社会提供一个合理的整合基础。

三、两个正义原则在《政治自由主义》中的表述

在当今社会，自由与平等的双重要求①难以同时满足——这也是民主思想传统本身的冲突，人们对西方立宪民主制的基本制度的具体安排方式没有一致意见，所以罗尔斯提出公平正义以调和这两种要求，具体做法是：首先，提出可行的两个正义原则作为基本制度实现自由和平等之价值的指导；其次，具体规定一种视点，即原初位置的视点，从这个视点出发，我们对我们自己、对我们与社会的理解与植根于民主社会公共政治文化的根本观念达到一致，从而这些原则比人们通常所熟悉的正义原则更适合两个具有模型意义的理念，即作为自由而平等之个人的公民理念和作为公平的社会合作体系的社会理念。如此设想公民及由这些公民组成的社会，某种确定的基本政治制度和社会制度安排就更加适合实现自由与平等的价值。我们

---

①　这个双重要求源于民主思想的两个传统，即强调自由的洛克传统和强调平等的卢梭传统，按照贡斯当（Benjamin Constant）的概括即现代人的自由与古代人的自由之间的冲突。其中前者源于洛克的自由传统注重个人的自由，如民事生活（civic life）的自由权，特别是思想自由、良心自由、某些基本的人身自由权、财产权及结社自由权；后者源于卢梭的平等传统则强调对政治生活的平等参与，它赋予平等的政治自由权和政治生活的价值以优先权，让民事自由权处于从属的地位。当然这种比较说明是表面的，在历史事实上也是不准确的，但是它让我们清楚地看到民主的两种传统之间的差异。罗尔斯认为，问题的关键是找到一种关于自由与平等及其相对优先性的适当说明。［参阅《道德理论中的康德式建构论》（1980 年），载《罗尔斯论文集》，第 307 页。］

先看两个正义原则在《政治自由主义》中的第一次表述①：

（a）每个人都对那种有关平等基本自由权的完全恰当（fully ade-quate）的体系（组配方案）有平等的要求，这个方案同适用于所有人的同样的体系是兼容的；而且在这个方案里，平等的政治自由权并且只有这些自由权才必须被确保其公平价值。

（b）社会和经济的不平等必须满足以下两个条件：第一，这些不平等必须依系于公平的机会平等条件下的地位和职位向所有人开放；第二，这些不平等必须是为着社会最不利成员的最大利益的。

这次表述至少有两个优点：第一，在文字表述上，the most extensive 改成了 a fully adequate，强调的重点由自由权的广泛性变成了各种自由权之间的协调一致，并把政治自由权的优先性及政治权利的公平价值明确凸显出来，从而在一定程度上回答了哈特的批评②；第二，在表述的顺序上直接体现了两个优先规则，即第一个原则对第二个原则的优先和第二个原则中，公平的机会平等原则对差异原则的优先，从而把总的优先规则——正当对善的优先展示了出来。

再看看罗尔斯为回应哈特的批评文章《罗尔斯论自由及其优先性》所写的论文中，首先给出了他的两个正义原则的新表述③：

（a）每个人都对那个有关平等基本自由（权）的、完全恰当的组配方案有一种平等的权利，这个方案与适用于所有人的相似的有关各种自由（权）的组配方案是相容的；

---

① 《政治自由主义》平装本英文版，第5—6页；参考万俊人的中译本，第5页。

② 哈特的批评《罗尔斯论自由及其优先性》[该文载《芝加哥法律评论》第40卷第3期（1973年春季号）]指出，《正义论》一书关于诸基本自由及其优先性的阐释存在两个严重的漏洞（当然还存在其他不足）：第一，对原初状态里各方采纳基本自由并就其优先性达成一致的根据解释不充分；与第一个漏洞相联系，第二个漏洞是当正义原则在制宪、立法和司法阶段得到适用，并且具体的社会环境被人们知晓时，罗尔斯没有给出一个令人满意的如何进一步规定基本自由和彼此做出调整的标准。参阅《政治自由主义》平装本英文版，第290页。为此，罗尔斯专门撰文《基本自由及其优先性》答辩哈特。

③ 这个表述见《政治自由主义》平装本英文版，第291页；万俊人中译，第309页。与《正义新论》的表述是一致的，可以视之为最终表述，参阅《正义新论》，上海三联书店2002年版，姚大志中译本，第70页。

（b）社会和经济的不平等必须满足以下两个条件：第一，这些不平等必须依系于公平的机会平等条件下的地位和职位向所有人开放；第二，这些不平等必须是为着社会最不利成员的最大利益的。

比较罗尔斯关于正义原则的表述，我们再次注意其中用词上的一些变化：（1）"完全恰当的组配方案"（a fully adequate scheme）取代了《正义论》所使用的"最具广泛性的……总体体系"（the most extensive total system），这个变化导致了"相容的"（compatible）前加上 which is，这明确表明：每个人对一个完全恰当的平等自由权的组配方案有平等的权利，这个方案与适于所有人的相似的自由权组配方案是相容的。发生这种变化是为了弥补哈特所指出的《正义论》所存在的第二个漏洞，即没有给出一个标准以把诸多相互冲突着的自由协调得相互适应。所以，考虑到社会的实际条件，我们必须确立这样一个诸基本自由的最佳或至少是充分恰当的组配方案（scheme），而不仅仅是发展一个自由遍及尽可能广泛领域的总体体系（total system）。

（2）在《政治自由主义》对正义原则的首次表述中，将"权利"（rights）与"自由"（liberties）并用，这意味着"权利"是不同于"自由"的。细究起来，"自由"一词的超验（或先验）意味较为浓重，更抽象，是作为理念、原则的东西；"权利"则是一个极富经验色彩的概念，相比较而言，更具体，是作为具体规则的东西。超验的自由只有落到实处才是现实的权利，这也昭示着自由与权利的矛盾。

具体言之，自由是一个不断超越、不断敞开的过程，它决定着人的生成和不断超越，但自由本身是不能被规定的，是未被限制的；权利则不同，它必须以实体化的、当下在场的人作为承担者即主体，而且权利需要设定人的普遍的本质需求，否则就会失去所指，空无内容，其普遍性与平等也无从谈起；权利同时也意味着个人的独立性和他人对我的责任，我的权利意味着他人的义务；反之亦然。① 在这一点上，自然权利的反对者黑格尔也有深刻的洞

---

① 对自由和权利进行区分是受储昭华的启发，参考储教授送给笔者的论文《存在意义上的自由与肉身化的权利——自由主义所面临的挑战的实质及应对方法》（未刊）和《是自由的种类之分还是自由与权利之别——伯林"两种自由"理论再认识》，《学术界》2004年第4期。

察："如果想要对我们正享受着的各种权利做出描述,那么他就必须拥有一些既必要又普遍的方法,以阐明这些权利是植根于人类本性的某种永久的特性。"①

可惜的是,罗尔斯对自己的这种区分没有明确意识,没有深究这种区分,而是把自由混同于权利,表现为后来只用 liberties,因而缺乏对自由的真正理解,执着于把自由主义对自由的理解唯一化,试图强制他人、他国接受。他不知道:人对自由的领悟是离不开其所属的文化传统的,而且这些领悟之间具有某些不可通约性,对自由的共同的热爱才是宽容的最源始根据,有关权利的不同理解要和平共存于世,就得向这个先验根据追溯,唯有这样,宽容的基础才能是厚实的。这也是笔者试图将 liberty(-ies)翻成"自由权"的原因,罗尔斯所使用的"自由"确切地说是"权利",只是对自由的一种理解。

(3)罗尔斯在该用"(诸)基本自由权"(basic liberties)的地方有时使用单数的"基本自由"或"自由",我认为"自由"该加复数的时候不加,问题不大,可以将之视为一个种类概念而不会影响理解。

(4)在《政治自由主义》中,罗尔斯将"基本自由权的平等"限定为"平等的基本政治自由权的公平价值",这表明罗尔斯已经注意到同样的权利对不同个体的不同意义,因而寻求达到对基本自由权平等的实质性理解。我们也可以视之为从"全能的道德教义"转变为"政治的正义观念"的表征,在罗尔斯看来,政治自由(权)才是最根本的,也只有政治自由的公平价值才能得到保证,并且他通过对政治表达(political speech)自由的调整来达到这种保证。

第四节 《万民法》对两个正义原则的拓展

在《万民法》中,罗尔斯通过原初状态理念即契约方法的第二次运用,

---

① Hegel, *Natural Law*, Philadelphia: University of Pennsylvania Press, 1975, pp.63-64. 转引自上述未刊论文。

提出万民法的八项基本原则,自由民邦有帮助"承受负担的社会"(burdened societies)满足其基本需要以使它们能成为良序民邦(well-ordered peoples)所组成的大社会的独立而合格的成员的义务,提出证明制裁、干涉之正当性的人权标准。在《万民法》中,罗尔斯继续《政治自由主义》关注社会现实的特色,专门开辟一编讨论非理想理论,特别考察了战争问题,提出了约束战争行为的六项原则,并将战争理由严格限定在自卫上。

为了造成一个正义的世界,而不仅仅是单个的、限于一个民族-国家的正义社会,罗尔斯将万民法从一种自由主义的正义理念中发展出来,提出需要进一步说明与解释的万民法基本原则:

(1)各民邦自由、独立,它们的自由与独立受其他民邦的尊重。

(2)各民邦必须遵守条约和许诺。

(3)各民邦在达成约束它们的协议时是平等的签约方。

(4)各民邦必须遵守不干涉义务。

(5)各民邦有权自卫,但无权出于自卫以外的理由发起战争。

(6)各民邦必须尊崇人权。

(7)各民邦在战争行为中遵守某些详细规定的限制①。

(8)各民邦有帮助那些处于不利条件下的其他民邦,因为这些条件妨碍这些民邦拥有一个正义的或合宜的政治社会体制。②

这些原则的主要之点是自由而独立的良序民邦乐于承认这些特定的关于政治正义的基本原则以调整其行为,它们构成万民法的基本宪章,其基本精神与两个正义原则是一致的,把对一国之公民的自由主义理解推进到民族-国家上,它们是自由而平等、理性而合理的,把对社会的自由主义理解推进到国际社会,这是一个由诸民邦(或自由主义的或合宜的)组成的、正义的万民社会。

其中,一是,(6)、(7)在由良序民邦组成的大社会里是多余的,也就是说,这两条是针对失序民邦(disordered peoples)的,当然这是理想理论中的

---

① 具体参阅限制战争行为的6项原则,见《万民法》英文版,第94—97页;或《罗尔斯论文集》,第565—567页。

② 《万民法》英文版,第37页。

情形。但是由于战争是极其特殊的危急情形,所以罗尔斯曾经专门撰文《广岛罹难50年祭》("Fifty Years after Hiroshima", 1995)说明规约正义战争行为的六个原则并依据这些原则证明美国在二战期间向广岛、长崎投掷原子弹的不正当性;同时提出"极度危急情形下的例外"(supreme emergency exemption),证明大不列颠(英国)在1940年6月至斯大林格勒保卫战胜利期间轰炸德国的正当性①。

二是,不干涉原则运用在有严重违反人权事件发生的情况下必须受到限制的,这也是针对一般的法外国家的,因为由法外国家等失序民邦组成的大社会里,战争和严重违反人权是家常便饭,所以在这些极端的情形下,自由民主社会以维护人权的名义,有权干涉这些处于失序状态的国家。

三是,独立的权利和平等的自我决定权也是需要限定的:在以征服其他民邦为代价,才能获得所谓的"独立"的情况下,没有哪个民邦有自决权或退出(联邦)的权利;在其国内制度违反了人权或限制了与他们生活在一起的少数族裔的权利或强制干涉其他民邦时,也没有哪个民邦有权抗议世界社会的谴责。

四是,在万民法的基本原则中,需要有用于管理和形成诸民邦之联合体的原则以及裁决贸易和其他合作制度安排之公平性的标准,还要加进以下条款:民邦之间在遭遇饥荒与干旱时,有相互帮助的义务;以及在所有合理而自由主义(和合宜)社会里,要确保人民的基本需要得满足。在《正义论》和《政治自由主义》中,人们的基本物质需要得到满足是作为他讨论问题的背景存在的。

---

① 罗尔斯在《万民法》中提出了两个基本理由:第一,纳粹(主义)意味着对世界各地文明生活的不可计算的道德的与政治的罪恶,因为希特勒不顾戈培尔等人的反对,继续对斯拉夫人民实行种族灭绝政策,妄图压迫、虐待全世界;第二,如同丘吉尔所言,如果我们抵抗希特勒失败,那么包括美国在内的全世界将陷入一个新的黑暗时代;而且当时立宪民主制在欧洲乃至全世界将处于危急关头,所以希特勒率领的德国军队将是人类文明的一场大劫难。

　　基本需要的满足必须有保证、生存权①必须得到保障这一点在西方政治思想史上也是有渊源的，比如基督教神学思想家托马斯·阿奎那在其代表作《神学大全》中说："如果存在着迫切而明显的需要，因而对于必要的食粮有着显然迫不得已的要求，——例如，如果一个人面临着迫在眉睫的物质匮乏的危险，而又没有其他办法满足他的需要，——那么，他就可以公开地或者用盗窃的办法从另一个人的财产中取得所需要的东西。严格地说，这也不算是欺骗或盗窃。"②这里意思是说，诸如生命保全之类的、个人不得不加以满足的需求具有最大的优先性，也就是说，对富人财产权的保护是以穷人基本需要的满足即肉体存活得到保障为前提的，但是我们认为，这种优先性也不能是绝对的，而且基本需要的确定也是随时而变的，但这种思想的可贵之处在于它体现了对人的起码需求和尊严的尊重与维护。

　　洛克继承基督教的这一传统，也认为每个人从他一出生就有生存的权利，即有权获得肉、饮料等维持其生存的必需品。康德也在《法的形而上学原理——权利的科学》中说到紧急情况下的例外，在紧急状态下没有法律，就是说，在发生饥荒和严重贫困等性命攸关的情况下，可以不顾当时的法律规定而采取一些紧急措施，这在道德上是合理的。在此种危急情形中，过于严格而无丝毫松动余地的法律是最大的错误或不公正，所以，道德权利在这样的特定情况下是优先于法律权利的，它是对法律权利的补救。有"经济学良心"之美誉的阿马蒂亚·森对贫困问题和弱势群体权利问题的研究正是继承这一传统的体现，森认为贫困的社会原因在于发展主体的权利被剥夺，贫困问题的解决在森看来主要是一个主体的能力增强问题，主体能力的增强既可以带来经济效率的提高和生产力的发展，又能满足人的尊严等高级需要，这是走向分配正义的治本途径。

----

　　①　这里我们要区分狭义的"生命权"（right to life）和"生存权"（right to live），前者比后者更为基本，狭义的"生命权"是所有其他权利的根本和基石，它主要涉及国家刑法关于死刑、堕胎、安乐死、种族灭绝等生命剥夺方面的规定，要求国家在它面前尽量保持一种消极的不作为态度，生存权包括狭义的生命权，还包括财产权、劳动权、社会保障权、环境权等基本生活需要得到满足的权利，它要求国家积极地作为以保证这些权利得以实现。参阅赵雪纲、王雅琴：《生命权和生存权概念辨析》，载《中国社会科学院研究生院学报》2004年第6期。

　　②　转引自孙君恒：《贫困问题与分配正义——阿马蒂亚·森的经济伦理思想研究》，当代中国出版社2004年版，第106页。

第三章　"正义"规范的价值主体
——从保证最少受惠者的基本利益说起

罗尔斯的正义理论是一种规范理论,其主要表达的是他的两个正义原则或者说他的公平正义观念及其拓展即万民法的八项基本原则等。罗尔斯提出这些道德原则是为了谁呢? 或者说他的正义原则归根到底是根据、体现和维护谁的利益、反映谁的愿望? 罗尔斯设想由什么样的人来制订这些原则? 他又为什么要制订这些原则呢? 用罗尔斯自己的话说,他设想作为自由而平等、理性而合理的个人之理性代表在原初位置下就正义原则缔约,就合理的正义原则达成一致意见;制订这些原则的目的是为了造成一个正义的社会、世界以便人们能够过一种有价值的集体生活,在这样的正义世界上,每个人的尊严都能够得到维护,作为人之根本特性的社会性得到最大程度的展现和尊重。罗尔斯是如何做到这一点的呢? 这正是本章所要解决的问题。

第一节　产生正义问题的条件

正义的要求作为一种规范是具体的、历史的,就是说,并不是任何社会历史条件都需要正义作为规范的精神之一,人们产生正义要求、需要正义规范是有一定条件的,就现在的社会历史发展状况而言,包括资源的中度匮乏、有限的利他动机、多元论事实等,这些昭示着正义的脆弱性与可能性。

正义问题得以出现的条件即是指正义的环境,也就是说,正义问题是一个历史问题,就它关涉财物的分配而言更是如此,而且诸如嫉妒、愤恨、不公平感等消极情感的产生有一个重要原因就是情感主体的物质利益受到了损害;不正义事态的长期而普遍存在是人们共同关注正义问题的直接原因。如果可分配的东西无限丰富,人们"各尽所能,各取所需"(from each according to his abilities,to each according to his needs)①,任何需要都可以得到满足,或者人们都为彼此着想,他人需要与愿望的满足是重于自己的需要与愿望之满足的第一位的事,那么分配不公的问题都不会出现,所以说正义的环境简单地说(暂时撇开情感问题)是有一定量的可分配之物又不足以让人们各取所需,为自己着想的人们的利他动机又明显不足,用休谟的语言来表述就是,正义之所以必要,是人们在物质匮乏的条件下缺乏足够的仁爱精神②。正义所要解决的是如何分配财物,财物分配模式是否合理、公平要依据具体的生产资料所有状况进行判断;但是,财物的分配问题并不是正义问题的全部,因为受到不人道或不公道的对待也是产生不正义感进而寻求改变这种不正义状态的重要原因。在这种情况下,这个人所分得的财物是足够维持其过一种相当体面的生活的,之所以有不正义感是因为他/她觉得自己没有得到应得的尊重或者觉得自己的同胞受到了不公正的对待即有义愤感或者说公道心。因此,正义问题的领域应当有所拓展,不但要给予一个

① 也译为"各尽所能,按需分配",这是马克思在《哥达纲领批判》中提出的、对共产主义社会高级阶段基本原则的表达。马克思把共产主义社会分为两个阶段:共产主义社会第一阶段即处于资本主义社会和共产主义社会之间的过渡时期和共产主义社会高级阶段,他对共产主义高级阶段的描述是这样的:在那个时候,在迫使人们奴隶般地服从分工的情形已经消失,从而脑力劳动和体力劳动的对立也随之消失之后;在劳动已经不仅仅是谋生的手段,而且本身成了生活的第一需要之后;在随着个人的全面发展,生产力也增长起来,而集体财富的一切源泉都充分涌流之后,——只有在那个时候,才能完全超出资产阶级法权的狭隘眼界,社会才能在自己的旗帜上写上:各尽所能,按需分配!(《马克思恩格斯选集》第3卷,人民出版社1995年版,第305—306页)可见,在马克思所描述的未来社会,财富分配意义上的正义问题已经不存在。

② 当然这并不意味着分配问题的解决就只是一个财富的增长和利他动机的培育问题,其实,消费资料的任何一种分配,都不过是生产条件本身分配的结果,而生产条件的分配则表现出生产方式本身的性质,所以,不能只就分配问题谈分配,要从生产条件包括劳动能力、生产工具、资本、地产等的占有状况和生产过程中的协作来具体地谈论分配正义问题。罗尔斯对此有清醒的自觉。

人自尊的基础即收入、财富等物质方面的东西,在此基础上更重要的是,要给予他/她参与政治、经济和文化诸方面社会生活的权利,还要培养和激发他/她参与社会生活的能力。这里尤其要注重社会生活的文化方面,因为我们正处于一个普遍交往的全球化时代,与他人的交往不可避免,但是由于每个人总是承载着一定的文化传统并且自觉不自觉地维护着这种传统的,对这种传统的尊重也是每个人的尊严和认同所在,这种文化认同也是与承载其他文化传统的人们的根本差异。在当今世界,各种独特的文化传统往往是不可通约的,它们都有维护自己的尊严的自觉,任何人、任何群体都没有权利裁决它们的优劣高下,对其他的文化传统我们只能努力理解,通过交往对话找到它与自己的共通之处,从而达到对它的真正尊重,所以人们生存状态的多元论事实也是正义的环境之一。

罗尔斯对正义环境的解释主要依照休谟,包括客观条件和主观条件两个方面。也就是说,一方面存在着使人类合作有必要和有可能的客观环境,这样我们假定,众多的个人同在一个确定的地理区域内生活,他们的体力、智力和做事能力大致相当,没有一个人的实力能压倒其他所有人,实际上,每个人的计划都容易受到其他人特别是他们的合力的影响,每个人都是脆弱的、易受攻击的,所以,任何人的目的的实现、计划的实施都需要其他人的合作,这种合作是互惠性的。同时在许多领域都存在一种资源的适度匮乏,无论是自然资源还是其他种类的资源都不是丰富得使合作成为多余,也不是匮乏得即使团结一心也是一事无成。另一方面则涉及合作各方的有关方面:各方有大致相近的需求和利益,这样互惠的合作在他们中间才成为可能,但同时各方又都有自己的生活计划,这些计划使他们抱有不同的目的与目标,于是会造成利用自然资源和社会资源方面的冲突要求,而这些相互冲突着的要求都是应该满足的。于是,人们之间互惠的合作既是可能的又是困难的,当然也是必要的,这样就提出了用于协调这些冲突要求的规则的设计问题。在原初位置里,罗尔斯对正义的主观条件做了适合于其目的的改造,详见本章第二节;在《政治自由主义》中,他又加上合理多元论这一客观条件。

合理多元论不同于一般的多元论(the fact of pluralism as such),它意指一种为不同的人所确认的、各种相互区别、相互反对的但又是合理的全能教义式的学说并存的状态,它之为合理意味着存在一个各种合理学说的重叠共识;它是人类理性在自由制度下正常运用的长期结果,是民主社会公共文化的永久性特征,而不是什么人类生活的不幸状况。合理多元论实际上是个人具体生活方式上的不可通约性,是对以下事实的表征:合理而理性的个人在价值问题上(如终极目的、人生意义等)会持不同意见,而且没有一个所有人都确认的全备性学说,一个人不能使用强力、欺骗等不合理的手段将自己的学说强加到其他人身上。"合理性"(reasonableness)意味着"一",多元论意味着"多",合理多元论是罗尔斯对"多与一"问题的解答。合理多元论事实本身无所谓好坏,无需人为培养或消除这种事实;为我们的政治生活所需的、一种可能的求同存异方式是各人从其所确认的特殊的全能教义出发,把个人的特殊利益撇到一边,运用公共理性就西方宪政根本和基本正义问题进行讨论进而形成以公平正义观念为核心内容的重叠共识,这是在不损害他异性的前提下,对共同性的追求。当然,在原初位置里,各方当事人是不被允许知道这些特殊的全能教义的具体内容的。

第二节 原初位置理念的运用——假想的立法者

原初位置的理念或理性设计是罗尔斯对契约论方法的独特运用,在原初位置中,人们即作为理性缔约代表的各方当事人处于无知之幕的后面,他们是追求自身利益最大化的理性人,但是他们又只关心自己的所得而不嫉妒他人的优势,即人们之间是相互冷淡的,作为一种代表装置(device of representation),我们必须注意在原初位置里我们有三种视角,即缔约当事人、自由而平等的公民(前者是其理性代表)、我们(此时此地的你和我)。

一、契约论方法

在研究社会政治安排的可想望性(讨论自由、平等、幸福等在评价社会政治安排时有怎样的相对分量)时,罗尔斯另辟蹊径,不是直接追问什么是值得想望的,什么是不值得想望的,而是问:如果我们能够选择,我们应该选择何种社会政治安排? 这是一种有关社会政治安排之适宜性的思考。这是他使用契约论方法的原因,他把选择的情境描述为缔约的原初位置,注意,这里所讲的选择不同于经济理论中理性选择意义上的选择。

为了解决或者协调民主思想两个传统之间的矛盾即自由与平等之间的冲突,罗尔斯以公平统摄自由和平等,在原初位置的理想实验中,他假定:缔约各方居于无知之幕的背后,所以他们不知道各种不同的选择将如何具体影响他们各自的特殊利益,于是他们处境对称,不得不在一般考虑的基础上对供选的几种道德原则进行评价,想象自己作为社会的最不利者,以这些原则调整的社会基本结构将如何影响他的利益。

如果我们能够在无知之幕的遮蔽下做出选择,出于理性自利的考虑,这种选择是可以照顾到所有人的,这样,我们所选择的这种社会政治安排就有充分的理由被认为是公正的。但是,这种公正或公平的达到是由于我们对缔约人所知的信息进行了有意的过滤,以致于在作出这一选择的过程中,我们又无法为我们自己的特殊利益考虑。于是,问题出来了,我们能否摆脱这些信息而选择? 这涉及罗尔斯的"自我观",自我与其各种特性是有一定距离的,存在一种"无约束的自我"即纯粹形式的自我,这种自我是在原初位置里运用各种一般信息及其理性进行选择的主体。但这个问题又是在否定作为一种理想实验的社会契约的作用的基础上提出来的。

契约论方法虽然有助于挑选出值得想望的社会政治安排,却不能以同样的方式有助于选定可行的安排,可行性不等于可想望性,一种社会政治安排的可行性论证是通过"反思平衡"方法完成的。

从罗尔斯对原初位置的说明中,我们可以抽出这样四个问题:谁来选择? 选择什么? 选择主体具有什么样的背景知识和出于什么样的选择动机?

(一)由谁来选择? 缔约各方是一些单个的个体人,不是制度化的人(institutional persons);单个的个体人不是那种绝对孤立意义上的单独的个人,而是一些具有家庭共同情感,特别是与他们的子孙后代有共同情感的个体人,所以他们又被视为许多连续的家庭谱系的代表;而且缔约各方所代表的人数多寡不是问题,因为各方被假定为同样地无知和具有理性,可以指望他们按同样的方式投票。无知之幕使得各方可以被同样的论证所说服,可以从任选一人的立场即原初位置立场来理解选择过程,这也使得你只需关注你将会怎样选择,因为你可以假定,所有其他人都会以与你同样的方式作出选择。影响选择的知识背景方面的限制使得对某一特殊的正义观念的一致选择成为可能,并且强迫各方当事人为了自己所代表的理性人的利益能够得到最大程度增进而选择正义原则的同时,把其他人的利益也能考虑进去。这大大简化了选择过程和难度,这种简化是必要的、可以接受的,因为考虑所有可能的选择既无必要亦无可能,而且罗尔斯所考虑的是道德哲学思想传统中影响最大和最为深远的几种如功利主义、完善论、直觉主义及源于民主思想传统的他的两个正义原则等。

(二)选择什么? 在原初位置中必须加以选择的是用以调整社会基本结构的各种原则,体现各种可能的不同的基本结构的诸原则必须满足一些一般化的限制条件,即正当观念的限制条件:在形式上是一般化的,不能提及任何具体的人;在应用上是普遍的,潜在地适用于每一个人;被公认为是解决人们各种相互冲突主张的最后上诉法庭(公共性、终极性)。其中,公共性条件最为关键,这是契约理论最具特色的方面,它要求根据正义观念的公共性效果即对自尊的社会基础的影响来评估这些正义观念。

这些限制条件保证作为后果的政制一旦被合法地建立起来,就能够被公正地视为拥护法治的政制:在这种安排中,法律面前人人平等,而且每一个人都知晓他与法律的关系即如果他做了某事,他能够预期会受到法律的何种对待。

这个基本结构将要治理的是富有正义感的人们所组成的社会;该社会又存在着典型的正义环境。考虑到人类心理的一般事实和道德学习的诸原则,正义感保证对正义观念的遵循;罗尔斯假定:在一个社会中,至少是绝大多数人具有正义感。在中等程度的资源稀缺条件下,彼此冷漠的人们会就社会利益的分配提出相互冲突的主张。正义环境不是修道院式的环境,人们缺乏利他主义的义务约束;也不是伊甸园式的环境,物品供应相对短缺;更不是处于最低生存标准线的状况,各方知道他们的社会条件允许平等自由的有效实现。

（三）选择主体所具有的背景知识。有关他们自身以及他们的社会的大多数特殊事实被屏蔽，但缔约各方仍然知道任何影响到他们对基本结构的选择的一般事实，特别是那些可以从心理学和其他社会科学中得知的事实。无知之幕是一张厚重的帷幕，以消除偏见和自我利益的影响；罗尔斯还设想，各方都想象到：不管他们选择什么基本结构，他们都会通过一个随机过程获得一个位置，即他们将被赋予一种个人身份（personal identity）而且不排除处于社会最底层的可能。人们不知关于他们最终将获得何种位置和偶然机会的客观会可能性，因为这其中的各种决定因素在人们之间是变化着的，因而在选择时会持保守态度，基本上根据博弈论中的极大化极小值规则选择罗尔斯的两个正义原则。

各方当事人对他们各自的特殊愿望全然不知，他们对基本结构的选择出于不管被代表者是谁都必然拥有的愿望的考虑即对首要善的考虑，这些首要善对于追求任何特殊目标是必需的，是公民成为长期而完全的合格社会成员所必需的东西。

选择时，他们每个人不会因为妒忌而受到影响。之所以如此假定，是因为如果允许妒忌将打开这样的可能性即在原初位置中被选择的是一个对集体不利的制度；以两个正义原则为典型特征的制度本身是不大可能引起强烈的妒忌情感的，因为在那样的社会里，贫富悬殊不会太大因而人们一般不会有己不如人的感觉。

（四）缔约动机：契约的作用与性质。罗尔斯对契约概念与契约方法即契约论程序的使用不同于传统的社会契约论，在他那里，契约是作为对社会政治安排的可想望性和可行性的一个检验手段而提出来的，契约的作用主要是评价性的而不是合法化的；是启发性的而不是定义性的。在契约论传统里，契约的一般作用是合法化即使国家的存在合法化，赋予国家一种地位乃至于它对其公民提出的各种要求如征税具有合理性。

如果契约程序的作用是定义性的，那么，"为什么在原初位置中将会被人们选择的那种安排是一种公正的安排"这个问题就有了一个简洁的答案：一种安排唯有如此才是公正的。如果仅仅被视为公正的一种表征，那么人们将沿着不同的路线去寻找答案,以解释为什么带来这种安排的契约的特性的确是公正的一种表征。对罗尔斯来说,契约特性所意指的是正义的表征性因素,而不是它的构成性或定义性因素。他所做的是提供证据以表明在所讨论的那些安排中,哪一种才是最公正的安排,而不是企图在缔结一个契约之前给出正义的定义。这种契约式的考虑不是被当作一种定义活动,而是作为一种对先前已被确认的正义观念加以阐释的方法提出来的。

罗尔斯对契约论方法的运用不是基于信念,即成为公正的唯一条件,只是要求它在原初位置中是可选的,而是基于信念,即任何在原初位置中达成的协议都必定是公平的。他对原初位置的假设,正是为了满足确保这种公平的各项限制条件。这些限制条件所表达的是我们愿意将其视为社会合作的公平界线。原初位置是一种阐释性装置,它概括了这些条件的意义,并有助于我们推断出它们的各种后果,这样就把选择情境的公平转化成了被采纳的选择的公平,程序的公平意味着结果的公平。

对于契约作用的这种界定,在当代,跟罗尔斯类似的有约翰·哈桑伊(John Harsanyi)和詹姆斯·布坎南(James Buchanan)。其中,在哈桑伊那里,契约的作用在于确定在所提供的各种候选安排中,哪一种能保证使总体效用最大化;詹姆斯·布坎南则认为,对某一安排相对于其他安排而言是否构成帕累托最优安排进行检验的唯一手段是能否达到普遍一致的同意。也有人认为契约的作用是定义性的,如大卫·高西尔(David Gauthier)和斯坎龙(T.M.Scanlon),高西尔以如下方式来定义什么才是正当的,即在一定的假设条件下,什么才会被理性的各方普遍一致地同意;斯坎龙对公正的定义则是,作为非强制性地被告知的一般协议之基础,什么才是没有人会加以理性地拒绝的。值得指出的是,像哈贝马斯这样的思想巨擘,在他所设想的契约是启发性地还是定义性地与正义发生联系这个问题上态度并不十分明确。

在契约的性质问题上,罗尔斯的立场有三个方面:他所提出的是一种意向性的契约,而不是任何毫无意图的安排;它是一种经济性契约,而非政治性契约;它是一种虚拟的契约,在假想的当事人身上并不发生作用。

关于第一个方面,可以与诺齐克的主张进行比较。基于那种缺乏保护权利之政治组织的"自然状态",诺齐克指出,理性人的个体化的理性选择必将产生这样一种制度,即没有对任何人权利的侵害,或至少是没有对任何人权利不加赔偿的侵害,这构成最弱意义国家的合法性论证。在诺齐克的程序中,关于单个人之间相互的讨价还价最终会在集体层次上将他们引向何处,各方当事人没有明确的观念;而在罗尔斯意义上的契约中,各方当事人所关注的正是对集体层次的或制度层面的各种不同的安排的选择。

经济性契约要求每个人计算出什么协议才最适合他自己的利益,然后努力去达成这样一个协议,这类似于市场领域发生的经济谈判;政治性契约则要求各方当事人把他们自己的特殊利益放在一边,来讨论哪一种安排能够最好地满足在所有各方看来均为合适的一些考虑,这些考虑通常与共同善有关。哈贝马斯的交往行动理论是将契约看成具有政治性质的最明显实例。他提出"理想的言谈情境"(ideal speech situation)这个人们在商谈沟通中所做的一个并非反事实的必要假定,在商谈中,每一个参与者都是自律的、平等的,都有同样的机会去采取他所想要的言语行为,这些人所达到的是一种非强制的同意,人们所唯一服从的是更好的理由,他们可以就人类社会的规范和价值标准之依据进行商讨。

罗尔斯把契约的各方当事人看做是自主决策的个人,这些人所关注的是,所讨论的各种候选安排能够在多大程度上满足他们各自的个人利益,当然,他们的个人利益已经将他们的家族谱系利益和社会整体利益整合于其中了。

在高西尔看来,当事人被卷入的是一种与其他人进行经济谈判的复杂过程,每一个人都在寻求得到他们所能得到的最好的谈判价码。而在罗尔斯那里,契约观念是非互动性的,契约当事人(在原初位置中)各自决定选择什么,不必在各自之间进行谈判。罗尔斯将谈判即讨价还价这个极其复杂且难以解决的问题消解于"无知之幕"的假设中。也许讨价还价问题在理论上存在一个解决方法,但罗尔斯认为,目前我们无论如何都找不到这个办法。

由此可见,罗尔斯对契约概念和契约方法的运用是极其独特的,甚至可以说,按照通常的契约观念,罗尔斯的理论根本就不属于"社会契约论"这个谱系。必须注意的是,罗尔斯在《正义论》中所要做的是把传统上由洛克、卢梭及康德所表达的契约论推进到一个更高的抽象层次,罗尔斯对契约论传统的推进正在于其契约论的独特性:传统的社会契约论所讨论的主要是政治权威和义务的根据,这种契约论以忠信原则(the principle of fidelity)的有效性为前提,因为缔约行为本身不足以保证缔约者对承诺的兑现;而罗尔斯的契约论是以假想的契约导出道德原则或者说正义原则,在罗尔斯那里,契约是道德的理论依据,契约协议意味着意思表达自愿一致,而且一旦我们达成一个协议,我们就必须接受协议所带来的结果。

二、契约论方法在《正义论》和《政治自由主义》中的运用

罗尔斯对契约论方法的运用是通过原初位置的思想实验进行的,他提出原初位置这一理念的目的在于如果社会被视做自由而平等的公民间的公平的合作体系,那么可以确定哪一种正义观念或某种观念的哪一个变体(包括各种传统的正义观念)用于调整自由与平等价值之实现的最合适的原则。原初位置的作用是将个人观念及与之相应的社会合作观念同某些具体的正义原则即公平的社会合作条款联系起来,从而实现作为道德人格的公民的自由与平等。可见,原初位置理念的提出是因为在两百多年的美国历史中,对于各种基本的社会制度应如何安排才能实现作为道德人格的公民的自由与平等,人们一直没有形成一致的意见。

(一)原初位置对选择主体的模型化

原初位置是一种代表装置(表征装置,a device of representation),它模型化了进行选择的主体。它这样描述缔约各方即选择主体,每一方都是理性的,都只为自己所代表的那个自由而平等的公民的根本利益负责;各方的处境公平、所知信息对称,因为他们都处在无知之幕的后面,对被代表者的特殊信息一无所知,包括他们属于哪一个种族、哪一种性别,他们所处的社会地位、所拥有的特殊的个人全能教义式学说,甚至连被代表者的特殊生活计划和心理倾向以及他们所处社会的政治、经济状况与文明发展程度即他们属于哪一个世代等等都是为各方所不知晓的。但是,他们知道有关人类社会的一般事实,理解政治事务和经济理论的一般原则,知道社会组织的基础

和人的心理学法则,知道他们所代表的是体力和心智都正常的公民①。在这一点上,人们争讼颇多,因为关于体力和心智正常的判定是人类社会文化、文明发展的结果,所以这个判定标准本身是需要进一步追问的。在逻辑上可以想象,在盲人国或女儿国里,人的那些在现在文明看来是正常的、可以成为优势的方面会被视作怪异或缺陷。

这样,缔约各方就不再具备通常意义上讨价还价的基础,他们不知自己在现实社会里的优势何在,他们都是常人一个,似乎就是"一个人",因而各方当事人关于调整社会基本结构的道德原则的缔约便成了一个抽象的人的理性选择,这与哈贝马斯的商谈伦理是截然不同的。他们要为他们所代表的人的根本利益负责,这些根本利益既是形式上的,又是有实质内容的。从形式上加以说明的利益包括发展和实践两种道德能力的更高层次的利益;由于缔约各方所代表的公民在任何给定时间都拥有一种确定的善观念,所以尽管各方并不知道这些确定善观念的内容以及人们用以解释这些观念的学说,他们还是有兴趣采纳那些使他们所代表的个人的确定的但尚未得到具体规定的善观念能够得到终身保护和促进的原则。其实这也是公民的根本利益所在。对根本利益的实质内容进行说明是引入首要善指标。

必须明确的是,原初位置对各方的描述并不意味着自我是纯粹的形式,也不意味着自我在存在论上先于有关个人的那些事实,虽然二者的分离在思维领域是可以想象的。其实这些事实与自我实际上是关联在一起的,只是不让各方知道以保证所选择的原则能够为所有人接受。所以,罗尔斯在原初位置中对各方当事人即选择主体把握什么样的选择背景知识有一个比较明确的说明,他力图把人性中的本质部分和生存环境中不可选择的条件与历史的、社会的偶然因素区分开来,以便从那些不可变更的条件出发才推导出具有较高普遍性的建构社会及政治组织的原则,而原初位置的理性设计就是对这些条件的具体描述。

在《政治自由主义》里,罗尔斯对选择主体做了进一步的规定,各方是自由而平等、合理而理性的公民的理性代表。公民在三个方面把自己看做

---

① 这样,罗尔斯就将残疾人所必需的特殊医疗照顾问题暂时排除在外。

是自由的①：

第一,公民们认为自己同时认为彼此具有拥有一种善观念的道德能力,所以他们是自由的。他们不可避免地会追求某种特殊的善观念。但是,具体善观念不是固定不变的。只要愿意,他们就能够基于合理而理性的理由进行修正与改变,这也是"公民是自由的"的应有之义。作为自由的个人,公民们有权在人格上认为自己独立于有其终极目的体系的任何这样的善观念,即自我独立于其具体的目的,而不是与之相等同。这样,公民的作为自由的个人的公共认同就不该受应时而变的确定的善观念的影响,比如,公民在改信宗教信仰或不再肯认任何宗教信仰的情况下,在政治生活领域,他仍然是原来的那个人。其实,这里涉及到公民的两种身份或认同,公民通常同时拥有政治的和非政治的目的与忠诚,一方面他们确认政治正义的价值并且希望这些价值在政治制度安排和社会政策中得到表达,另一方面,他们在非公共生活中为着其他目的而努力,为着他们所属的团体的目的而奋斗,公民的道德身份的这两个方面是彼此独立的,同时又需要相互协调。对公民的完整生活而言,这两者不可或缺。

第二,公民们自视为自由的,因为他们把自己看做是诸有效要求的自真之源(self-authenticating sources)。这就是说,他们自视为有权就社会基本制度安排提出要求以促进他们的善观念的实现,这些要求的有效性的根据就在于要求提出者自身,在于独立的公民个人有能力、有资格承担义务与职责,并不源于由某种政治正义观念所规定的义务和职责,也不源于他们对社会所承担的义务与职责,他们是作为"人"提出这些要求,在是"人"这一点上,他们是自足的。当然罗尔斯在这里假定:公民所确认的善观念和道德学说与适合于西方立宪民主制的公共政治正义观念是相容的。所以说,公民在是"人"这一点上是自足的也是有条件的,即公民总是一定政治社会制度下的公民。

第三,公民们自视为自由的,因为他们自视为有能力为其目的承担责任,这种负责能力意味着他们有提出各种要求的资格。为了保证公民承担

①　《政治自由主义》平装本英文版,第29—35页;万俊人中译本,第30—36页。

责任的能力,罗尔斯假定了正义的背景制度和适于每个人的公平的首要善指标,根据这些,公民们才有能力调整其目的与抱负并对实现目的与抱负过程中所带来的后果负责。而且他们能够依照正义原则的要求调整其在正义问题上的要求,他们所提要求的分量并不取决于这些欲望和需求的心理学强度,即使这些需求从他们的观点来看是理性的。在正义原则的建构程序里,罗尔斯是从一个被视为一种公平的合作体系的社会的基本理念出发的,一旦这种理念被发展成为一种政治正义观念,它就意味着作为终身参与社会合作之个人的公民们要为其目的负责,也就是说,他们的目的只能以这样的方式被追求,即他们能够合理地期望贡献出一些什么,他们就能够合理地期望要求一些什么。

公民的平等则表现在他们都拥有两种道德能力(获得正义感的能力和形成善观念的能力)、诸种理性能力(powers of reason)及相应的两种更高层次的利益(higher-order interests)上。正义感是一种理解、运用那种规定着公平社会合作条款的公共正义观念的能力及依照这种观念行动的能力,能够获得有效的正义感的公民才能够成为社会合作的终生的完全参与者。形成善观念的能力是指那种形成、修正和理性地追求一个人的理性利益或善的能力,善观念就是一个具有或多或少确定性的诸终极目的的体系,包括因其自身之故或由于依恋他人或对各种群体、团体的忠诚等而被追求的目的。所有这些目的或要求的有效性在于提要求者本身,这样公民们在任何确定用于规定其社会基本结构的正义原则的程序里都能得到同等的代表,这种平等价值的观念就是建立在理解指导社会合作的正义原则并依之行动的同等有效的能力之上。原初位置理念就模型化了对人的这种理解,这种理解隐含在西方立宪民主制的公共政治文化中。

缔约代表在原初位置中确立适用于基本结构的公平的社会合作条款时,唯一相关的个人特征是他们都在最起码的然而是充分的程度上拥有这些道德能力,拥有成为终身都能参与合作的社会成员的各种正常能力。那些与社会地位、自然天赋、历史偶然性以及个人的确定善观念的内容相联系的特征,从政治上讲都是不相关的,因此应该把它们置于无知之幕的背后。纵然这些特征可能与我们在这样那样的联合体或社会集团中的成员身份相关,也可能与我们占据这个或那个公职的要求相关,但是它们与所有社会成员分享的平等公民身份却是无关涉的。公民们凭借拥有两种道德能力和其他使我们能够成为正常而充分合作的社会成员的多种能力而成为相互平等的,但是罗尔斯并不否认现实中某些个人拥有特殊的品质和能力,这些品质和能力使得他们有资格占据承担更大责任的职位,并获取相应报酬。例如,人们会期望法官对社会的政治正义观念的理解能比其他人更深,并且在运用该观念的原则和做出合理决定方面比其他人更有技巧,尤其在处理更为困难的案件上。

(二)原初位置对选择对象的模型化

同时,为了切实保证被代表者的基本利益,原初位置也模型化了选择的对象。在原初位置中,必须选择的是用于指导社会基本结构安排的正义原则。在《正义论》中,罗尔斯指出:所选择的原则必须满足的五个形式条件,包括一般性(generality)、普适性(universality in application)、公共性(publicity)、序列性(ordering)和终极性(finality)等,其中公共性条件最为重要。原初位置里各方所选择的是这样一套原则,它们在形式上是一般的,在适用上是普遍的,必须被公共地承认为一种能够为诸道德人格的各种冲突要求进行排序的终极裁决法庭。[①] 这五种限制本身并不排除任何传统的正义观念,但是它们将列在清单上的各种利己主义排除在外:一般性条件将只为我自己考虑和老想搭便车这两种形式的利己主义排除在外,因为这两种形式都需要一个特定名词或人称代词或一套确定的描述,而不满足谓词必须表达一般属性和关系的一般性要求;序列性条件进一步将一般的利己主义排除出去,因为一旦每个人都有权如其所愿地推进他的目标或者如果每个人都应该推进他自己的利益,相互冲突着的要求就无法排序。至于哪种要求能够实现,则要看实力和诡计较量的结果。所以原初位置里的各方不能仅仅为着自身利益而选择这些利己主义的观念。

在《政治自由主义》中,罗尔斯特意对最为关键的公共性条件做了细致

---

① 参阅《正义论》修订版,第117页;参考中译本,第135页。

分析。在公平正义里，它有三个层次①：第一，当社会由公共的正义原则有效地调整着时，第一个层次的公共性条件就满足了。这种有效调整意味着公民们都接受并且知道其他人同样接受这些原则，反过来其他人也有同样的知识；另外，每个人基于那些共享的信念，承认由正义原则所规范的社会基本结构的制度安排是正义的，这些信念是研究政治正义问题的探究方法和推理方式所确认的。

第二，公共性的第二个层次与一些一般信念有关，这些信念是关于人性和政治、社会制度的通常运转方式的，而且跟政治正义相关联。被罗尔斯归于原初位置里各方的东西正是这些一般信念，它们反映出良序社会里普遍流行的公共观点。

第三，公共性的第三个层次处理的是公共正义观念的正当性论证问题。这种充分论证呈现在公共文化里，在法律和政治制度体系及对法律和政治制度的主要解释传统中得到反映。

公共性的这三个层次在原初位置里都得到了模型化表达②：第一个层次比较容易模型化，我们只需要求作为代表的各方在评估正义观念时把以下事项牢记在心，即他们所一致同意的原则是作为一种公共的政治正义观念起作用的；公共性的第二个层次是通过无知之幕模型化的，在权衡正义观念时，各方要运用这些被公共知晓的一般信念作为抉择的理由，这些信念是作为公民们的公共知识的一部分而为他们所分享的；通过对公平正义的良序社会里完全自律的公民的判断和思维进行描述，我们模型化了公共性的第三个层次，模型化了你和我的视点即以各自的方式对公平正义进行充分论证的视点。

鉴于公共性的三个层次，在原初位置里，我们必须区分三种视角：原初位置里缔约各方的视角、良序社会③公民的视角和现实情况下的我们自己

① 参阅《政治自由主义》平装本英文版，第66—67页；万俊人中译本，第70—71页。
② 《政治自由主义》平装本英文版，第69—70页；万俊人中译本，第73—74页。
③ 良序社会(well-ordered society)是罗尔斯的社会理想，像美国这样的立宪民主社会严格意义上还没有达到良序社会状态。良序社会必须满足两个条件：(1)每个人都接受并且知道其他人也接受同样的正义原则；(2)基本社会制度一般地满足也一般为人所知地满足这些原则。

即当下的你和我的视角。前两种视角属于公平正义观念,并参照其根本理念即作为公平的合作体系的社会理念和作为自由而平等的个人的公民理念得到说明。良序社会观念和自由而平等的公民观念可能在我们的社会世界里得以实现,但是作为公民之理性代表的各方只是原初位置设计的部分。原初位置是你和我为了提出公平正义而人为设计出来的,所以各方的本性在于我们,各方仅仅是居于我们的代表装置中的一些人造物。因此,千万不能把各方在原初位置里的理性慎思及其动机误解为对现实的个人或公民的道德心理学解释。也就是说,不能把理性自律(rational autonomy)和完全自律(full autonomy)混淆了:前者根本不是什么理想,而只是原初位置模型化理性理念(the idea of the rational)的方式;后者才是一种政治理想,是更完善的良序社会理想的一个部分。

第三种视角即你和我的视角是评估公平正义以及其他政治观念的视角,这种评估就是反思均衡测试(the test of reflective equilibrium),它是一个在以下两个方面来回反复的过程:一方面是对原初位置的说明,这种说明或多或少等同于对原初位置将会产生的诸原则进行说明;另一方面是我们对有关事情所形成的深思熟虑的各种判断。改变在这些判断和原则之间往复进行,或通过改进对原初位置的说明改变原则以提高原则对各种判断的解释力,或放弃、调整判断以与我们最基本的直觉观念即原则相一致,直到我们对原初位置的说明给我们提供了与我们深思熟虑的各种判断相适应的原则。对政治正义观念做了这些似乎强制性的所有调整与修正之后,它作为一个整体最终可以最佳地表达我们关于政治正义的所有普遍性层次的深思熟虑的确信。① 通过了这个测试的政治正义观念(其基本内容即是罗尔斯的正义原则)对我们而言是最合理的正义观念之一。所以,在原初位置里,正义观念不是一经选择就不能更改的,它必须接受我们实际的关于正义的确信即各种深思熟虑道德判断的检验,从而作出调整;同样正义确信也需要根据正义观念进行修改,经过反复的相互矫正才能达到反思均衡,进而得到一种最合理的正义观念。这样各方所选择的政治正义观念才能被当下的你

① 参阅《政治自由主义》平装本英文版,第28页;万俊人中译本,第29页。

和我视为合理而理性的,才算满足了公共性条件,我们也才能出于最佳的理由支持这种正义观念。这一点也体现了罗尔斯理论的直觉主义特色,他本人曾经说过,他的工作是用各种直觉观念给功利主义矫形。

三、契约论方法在《万民法》中的运用

原初位置理念在《万民法》中有第二次运用,与第一次运用相似,也是一种代表装置。作为各民邦代表的各方在原初位置里处境对称而公平,他们都处于厚重的无知之幕之后。他们不知道其所代表的民邦所秉持的全能教义是什么,因为实行西方立宪政体的自由主义社会在作为一个整体的层次上,并不具有一种全能教义式的善观念,自由主义社会的公民只是在国家内部、在公民社团(civic society)里,公民组成的团体和公民作为某团体的成员才有这样的观念;不知其疆域大小、人口规模、相对实力,也不知其自然资源的蕴藏情况、不知其经济发展水平,只知道那些使得西方立宪民主制成为可能的合理的有利的条件。所以在罗尔斯那里,各方所代表的只是自由主义社会,类似于第一次运用时,各方所代表的只是被视为自由而平等的个人的公民。各方是理性的,他们对万民法原则的选择受其所代表的民主社会的根本利益的指导。他们所选择的是用做调整诸民邦间关系的基本原则和理念,不同于具体的国际法条款。为了弥补无知之幕对根本利益的理性追求的影响,罗尔斯对诸民邦的根本利益作了一个说明:诸民邦力图维护其政治独立性和包含着公民自由权种种规定的自由文化,保障其安全、领土完整及其公民的福利,维护其自尊(amour-propre),这是民邦成为万民社会之完全合格成员的所必需的"首要善"。民邦对其作为一个民邦的适当自尊的维护不同于对他们的国民安全和领土安全的自我关切,表现为追求从其他民邦那里得到的、对其平等地位的适当尊重与承认,也就是说,各民邦无论大小强弱都是作为平等者生存于世界的。应当注意的是,罗尔斯对原初位置第二次运用的说明是比照第一次运用进行的,他将民邦和民邦的公民作了类比,按照万民社会的政治观念,万民社会里的诸民邦自视为自由而平等的民邦,它们是理性而合理的或合宜的。

第三节 两种基本比较——正义规范的价值主体

在原初状态里,罗尔斯将他的两个正义原则与功利主义做了两种比较:第一种比较表明两个正义原则作为一个整体优于平均功利原则,表明它在平等方面的优势;第二种比较表明两个正义原则在互惠性或相互性方面的优势,两个正义原则不会导致让人不能忍受的后果,因为差异原则保证着最少受惠者的切身利益,社会整体及公民个人都对之负有帮助义务或责任以让他们也能够过一种体面的生活。

罗尔斯的两个正义原则是直接针对当时在思想界占据主导地位的功利主义学说设计出来的,因为在根据道德哲学传统提炼出的正义观念备选中,能够对两个正义原则提起挑战的只有功利原则,而且功利主义以其系统性和高超的建构性而拥有极强的说服力。为了保证各方对两个正义原则的选择,罗尔斯提出了两个基本比较,其中第一种比较表明两个正义原则作为一个整体由于其在平等方面的优势而优于平均功利原则;第二种比较表明两个正义原则在互惠性或相互性方面的优势,这也说明选择差异原则的理由不同于选择平等的基本自由原则的理由。

一、第一种基本比较

在第一种比较中,两个正义原则作为一个整体与单独作为正义原则的平均功利原则相比较。平均功利原则主张,基本结构的制度应该这样安排以便社会成员的平均福利达到最大化;两个正义原则主张不平等的福利分配只是在这种不平等是为着社会的最少受惠成员的最大利益时才是可允许的。在平均功利原则那里,有些社会成员是生活在平均福利水准之下的,这也是追求功利或善总额最大化的原则,它允许贫富的极大悬殊,因为只要总额的增长幅度大于人口的增长速度,而不管这种总额的增长是否惠及具体的社会个人,总能实现平均功利的增长。也就是说,在由这种原则所支配的社会里,许多社会成员是政府的视野之外的,社会成员根本没有被视作有着种种具体需要与追求的现实的个人,而只是被视作一些冷冰冰的统计数字。这也是这种原则无视不平等问题的主要原因。

平均功利原则的不足正是两个正义原则的优势,虽然两者都允许财物分配的不平等,而且都对不平等作出了限定,但是在两个正义原则那里,所有社会成员都被视作有血有肉的个人,而且它把最少受惠者即社会弱者或弱势群体凸显出来,确保经济不平等具有道德正当性,从而矫正了效率原则对于具体个人利益的漠视,这里暂且不考虑其他方面的不平等,在罗尔斯那里,差异原则主要调节的也是这种物质上的不平等。可以说,把社会最底层的利益照顾到了,这种社会发展也就是惠及全民了。最少受惠者的利益与愿望就是差异原则所采取的立场,这也是社会分配必须最先满足的最具紧迫性的要求。

二、第二种基本比较

在第二种比较中,被当做一个整体的两个正义原则与另外一种选择进行比较,这种选择通过用带有一种适当最低社会保障规定的平均功利原则代替差异原则形成,第一个原则是共同的,即平等的自由原则。这个比较实际上是在差异原则和带有最低社会保障的平均功利原则之间进行的。最低保障总是需要的,问题是什么程度的保障是适合的,这样社会基本结构应如何安排以使最大化的平均功利首先与得到保障的平等的基本自由(及其公平价值)和公平的机会平等一致,其次,与维持一种适当的最低社会保障一致。这样的混合观念罗尔斯称之为"被限制的功利原则"。可见,"被限制的功利原则"与两个正义原则在诉求上有极大的相似性,因为它们都能够保证不出现最坏情况,所以它可以被看做是两个正义原则最为强劲的对手,这也是进行第二种比较的基本理由。

罗尔斯假定,社会上存在两个群体:更有利群体和更不利群体,如果我们能够表明,两个群体都赞同差异原则,反对"被限制的功利原则",那么第二种比较就成功完成了。"被限制的功利原则"所面临的第一个困难是它应用上的推测性。因为功利主义必须假定每个人都有一个相同的功利(或效用)函数,以此为基础才能比较每个人、每个社会团体所获得的功利,同时还需要评估得失总体平衡的方法,所以应用功利原则总要涉及到起着决定作用的繁琐计算,而计算所依据的、客观性很成问题的信息通常来说是难以获得的,这种高度推测性和极不确定性必定使功利原则的应用成为高度尝试性的。在这种情况下,一些人就可以合理地主张一个群体的得超过另一个群体的失,同时另一些人同样可以合理地否定这一主张;这样,在不平等中获益的那些人就有机会利用其优势从而导致不平等程度可能过大以致损害整个社会体系的正义性。针对功利原则的这种困难,罗尔斯为论证差异原则导入了首要善理念和最少受惠者概念来简化问题以消除这种不确定性。

其次,为了更有利者的更大利益,功利原则要求更不利者在整个人生过程中接受更少的经济利益和社会利益,而且要求人们为了将来的更大利益而进行尽可能高的储存,或者要求为了什么远期利益而牺牲当前的紧迫要求,于是功利主义一再强调同情、慈善甚至无私等道德情操的重要性,没有这些道德情操,对功利原则的遵循就是一个难题。难怪有人批评功利原则说,那种要求每个人为了最高利益而做自我牺牲的道德是一种幻想的道德。这种要求比差异原则对更有利者所要求的更多,是不合理的,这会导致更大的社会不稳定性。差异原则作为一种互惠性的原则依赖于这样的反应倾向,即别人为我做了什么,我就要以同样的方式为他做什么;功利原则却将对其他人关心的必要与可能寄于同情心之类的脆弱而不确定的性格倾向之上,实际情况是,更有利者由于通常处于权威和掌握政治权力的地位而禁不住去违反任何正义原则。简言之,互惠性(或相互性)虽然要求更低,但是它更容易满足,因而所导致的"承诺的艰难"(burdens of commitment,承诺的负担)更小,比同情这样的道德情操更靠得住。

最后,被限制的功利原则也包含了一个最低社会保障的观念,但是这个最低保障在任何情况下都在某种程度上依赖于社会的福利水平,而且它要求人们把其他人更大的利益作为自己拥有更低的生活期望的充分理由。这个概念本身根本不同于公平正义中的最低保障概念,因为差异原则需要的是这样一种最低保障,它同整个社会政策一起能够最大限度地改善最不利者的终身生活前景。也许,被限制的功利原则的最低社会保障概念和差异原则的最低社会保障概念在操作的层面没有太大的差别,而且人根据其人性①(humanity)所应该得到的东西与他们作为自由而平等的公民——在其他经济社会政策由差异原则调节的情况下——所应该得到的东西也可能差不多是一样的。但是,是否一种最低社会保障只要满足了人们过体面生活所必需的基本需要,它就能够保证其承诺艰难不是过大呢? 也就是说,达到这种目的的最低社会保障是否能够保证公民们有能力与有意愿履行其代表们所选择的正义原则? 或者说,选择被限制的功利原则的代表们是否充分考虑了被代表的公民的承诺艰难? 所选择的原则是否可能导致公民们无法接受的制度后果? 为了保证承诺艰难不至于过大,所必需的最低的最低保障(lowest minimum)是什么呢?

一旦我们将我们自己视为自由而平等的公民,而我们又不能够将罗尔斯式的正义原则(包括最低保障)作为社会基本结构的公共正义观念加以确认时,被实际确认的原则所导致的承诺艰难就是过大的。对这种过大的压力,我们一般有两种反应方式:第一,我们会变得沉闷而愤愤不平,而且准备在必要时候采取暴力行动以改变我们的处境。在这种情况下,我们中的最不利者最痛苦,他们反对社会的正义观念,自视为被压迫者;第二种方式则温和些,我们变得同政治社会日益疏远,从而逐渐缩回自己的社会世界,我们有一种被忽视的感觉,因而不能在思想和行动中终生确认这些正义原则,由于这些原则不是我们的,也就不能唤起我们的道德感。可见,合适的最低保障概念不仅仅要能满足人们过体面生活的基本需要,更重要的是,要让最不利者有这样的感受:社会是为着他们的,他们是社会不可或缺的部分,其他人为了他们的善也做出了巨大的牺牲,从而他们所处的最不利境况不会妨碍他们融入公共世界,并自视为社会的正式成员。因此,我们需要的是一种源于互惠性理念的最低社会保障概念,这种最低保障概念才是真正

①　这里,人性即我们共同的人类需要,我们每个人至少应该过上体面的生活,这不仅是保持社会稳定、秩序的政治考虑,而且是使承诺艰难不至于过大的关键。罗尔斯对人性的理解基本追随密尔,人基本上是自由的,这不仅是说人有自由去完成自己的目标及人生计划,而且是指,人的自由在于他对于人生目标和理想的选择是他自己所决定的。有了这两个方面,才能说,人是自律的。根据这种人性观,一个贫穷的人并不比一个富有的人缺欠什么,在是自由的这一点上,他们是平等的。

为着社会中的最不利者或最少受惠者的,相应的,在罗尔斯那里,是财产所有的民主制度(property-owning democracy)而不是资本主义的福利国家(Capitalist welfare state)才能满足这种最低保障概念。正是在这种财产所有的民主制中,公平正义的原则才得到了充分的实现。财产所有的民主制的要旨在于其背景制度力图分散财富和资本的产权,以防止社会上一小部分人控制经济进而直接或间接地控制政治生活,而且它不是在每一阶段结束后,通过偏向弱势群体的收入再分配,而是在每一阶段开始前通过确保生产资料和人力资源的分散拥有做到这一点的。[①] 并且它不仅仅是帮助那些由于意外事故或运气不好而落伍的人,相反,它让所有公民都处于一种自己管理自己事务和在恰当的平等条件下在相互尊重的基础上参与社会合作的位置。

而资本主义的福利国家的目的在于确保每个人都不至于落到体面生活的标准线下,通过事后的收入再分配补贴那些遭遇意外和不幸的人,以失业救济和医疗保障(medical care)等方式救助这些经确认需要帮助的人。如此说来,福利国家制度允许那些与政治自由权的公平价值不相容的、巨大的、可继承的财富不均和违反差异原则的过大的收入差距。与福利国家相比,财产所有的民主制的基本制度从一开始就把生产手段置于所有公民手中以便他们成为一个社会的完全合作成员,而不只是让他们过上一种体面的生活。这种制度通过继承法和遗赠法等具体的法规保持资本和资源长期而稳定的分散拥有,通过教育和职业培训确保公平的机会平等,其重点还在于那些保证政治自由权的公平价值的制度安排。所以,差异原则的完整力量在财产所有的民主制(或自由社会主义政体)背景里才能得到充分的展现:它是一种互惠性或相互性的原则,这种原则把社会视为自由而平等公民间的世代相继的公平合作系统。可以说,差异原则是真正为着弱势群体的,现在的问题是弱势群体如何确认?

三、弱势群体的确认

对于这个问题,罗尔斯起初给出的回答很粗略,其中一种方式是,选出

---

① 参阅《正义论》修订版前言(英文),第15页。

一个特殊的社会职位,例如没有技能的工人,然后把收入比这群人的平均数还低的那些人算做处于最不利地位者;另一种确认方式是把那些收入水平比社会平均收入与财富的一半还低的人当作属于处于最不利地位者;或者处于最不利地位者被界定为那些在出身、才能和运气等方面都比一般人差的人……这些确认方式虽然简单,但是太过技术化,而且判定标准只涉及社会首要善(primary goods)中的收入与财富,这显然不符合人类生活的经验:决定一个人在社会上的位置的不只是他的收入与财富拥有水平,还包括权力、权威、机会等极可能带来物质财富的东西。

首要善是公民们全面发展和充分运用他们的两种道德能力以及追求他们确定的善观念所必需的那些社会条件和适于一切目的的手段。对首要善的界定后来立基于关于人的政治观念①,从这种观念看来,人作为公民是自由而平等的、完全的社会合作成员;这些善是公民作为自由而平等的个人度过其整个人生所必需的东西,而不是纯粹理性地向往、欲求和喜爱的对象。但是究竟什么东西才能算做首要善呢? 这依赖于各种一般事实如人的需要和能力,他们正常发育所需要的条件,相互依赖的社会关系等。立足于民主社会中人类生活的正常环境,罗尔斯给出了如下的首要善指标:

(1)基本的权利和自由,包括思想自由、良心自由、政治自由(如政治活动中选举和被选举的权利)、结社自由、由人身的自由和(身体的和心理的)健全所规定的权利和自由以及由法治所涵盖的权利和自由等。对于两种道德能力的全面发展和充分运用而言,如运用这些能力评价基本制度和社会政策的正义性及追求各自的善观念时,这些权利和自由是必需的、基本的制度条件。

(2)拥有各种各样机会的背景条件下,移居的自由和职业选择的自由,这些机会允许人们根据其能力和所面临的环境制定理性的生活计划,追求各种目标,也允许修正和改变这些目标。

——————————

① 罗尔斯对首要善的最初界定是,无论一个人的目标体系是什么,他都需要某些首要的善——或自然的或社会的——作为必要的手段。参阅《正义论》何怀宏等中译,第93—94页。

（3）在基本结构的政治经济制度框架中，占据担当一定责任与享有权力和特权的各种公职和职位（powers and prerogatives of offices and positions of responsibility）为各种自我管理的实现和自我的社会性能力的形成提供了广阔空间。

（4）收入和财富，它们具有交换价值，被理解为达到众多目标通常所需要的适于一切目的的手段，而无论这些目标具体是什么。

（5）自尊的社会基础，它们被理解为基本制度安排的一些方面，这些方面对于公民是否能够真切地感受到作为自由而平等的道德人格的价值和他们是否能够自信地推进其目标都是极为重要的。① 这涉及公民的基本能力和根本利益，即发展与实践两种道德能力以及为这些道德能力服务的理智能力。

两个正义原则就是按照它如何调整公民所分享的首要善份额来评价社会基本结构的，差异原则所讲的不平等是指公民在整个人生中对首要善的理性期望即生活前景方面的差别。在良序社会里，即所有公民的平等的基本权利和自由及公平的机会都得到了保证的社会里，最不利者是指拥有最低生活远景的收入阶层。说收入和财富方面的不平等应该按照有利于最不利者的最大利益来安排，只不过意味着我们应该通过观察在每种体制下最不利者的境况改善了多少来比较各种合作体制，然后选择一种，最不利者在它下面比在任何其他体制下都更好②。所以在罗尔斯看来，辨认最不利者必须考察他们的收入和财富拥有状况，最不利者不是一个严格的标示，它指的是各种可能的合作体制里境况相近的个人，最不利者只是在某种特殊合作体制下变得最糟的人，因此要保证"最不利者"这个概念的操作性必须注意这个概念所表示的意义的相对性与比较意味。所以罗尔斯强调，作为首

① 参阅《正义新论》中译本，第17节；《社会统一和首要善》（1982年），载《罗尔斯论文选集》，第366页。

② 这正如圣雄甘地所言，我们在每逢需要做出一项决定时，就要想到我们所碰到过的最穷苦的人，然后问一下自己，这个决定会对那个穷人带来什么好处。（［英］阿伦·布洛克：《西方人文主义传统》，董乐山译，三联书店1998年版，第275页）这是甘地传给印度领导人的法宝，甘地是印度反抗英国统治的非暴力抵抗运动的领袖，重视公民的非暴力抵抗权利与传统的罗尔斯应该很熟悉甘地的教诲。

要善的东西不是作为一种对待自己的态度的自尊,而是维持这种自尊的社会基础。这些社会基础包括公民拥有平等的基本权利这样的制度性事实,包括对这一事实的公共承认,包括每个人对差异原则的赞成等,我们考察的不是公民的福利总额,我们不按照某些道德的、团体的或个人的理想来思考他们的善,我们力图保证的只是使他们成为正常的社会合作成员的能力,无须衡量他们道德能力和其他能力的大小及实现程度。① 这样关于首要善的解释完全属于作为一种政治的正义观念的公平正义的范畴,这些善是自由而平等的人作为公民所需要的那些东西,这是一种不完全的善观念(a partial conception of the good),它不能与任何特殊的全能教义式的宗教、哲学和道德学说所表达的善观念或几种这样的学说在我们对全备性的善的关切中所可能共同拥有的观点所表达的善观念混同起来。公平正义观念对首要善的解释进路不是平均功利主义的,即首先观察社会中实际存在的全能教义所表达的善的指标,然后对这些指标求一平均值,即被秉持着对立教义的这些人当作保护机制的和作为适于一切目的的手段来需要的东西的平均值;而是从作为一个公平的社会合作体系的社会这一基本理念开始,逐步发展出一种政治观念,而将各种全能教义放在一边,我们主张的不是首要善对善观念的公平,而是首要善对自由而平等的公民的公平,这样做的优势在于这种对于首要善的界说能够赢得以公平正义为核心的重叠共识的支持。

四、照顾(补偿)弱势群体的原因

为什么要特别注意最不利者呢? 在罗尔斯看来,首先,一种合作冒险的事业所产生的好处如果惠及了这个社会中的最不利者,那么就可以说这项事业造福了全民。而个人参与一种社会合作体系其原因就在于他们想获得比他们个人单打独斗更多的好处,所以这种造福于全民的结果让所有社会成员都觉得自己得到了自己有权获得的东西,从而会作出这个合作体系是正义的结论。很显然,这种判断是有助于社会合作体系的长期稳定的,反过来,这种稳定有序的社会是每个人梦寐以求的,所以关心社会中的最不利者

---

① 参阅《正义新论》中译本,原注 61、62。

是有利于该社会的每个成员的。其次,根据一种关于人的政治观念,每个人都被看做是自由而平等的道德人,每个人都有权要求过一种体面的生活,社会也应该确保他们能够成为完全的终身的社会合作成员,而保证最不利者拥有各种首要善就是为了满足这种关于人的政治观念,这是一种最起码的要求。再次,在天赋才能(native endowments)的分配中,我们所占据的位置对于我们而言不是应得①的,因为天赋才能的分配是一种共同资产(common asset),所以所有社会成员都应共享这种分配所产生的益处。注意这里被看做共同资产的是自然天赋的分配,而不是自然天赋本身,一方面各种自然天赋只能为个别的人所拥有,作为所有权主体的不能是虚位的社会,另一方面这表明我们所应共享的是天赋才能的分配结果所带来的好处,因为存在差异的才能(或相同种类或不同种类)只有以某种方式组织在一起,这些差异的才能才可以实现巨大的优势互补。罗尔斯以一个交响乐团可以奏出美妙的乐曲为例说明了这种整体功能大于部分功能甚至充分发展的各部分功能机械相加的现象,每一个演奏者擅长自己的乐器,在乐团指挥的指导下又懂得与其他演奏者的配合,这样尽善尽美的各种乐器的演奏合在一起就是美轮美奂的协奏曲,这其实是比较优势的整体发挥的结果。再其次,那些或由于出身贫寒或由于遭遇意外或经历坏运气而陷入最不利者境地的人是不应得他们所处的这种惨境的,因为导致他们陷入惨境的是一些他们不可能加以改变的不可抗力,也就是说这种结果不是他们的选择所

---

① 根据罗尔斯的归纳,在日常生活中有两种应得概念:第一,严格意义上的道德应得(moral desert)观念,它独立于现存制度规则得到规定,由全能教义赋予,是一个人的整体品质所具有的价值,这种品质是一个人的卓越之处,通常关涉具体行为的道德价值,这是罗尔斯明确反对的道德应得概念;第二,是指合法期望(legitimate expectation)的观念和伴随它的资格观念,这正是罗尔斯所主张的。在公平正义中,个人的合法期望和资格由社会合作体系的公共规则所规定,个人被允许做什么依赖于这些规则规定他对什么拥有资格,而他对什么拥有资格又依赖于他做过什么,即是说,在一个良序社会中,接受了正义制度中某个地位的个人由于做了公共规则所鼓励的某些事而尽了自己维持正义制度的义务和尽自己份额的责任,因而他有要求获得分享一份社会产品的权利,并有权要求其他人相应地这样做。满足差异原则的合作体系就是这样的规则体系,它被用来鼓励个人培养其能力,并为着共同的善而运用这些能力。(参阅《正义论》第48节;《正义新论》中译本,第20节,第117—119页)所以,应得不是按照个人的道德价值来奖惩个人,而是一个正义体系分配给每个人以正义体系本身规定的他有权要求和有权得到的东西(经济和社会利益)。

致;这同样与那种关于人的政治观念相关,即公民作为自由而平等的个人这一点是与他们在生存上处于何种实际境地无关的。当然堕入惨境的人如果是自作孽则不可活。最后,在公平正义中,分配是按照合法期望和挣得的资格进行的,这些期望和资格由社会合作体系的公共规则加以规定。实现这些期望和资格是人们进行合作的目的所在,如果不顾那些由于各种偶然因素而落入最少受惠者惨境的人,就是无视他们的合法期望,也就背离了社会合作的目的。所以整个社会和公民个人对最不利者负有帮助的义务或责任,天有不测风云,人有旦夕祸福,这也是互惠性理念的要求,既不要求人们做到利他主义的无私奉公,也不允许人们为着一己的狭隘私利的、不惜相互损害的相互利用。

第四章　行为主体与规范客体

——谁是规范约束的对象

　　罗尔斯的正义理论作为一种规范理论终究是要约束人的行动的,倘若不能为特定的人群所遵循,那么规范作为规范也就失去了意义,制定规范的指导理念也就只能停留在某些人的头脑中。罗尔斯的两个正义原则主要是用来指导社会基本结构设计的,社会政治经济制度的设计者的制度设计与变革活动要以两个正义原则为基准,尤其是法律制度的设计要满足公平正义理念,这样的法律才有资格要求公民的严格遵循。而公民对正义规范的遵循不是对规范惩罚的慑服,而是对规范的认可和自主地遵从——这意味着公民的一种道德情操即正义感使得公民对守法有一种本分感(sense of duty),而且由于正义规范得到了"重叠共识"的支持。满足公平正义精神的规范如何能够得到公民的共同认可呢? 这是正义原则的公共性论证问题,在罗尔斯那里也体现为自由民主社会的稳定有序问题,它牵涉到对异己的他人的理解。由于他人所具有的不可消除的异质性,人们相互的宽容就显得尤为重要,不同文化、传统和民族-国家之间的宽容更加可贵。

　　正因为此,法律规范还需要特定的人员或组织来推行,这些推行法律规范的人员或组织被称为"规范的执行主体"。其实在一般意义上,这些执行主体也是规范的约束对象,他们之所以被称为"规范的执行主体"是由于其特定的身份或所扮演的特定角色的要求:他们作为执法者(考虑到规范的层次,他们同时也可能是立法者)要公正地裁决人们之间的各种纠纷,对于被裁判者而言,他们就是如同立法者。

每个人在依照规范的要求行动或作为规范的执行者的同时,也是自己的理智活动和实践活动的主体;作为自己活动的主体,每个人的利益、愿望与尊严都是不容侵犯的。而每个人在是自己活动的主体的同时,往往也是规范约束的对象,即作为规范客体,他们是必须遵循相应规范的;每个人作为规范客体的身份要求他们在追求自己利益的过程中必须有所克制,在为自己打算的同时,也要为其他相关人打算。

本章最后以公共理性的运用为例,特意考察了法官在判案时对正义规范的贯彻和公民、政府官员等在根本政治问题上对正义精神的体现。

第一节 合理而理性的个人——一般意义上的行为主体

罗尔斯对人的理解可以说是康德式的①,但是他所理解的人即道德行动主体不是先验的,而是无一例外的,每个人都拥有两种道德能力即获得有效正义感的能力和形成理性的善观念的能力,这两种能力关系到人们对规范的态度:敬畏的态度和工具的态度,这与康德所做的两种行为区分相似,即出于规律的行为和合乎规律(责任、规范)的行为。前一种态度依循的是德性原则,后一种态度遵循的是幸福原则;前者意欲成为一个善良的人,后者则意图成为一个幸福的人。

以两个正义原则为核心内容的正义规范,通过原初位置的理性设计,由假想的、自由而平等、合理而理性的公民的利益之忠实代表选择

---

① 确切地说,20世纪80年代以来,罗尔斯认为,我们应该以我们作为自由而平等的公民身份出发来思考正义,对正义问题的思考不再依赖一种先验的康德式个人观念和自律理想。也就是说,罗尔斯不再认为,正义行动的愿望部分地来自充分地表现我们是什么和我们能够成为什么的愿望,即来自想成为具有选择自由的自由而平等的理性存在的愿望;而是立足于现实立宪民主社会的公共文化传统,即从作为(自视为)自由而平等、理性而合理的个人的公民之间的公平社会合作体系之基本观念、实践理性诸原则以及一种政治正义观念所起的公共作用出发,借助被设计出来(laid out)的建构程序(原初位置理念)建构出具体规定政治正当与政治正义之内容的实质性原则以规约公民之间的公平社会合作关系和社会基本结构的安排。参阅《正义论》修订版,第225页;中译本,第255页及《政治自由主义》平装本版,第104页;中译本,第110页。

出来,对于此时此地的你和我即我们而言,这些正义规范如同经过我们自己的理性订立,因为选择正义原则的代表是我们为了实现自由而平等、合理而理性的公民理想所虚拟出来的。而且这些正义原则经过了反思平衡测试,所以我们对正义规范的遵从在理论上是没有问题的,罗尔斯在这里遵从的也是"理性为人立法"即"自我立法"的思路。如果立法能够完全贯彻这种自主的精神,那么法律的遵循便是没有丝毫困难的。

一、遵循规范的原因

但是,现实社会中,人们对规范的遵循一般出于两个原因:第一,对规范的偏离将导致他人的敌视反应或法院的制裁的到来,基于对由惩罚所带来的巨大损失的恐惧,人们会选择遵守规范。这种规范遵守模式经常伴随着利弊得失的权衡:如果得大于失,人们则会选择违反规范,所以以预测偏离规范的后果为根据只能部分解释对规范的遵循;第二,对某些规则的遵循是因为人们认识到规则背后的社会压力的重要性和严厉性,是因为人们确信遵守规则对于维护社会秩序或社会生活的某种极高价值(如和平、秩序与正义等)是必需的,所以遵守规则即使无益于自己、有益于他人,人们还是会选择遵守规则,他们觉得自己有义务去做规则所要求的事,即使其中包含着牺牲或克己。这样的话,人们同规范的关系就有如下两种:第一,人们作为一个本人并不从内心接受这些规则的观察者,对规则采取完全的工具或计算的态度,人们在此时是精明的投机者,只要得大于失,只要有机可乘,他们就会违反规则;第二,人们作为一个接受这些规则并以此为行为指导的群体的成员,会以规则为行事的依据。作为规范的外在观察者,人们通常将偏离及随之而来的敌视反应和实质惩罚联系在一起,并能相当准确地预测到:偏离群体的正常行为将受到敌视反应或惩罚,而且可以估量其可能性。这是从行为主体的片面视角看待规范,而作为必须受规范约束的行为主体,人们就生活在对规范的这两种态度的张力之中:一方面是大量拒绝这种规则,仅从把规则作为可能惩罚之征兆的外在观点出发才注意这些规则的人;另一方面是许多接受规则、自愿合作以维护规则,并因而从承认、接受规则的内在观点来看他们自己和他人行为的人。① 可见，对规范的可靠遵循要依赖后一种对待规则的态度，即以规范为依据而不是仅仅以规范为手段、为工具。其实这种尊重规则、以规则为依据的态度从发生学上讲，是一种自愿行为：一方面，它是人们交往、互动的成功经验的总结，也就是说，如果无视这些有益于交往的规则，要达到成功、互惠的交往简直是不可能的；另一方面，它不是任何交往当事人的特殊意志的完全表达，每个当事人对它的形成实际上都有影响，虽然有强弱的差别，但是再强的个别当事人也不能说某个规则（体系）就是他的意愿的完全实现，在此意义上，我们可以说，任何一项成功延续下来的规则是反映了每个当事人的利益与意志的，所以，作为自己思想和行为的主体的每一个当事人都是规则的制定者。这类似于恩格斯所说的历史发展的"合力论"，斯密所说的"看不见的手"，或哈耶克所说的抽象的"正当行为规则"。

但是如果我们截取一个具体的社会来进行分析，就不得不承认有许多特殊主体人为设计的或作为向他人学习之结果的规则，在以国家强制力为实施的保障的规范层次，这样的规则更多、更普遍。对于大量的这类规则，当事人如何能够养成这种以规则为依据的态度呢？这需要考虑规范主体和行为主体的关系，如果行为主体本身就是规范主体，那么规范就是自己制订的，是自己同意或承诺过的，按照守诺或忠信的自然法原则（the principle of fidelity），人们没有理由违反规范。当然经常的情况是规范主体在数量上、涵盖面上要远小于行为主体，所以对规范的遵循问题还要考察规范或规则的来源即制订方式和规则的效力阈以及规则所可能约束的人的道德情操即正义感。

二、一般意义上的行为主体

在罗尔斯那里，制订规则的人即规范主体最终是自由而平等、合理而理性的公民，受规则约束的也是这些被视为自由而平等、合理而理性的公民。

---

① 参阅［英］哈特：《法律的概念》第五章，张文显等译，中国大百科全书出版社1996年版。

规则作为公民代表的虚拟建构活动的产物当然首先应当从对公民本身的理解开始,对公民的自由而平等的方面,第二章第二节已有具体的阐述,这里主要考察合理而理性的方面。

　　合理与理性理念①(the ideas of the reasonable and the rational)(还有合理的全备性学说理念)对于重叠共识极为重要,因为重叠共识意味着对规范的一种志愿承认,意味着对规范的一种公共证明。重叠共识对下述问题的解决起着一种中心作用,这个问题即被合理的宗教、哲学和道德学说所深刻分离着的自由而平等的公民所组成的社会之正义而稳定的长期存在如何可能? 在《政治自由主义》第二讲中,罗尔斯给出了自己的答案:如果社会的基本结构被一种政治正义观念有效地调整着,这种政治正义观念至少是公民们所确认的、各种合理的全能教义的重叠共识的核心所在。这样,这种共享的政治观念就成为了有关西方宪政根本和基本正义问题等根本政治问题的讨论中公共理性运用的基础。② 所以,合理与理性理念对于理解罗尔斯的思想转变(从一种全能教义式的道德学说到一种政治观念)是十分关键的。

　　罗尔斯并未直接给合理(的)(the Reasonable,有理性的、能讲理的)下

――――――――――

　　① 按照通常用法,理性的(rational)是从经济学视野对人(包括自然人、家庭和企业法人)的行为特征之描述,合理的(reasonable)是对具体事态的刻画。在我看来,rational(ity)是人之 reason 的一个方面在哲学思想史上,理性主义经常用 rationalism,这是一种有着浓厚工具(合)理性和人的计算理性片面张狂色彩的观点,这同样体现出明显的个人主义预设;作为名词的理性用 reason,reasonable 表明有一个他向的维度。罗尔斯也认为,对"合理(的)"和"理性(的)"进行区分可以追溯到康德,他最早对人的理性(能力)进行批判。在康德那里,绝对律令和假言律令的区分正好表现了罗尔斯对"合理的"和"理性的"的区分,前者代表纯粹实践理性,后者代表经验实践理性。在与罗尔斯同时代的学者中,W.M.塞布雷(Sibley)专门撰文《理性的与合理的》(载《哲学评论》第 62 卷,1953 年 10 月号,第 554—560 页)对合理与理性的区分进行了富有启发的讨论。罗尔斯明确承认,他的见解与塞布雷的基本一致,即:知道人们是理性的,意味着我们不知道那些他们将会追求的目的,只是知道他们将会理智地(或经济地)追求这些目的;知道人们在关涉到他人的情况下是合理的,意味着我们知道他们志愿用一种原则来统领其行为,而这一原则是他们和其他人推理的共同根据,合理的人考虑其行为对他人福利的影响;合理的倾向并不派生自理性,也不同理性相反对,合理与唯我论不相容,它是一种道德地行动的倾向。(参阅《政治自由主义》,第 49 页)罗尔斯对二者的区分更为具体和精细,这在本节将有比较详细的论述。

　　② 参阅《政治自由主义》平装本英文版,第 48 页;中译本,第 49 页。

定义,只是说明了合理作为个人美德的两个基本方面。我们有一种基本的欲望,使得我们能够在其他人不能合理地拒绝的根据上,向其他人论证我们的行为,也就是去找寻那些为有着相似动机的其他人所不能合理地拒绝的欲望。这种欲望的两种相互关联的表述就是合理的两个基本方面:第一,人们是合理的,因为他们乐意提出和遵循那些作为公平合作条款的原则和标准——在考虑到有"其他人也会这么做"这样一个保证的情况下;第二,承认判断的艰难(the burdens of judgment)并接受其结果的意愿,这些结果是在指导西方立宪政体中政治权力的合法运用时,为使用公共理性而必须接受的。

合理的个人不是为一般意义上的普遍善所驱动而是欲求一种社会世界。在那里,他们作为自由而平等的公民,依照所有人都能接受的条款与其他人合作以促进自己的善观念的实现;他们坚持认为,在这一世界中应该主张互惠性以便每个人都能够与其他人一道获利。

在罗尔斯那里,(合)(经济)理性(的)①(the Rational)是一个根本不同于合理理念的理念,它适用于单个的、有统一性的行为主体,或者是自然人或者是法人。这个行为主体具有判断和慎思的能力,并且寻求独属于他的目的和利益。理性涉及这些目的和利益的形成、确认,各自的优先性如何给定:理性行动者根据目的对于其作为一个整体的生活计划的意义、根据目的的一贯性和互补性来权衡诸目的;涉及手段的选择:在其他条件相同的情况下,采用最有效的达到目的的手段或选择概率更大的方案。理性行动者不仅仅是自利的(self-interested),他们同时还有各种各样的对于个人的感情和对社群、对工作场所的依恋,包括对国家、对自然的爱。可见,理性行动者所关注的一切都是围绕他/她自己的需要与愿望。但是,他/她缺乏某种特

① 为避免引入任何有争议的伦理因素,罗尔斯认为理性概念(rationality)必须被给予尽量狭义的解释,这个解释就是采取最有效的手段以达到既定的目的,这是经济理论中的标准解释。必须明确的是,根据这种工具合理性概念,一个目的的合理性要以它是不是达到另外一个更高层次的目的的手段来定,而对于作为所有目的之根据的最终目的的合理性问题,这种理性概念所抱的态度却是不理性的,它往往需要借助决断论(decisionism),于是,整个人生计划的最后基础最终落在一个偏激选择(radical choice)上。这里说的"理性(的)"是严格经济学意义上的,与理性(reason)不是一回事。

定的道德敏感性,这种敏感性隐含在依据其他人作为平等者也有望去遵从的条款以参与公平合作的欲望之中。

相互区别的合理与理性在公平正义理论中是如何联系在一起的呢？罗尔斯在《政治自由主义》中明确提出:这两个理念是相互补充、相依而存的,不能像高西尔所认为的那样①,从理性可以派生或推导出合理。合理对应着获得正义感的道德能力,理性对应着形成善观念的道德能力,它们一起规定着公平合作条款。

罗尔斯通过原初位置理念具体说明合理与理性之间的联系,理性始终受到合理的限制,"合理以理性为先决条件,并使理性处于从属地位"②。合理以理性为先决条件,因为纯粹合理的行为主体可能没有他们想通过公平合作来促进的自己的目的;合理又使理性处于从属地位,因为纯粹理性的行为主体会缺乏正义感,不能承认其他人要求的独立有效性。诚然,这里并不否认由于特殊的忠诚或迷恋,这些纯粹的理性行为主体会承认其他人的要求,但这种承认不是对其他人要求之独立有效性的承认。合理的原则限定着——若是在一个康德主义学说里则应该说是绝对地限定着——人们所能追求的各种目的包括终极目的。

在原初位置里,各方作为理性自律的建构主体其慎思③就是在合理所表达的限制条件下进行的,这些条件包括公共性条件、无知之幕、各方相互处境的对称性和基本结构是正义第一主题等。罗尔斯对合理与理性二者关系的理解反映了康德所阐发的"实践理性的统一性特征"④,用康德的话说,经验实践理性由各方的理性慎思表达着;纯粹实践理性就是这些慎思发生于其中的限制性条件。实践理性的统一性通过把合理界定为为理性确定框

---

① 大卫·高西尔(David Gauthier)在《协议的道德》(*Morals by Agreement*,1986年由Clarendon出版社出版)中明确主张:如果合理能够从理性中派生出来,即如果某些确定的正义原则能够从被置于适当情境中的纯粹理性的行为主体的偏好或决定或协议之中推导出来,那么合理最终就被置于一个确实的基础之上。果真如此的话,道德怀疑论问题也就被解决了。

② 《道德理论中的康德主义建构论》,载《罗尔斯论文集》,第317页。

③ 慎思理性(deliberative rationality)这个概念是从西季威克那里借用的,慎思即理性人对于自己所采取的选择所可能产生的后果所进行的缜密考虑和精确计算,它意味着智慧与老到。

④ 参阅《罗尔斯论文集》,第319页。

架并使之绝对从属于它而得到表达,这就是说,在良序社会①里,被一致同意的正义原则在其应用中对于各种善要求是具有词典编辑式的优先性的。这表明,在一个实践推理的框架里,合理与理性是统一的,正是这种推理确立了合理相对于理性的严格优先性,即正当优先于善,这是康德主义建构论的特色。

三、"合理的"的表达:正义感

具体到个人或一定的群体身上,"合理"是如何得到表达的呢? 在罗尔斯那里,是通过正义感或者说合理感或正当感这样一种道德情操来表征的。现在的问题是,这种道德情操在现实社会生活里是怎么形成的呢? 罗尔斯根据对道德发展的概述来考察公民正义感的形成及由正义感所保障的公平正义的相对稳定性。

受皮亚杰②《儿童的道德判断》一书的启发,罗尔斯指出正义感的心理学建构由以下三个相继的阶段构成:权威的道德、团体的道德和原则的道德,分别对应着个人社会化过程和道德学习的三个阶段或场所:家庭、各种团体和社会。

罗尔斯假定一个良序社会的基本结构包括某种形式的家庭,而孩子们从一开始就处于父母的合法权威之下。在任何情况下,儿童的缺乏知识和理解力的境况都使得他没有能力去估价那些权威人物如父母告诉他的准则和命令的正当性。根据道德心理学三法则之第一法则:假如家庭教育是正当的,假如父母爱那个孩子,并且明显地表现出他们关心他的善;那么,那个

---

① 在良序社会里,每个人的基本物质需要的满足不是问题,唯有如此,他们才能实际地享受那些基本自由与权利。

② [瑞士]让·皮亚杰(Jean Piaget,1896-1980)是著名儿童心理学家,日内瓦心理学派创始人,提出"发生认识论",主要著作有《发生认识论》、《儿童的判断和推理》等。在《儿童的道德判断》一书中,皮亚杰分析了负罪感的三种形式或发展阶段即权威负罪、团体负罪和原则负罪,具体而言(1)不服从双亲或长者之类"权威"就感到罪疚;(2)对友情的背叛,朋友之间不守信誉以及脱离"团体"都是有罪的;(3)经过以上两个阶段,达到了原则负罪的阶段,在同胞意识中,自己的行为对于没有与之结伙的他人造成了危害,也会感到是"犯罪"。受此启发,罗尔斯提出道德情感发展的三个阶段即权威的道德、团体的道德和原则的道德。

孩子一旦认识到他们对于他的显明的爱,他就会逐渐地爱他们。由于他爱并逐渐信任他的父母,他也就倾向于接受他们的命令,而且他在父母的言传身教之下,倾向于成为父母那样的人。同时,如果他没有按照父母的指令行动而向种种诱惑让步,他就倾向于按照父母的态度责备自己的行为,坦白自己的越轨行为,寻求父母的宽宥,这里存在着对权威的罪疚感。权威道德阶段的典型特点是存在着一个道德楷模,他是被爱的、被信任的,明确遵守权威的准则是每个人的事。所以这个阶段的道德是儿童阶段的特殊境况和有限理解力所导致的,是暂时的,在现实中,与此相似的是神学的权威的道德。这个阶段受到珍视的德性是对权威的服从、谦卑和忠诚,主要的恶是不服从、反抗和轻率。

如果说儿童的权威的道德主要由准则构成,那么团体的道德就是适合于个人在不同的团体中的特定角色的那些道德标准,包括常识的道德规则和与个人的具体职位相适应的道德要求,这些标准由权威人物或社团的其他成员的称赞与非难而形成。社团的道德包含着大量的理想,每一个又是以适合于各自的身份或角色的方式被规定的。我们的道德理解力随着我们在生活中经历一系列的职位而不断提高,与之相应的理想系列又要求着更高的理性判断和更精细的道德区分,于是,不得不遵循一定的理想相当自然地导向了一种原则的道德。

与第二个阶段相应的道德心理学法则是假如一个人由于获得了与第一法则相符合的依恋关系而实现了他的同情能力,假如一种社会安排是公正的并且被人们了解为公正的,那么,当他人带着显明的意图履行他们的义务和职责并实践他们的职位的理想时,这个人就会发展同团体中的其他人的友好情感和信任的联系。

在第二个阶段,人们逐渐认识到他们与其他人由于各自在合作系统中的不同位置而有不同的事要做,而且意识到其他人的观点与我们的不同,从而懂得从他人的外在表现确定他人的真正观点如他们的首要需要与欲望、在他们那里起支配作用的信念或意见,进而根据这些设身处地调整自己的行为。这样一旦没有恪尽职守,人们就会体验到一种对团体的罪疚感。

原则的道德是社团的道德的更复杂形式,参考第三个法则即假如一个人由于形成了与第一、第二条法则相符合的依恋关系而实现了他的同情能力,假如一个社会制度是公正的并且被人们了解为公正的,那么,当这个人认识到他和他所关心的那些人都是这些社会安排的受惠者时,他就会获得相应的正义感。我们知道人们已经产生了对许多具体的个人和共同体的依恋感,也倾向于遵循那些在他们的各种位置中适合于他们并且仅由于社会的称赞或非难才得到人们遵循的标准。人们也基本具有了对正义原则的理解力,从而向往成为一个公正的人。

在罗尔斯看来,正义感至少以两种方式表现出来。首先,它引导我们接受适用于我们的、我们和我们的同胞们已经从中获益的那些正义制度,并实际地维护这些安排,即使被我们捉弄、伤害的人同我们没有具体的同胞关系,我们也会感到罪疚;对正义的共同的忠诚提供着一种统一的观点,据此,人们裁决他们之间的分歧。必须注意的是,这里的罪疚感不同于权威的、社团的罪疚感,是一种严格意义上的罪疚感,道德情感不再主要依赖于对于具体个人或团体的友谊和信任联系,而是由独立于这些偶然性而被选择的正当观念所塑造。当然在原则的道德阶段,我们对于具体个人和团体的自然依恋仍然占有适当的位置。

其次,正义感产生出一种建立(至少是不反对)正义制度以及应正义的要求改革现存制度的愿望,我们希望按照正义的自然义务去建立公正的安排。

从罗尔斯对道德的发展或者说正义感形成历程的考察来看,正义感的形成与强化是在人的社会化过程中进行的,而且一种现实的或假想的正义制度作为背景始终在起着积极作用。可以说,罗尔斯对正义感的分析是社会心理学的。但是在《政治自由主义》第二讲中,罗尔斯第一步明确表示他所分析的心理学是哲学的而不是(实验科学意义上的)心理学的,即是说,正义感并不源于对先验人性的某种科学考察,而是源于表达着某种政治的个人观念和公民身份理想的民主社会的政治文化传统,正义感并不预设任何关于人性和社会的观点,只是假设(1)人能够成为合理的和理性的,并从事公平的社会合作;(2)我们大部分人的全备性学说不是完全全备性的,从而一旦自由主义思想发挥作用的方式受到了赞赏,就能够为发展出对它的独立忠诚留下空间,从这两个假设出发,自由主义的正义观念才可能从一种纯粹的权宜之计发展成为一种重叠共识。尤其是后一个假设,由于它是现代民主社会持久性的合理多元论事实的主要表现,它才更深刻地造成了人们对主张中立①的自由主义政治制度的忠诚。但是罗尔斯主要考察的只是人们之间相互善意的一面,明显缺失对相互恶意的情感的有力分析与关注②。

第二节　罗尔斯理论的个人主义立场

在《正义论》的开篇,罗尔斯理论的个人主义性格就有所表现:"为了确定各种理念,让我们假定这样一个社会,它是由一些个人组成的具有或多或少自足性的联合体,这些个人在他们的相互关系中认识到某些行为规则对他们具有约束力,而且在绝大部分情况下,他们依照这些规则行为。再让我们进一步假定,这些规则说明着一个旨在推进那些参与其中的个人的善的合作系统。"③这表明罗尔斯的立论基点是理性而合理的个人,这种个人对于他们所组成的社会有优先性,这就是自由主义理论所坚决主张的"方法论的个人主义"。

一、"个人主义"在西方的含义及中国人的理解

通过考察"个人主义"的发展史,我们知道"个人主义"这一概念的使用

---

①　当然罗尔斯的政治自由主义所主张的中立并不是绝对的与价值或善恶无涉,它只是对人们所秉持的不同的全能教义或宗教的或世俗的真谬性持中立态度,既不肯定也不否认其真,而只有其是合情理,这其实就是一种价值态度,它禁止追求一切同止当或权利原则相冲突的善观念。

②　罗尔斯对他的做法有清醒的认识:一方面尽一切可能让正义原则的"选择"免受偶然因素的影响,包括妒忌之类的特殊心理的影响;另一方面论证由正义原则调整基本结构的社会能够通过这些偶然因素的检验。他自豪地说,分两步证明的程序的根本优点是没有任何一组特殊的态度被当作前提。参阅《正义论》英文修订版,第465页;何怀宏等中译,第534页。在罗尔斯那里,正义感是人们成长于由正义原则所调整的社会中的结果。

③　《正义论》修订版,第4页;何怀宏等中译,第4页。

极不精确,在不同国家、不同时代的不同思想家那里,其涵义是复杂多样的,涵义的各要素之间又是相互矛盾的,这种复杂性可能是中国人对个人主义取简单的贬义理解的主要原因。

跟社会主义、共产主义一样,个人主义也是 19 世纪的术语。"个人主义"(individualisme)的最初涵义是由 19 世纪初期的保守思想家在反思法国大革命及其启蒙思想根源时所赋予的,这些保守思想家一致谴责诉诸个人的理性、利益和权利。他们认为法国大革命证明了这样一点:高扬个人有害于国家稳定,会把一个国家整体瓦解成一些混乱的、反社会的、不文明的、互不相干的基本要素。最早使用"个人主义"这一术语的是法国天主教复旧派思想家约瑟夫·德·梅斯特(Joseph de Maistre),在他看来,当时的社会已经病入膏肓,因为欧洲的自由太多而信仰不足;个人的理性本质上是所有共同体的死敌,它的大行其道将会导致神界和俗界两方面的无政府状态。在他眼里,绝对正确是维持社会稳定与秩序的必不可少条件,政府是一种真正的宗教,有它的教义、秘密仪式和神父,把它交给个人讨论意味着对它的毁灭;所以他希望个人的心灵融入到民族的心灵之中,如同一条汇入海洋的河流,存在于水的整体之中,但已经无名无姓,没有了独特的实在。① 这也许是个人主义在有着集权传统的中国受到憎恶的主要原因:个人主义把个人的独立自主推向了极致,个人的理性②就是他的法律、真理和正义,理性的个人化使得客观性和公共规范缺失,因而会摧毁服从和责任观念,会毁灭权威和法律,剩下的只有利益、激情和歧见的相互争斗,从而导致人心涣散,导致政治上的无政府主义,最终会瓦解人类社会的真正基础。的确,个人主义的某种形式尤其是在它反对等级制和集权主义而出现的初期容易造成这样的破坏性后果,对传统的等级制秩序会有损害,对社会的内聚性会是一种威胁;但是这些保守思想家在谴责个人主义的同时,也犯了跟极端个人主义同样的错误:他们对"社会"的强调是排斥和极度忽视组成社会的各个成

---

① 参阅[英]史蒂文·卢克斯:《个人主义》,阎克文译,江苏人民出版社 2001 年版,第2—3 页。

② 这种"理性"意指片面的经济理性,只有片面的、狭隘的自向维度,没有"合理的"他向维度,往往以某种特殊主体的片面理性遮蔽其他各种主体的理性。

员的。

总的说来,在法国思想中,"个人主义"是社会解体的原因,虽然对于这种原因以及这种原因所威胁的社会秩序的性质存在着不同的说法,如同形成这种说法的历史环境各不相同一样。就连 19 世纪末 20 世纪前半期的社会学家涂尔干也不例外,他把"个人主义"等同于"自我主义"和"混乱",个人主义导致个人与社会、伦理与政治的疏离,导致个人行为与社会目标、社会规则的背离以及社会团结的破坏。1968 年 12 月 31 日戴高乐将军发表新年广播讲话,也是在地道的法国意义上使用个人主义的:我们必须克服道德上的、由个人主义所造成的苦闷,这种苦闷是现代机械文明和物质主义文明的固有特征;那些破坏狂、那些否定迷、那些煽动专家会利用社会的骚乱与痛苦煽风点火、混淆视听,使一切化为乌有或陷入极权主义的蹂躏之中①。

个人主义的德国用法与浪漫主义的"个性"概念联系在一起,齐美尔(G.Simmel)把它叫做"新个人主义"以与 18 世纪的个人主义相反对,后者使用的是"原子化的、基本上无差别的个人概念",德国的新个人主义是讲究差别的个人主义,个性的深化使得个人在本性和后天成就两个方面达到不可比较的程度,这样个人就成了"特定的、不可替代的既定个体",需要或注定要去实现他自己特有的形象。

德国人对个人主义的理解是积极的,它标志着个人的自我完成和个人与社会的有机统一。他们认为,每个独一无二、自给自足的个人必须与自然和民族相结合并植根于其中,才能获得自我和个性。此外,个性也不再仅仅归属于个人,也属于超个人的力量如民族或国家。于是,在 19 世纪初期无数的德国思想家——如费希特、谢林、施莱尔马赫和黑格尔等——那里,国家和社会不再被认为是像启蒙思想家所说的那样,是理性的建构,是个人之间的契约性安排的结果;相反,它们是"超个人的创造性力量用独特的个人这种材料不断构筑成一个精神的整体,依据这种精神整体,再不断创造出包

---

① 参阅［英］史蒂文·卢克斯:《个人主义》,第 11 页。

含和体现这种精神整体意义的、具体的社会政治组织和制度"①。所以,在德国人看来,社会和国家这个"有机整体"有一种高于个人的地位,但是它又包含着个人自由,并且没有让个人淹没于国家和社会之中;每个独一无二、自给自足的个人只有与民族、与社会结合并植根于其中,才能获得其自我和个性。可见,德国人对个人主义的理解是积极的,它与共同体理论是相容相契的。

对美国人而言,个人主义精神是美国精神,是对自由之爱,对自由企业之爱,因为正是个人主义构成了美国民族认同的一种象征,它使得这个民族所特有的行为方式与抱负具有合理性;它为一种无情的竞争性社会提供了一种所谓的科学基础,个人主义使得个人无拘无束,拥有一切尚待开发的机会去认识他自身的一切,使得财富迅速从游手好闲、低能愚笨之徒的手中转到实干、勇敢、不屈不挠的人手中,这造成了"美国奇迹"。沃尔特·惠特曼认为它体现了现代历史的进步力量——人的特立独行、个人主义使自由与社会正义和谐一致。可以说,个人主义在美国发展到了一种更合乎道德的程度,在那里,单个人的权利、自由以及心理和精神的发展是所有社会限制和法律的最终理由,每个人都依靠自身的力量追求着自己的利益,对仰人鼻息者极端鄙视。这其实是美国自由主义的基本精神。

在英国,个人主义就是主要被用来指称其自由主义的,迪塞(A. V. Dicey)把个人主义等同于边沁主义或功利主义的自由主义。在他看来,决定着英国立法倾向的、有着自由主义之名的、功利主义的个人主义只不过是由具有实际经验的政治家的经验、谨慎或畏怯所中和了的边沁主义;个人主义的改革者反对任何动摇契约责任或限定契约自由的东西,这些改革者假定,私益即公利:如果让每个人自由行动的话,那么归根到底他肯定会为着他自己的真正利益;如果每个人都可以自由地用他自己的方式,单独或与其同伴一起追求幸福,那么普遍的福利也就得到了充分的保证。正是在这种意义上,人们将个人主义与古典自由主义相提并论。

总而言之,个人主义的含义典型地包括两个方面,解放了个人却又太

---

① 史蒂文·卢克斯:《个人主义》,第19页。

"彻底"了:一方面,个人主义的原则把个人从社会中剥离出来,使他成为周围事物、他人和他自己价值的唯一评判者,赋予他不断膨胀的权利,而没有明确向他指出他的责任,使他沉湎于自己的力量;另一方面,在实现巨大进步的过程中,个人主义又是举足轻重的:它为遭到长期压迫的人类思想提供了呼吸的空间和活动的范围,使人类恢复了自豪与胆略,使每个人都能对全部的传统、时代、他们的成就以及他们的信念进行评判;有时把人置于充满着焦虑和危险的孤立境地,有时又使他满怀尊严,使他在无穷尽的斗争中,在普遍争论的骚动中,能够亲自解决自己的幸福与命运问题……① 人们应当怀着敬意去谈论神奇的个人主义,可以把它看作走向社会主义的一个过渡,因为完整意义上的、合理的个人主义与科学社会主义对待个人的态度是一致的,合理的个人主义和科学社会主义都是为了实现每个人的自由而全面的个性发展与完善。

这样,把 individualism 理解为"个体主义"比理解为"个人主义"更好,"体"意味着独立性和丰富性,意味着某种不可侵犯性;而且"个体"比"个人"的范围更广,个体是分层次的,包括个人、各种联合体、阶级、阶层、民族直至整个人类社会,每个层次的个体都有自己的独特性。

二、罗尔斯理论的个人主义立场

罗尔斯正义理论的个人主义立场是怎样的呢? 是否如社群主义者所批判的那样具有某种形而上学的个人主义倾向②呢? 我的观点是罗尔斯的理论所包含的个人主义倾向是合理的、健康的个人主义或者如库卡塔斯所言,罗尔斯是道德个人主义者的典型代表,这表现为他的自我观和社会观。

---

① 史蒂文·卢克斯:《个人主义》,第 8 页。

② 提出此类批评最为典型的是桑德尔,见其专著《自由主义和正义的局限》;在《政治自由主义》第 196 页的一个注中,罗尔斯说道,1975 年他曾对托马斯·内格尔的评论所提出的反对意见——《正义论》中原初位置设置实际上不是中立于各种不同的善观念的;公平正义的良序社会有一种强烈的个人主义偏见——有一个专门回应《公平地对待善》论文;在《政治自由主义》中他进一步明确回答内格尔:在达到一个有效的首要善清单的过程中所使用的个人观念是一个政治的观念,而且公平正义本身就是一个政治性的正义观念。参阅平装本英文版,第 196 页;中译本,第 208 页。罗尔斯是否认对他的这种个人主义指控的。

罗尔斯的正义理论是自由主义理论,所以它也同其他的自由主义理论如诺齐克的资格(权利)理论一样,力图论证或假定,好的社会并不是一个由某些共同的特殊目的所支配的社会,而是一个由权利、自由和责任所构成的框架。在这个框架内,人们可以以个人的方式或自愿合作的方式追求他们各自的目标;好的社会是法治社会,它接受正当原则或正义原则和正义程序的支配,这些原则和程序是可以为人们发现和加以表述的。

而且自由主义可以被看做是对多元论事实的一种重要的哲学反应,多元论是现代世界的典型特征,在现代世界没有像基督教占统治地位的中世纪那样的统一价值秩序,价值或生活意义问题由个人自己决定。自由主义面对宗教价值和道德价值的多样化及与之相伴生的各种相互对立的善观念,主张对各种不同的生活方式采取宽容态度:或者如功利主义那样把愉悦和欲望的满足这种善观念作为解决各种相互竞争的要求间冲突的一种方法(如边沁、J.S.密尔);或者以这样一种方式界定善,即它不会做出反驳最基本的善(first order goods,即消极自由)的假定(如菲力普·佩迪特);或者试图避免谈善而独立地对正当作出规定(如康德、罗尔斯)。

但是自 19 世纪以来,自由主义的论证受到了那些拒绝接受多元社会秩序的思想家的批判,如卢梭、黑格尔、马克思等,在他们的著作中,我们可以发现他们对自由主义的"现代主义前提"的拒绝,也可以发现他们有这样一种努力,即用一个有机的、更具社群主义性质的、在精神上统一的社会秩序理想来代替多元世俗社会的自由观念,分裂、冲突和竞争被一个统一而共同的文化理想所取代,这种文化理想能够整合个人的和社群的各种利益并使之保持和谐。① 在此意义上,当代社群主义对自由主义的批判只是复活了19 世纪思想家(如黑格尔)对康德的批判。

社群主义者认为,道德是植根于实践特别是实际社群的实践中的某种东西,不存在理性能够发现的普遍的道德原则或正当原则,因此自由主义在道德实践上是行不通的。他们根本不会考虑从契约论论证的角度出发,从

① 参阅[澳]库卡塔斯等:《罗尔斯——正义论及其批评者》,姚建宗等,黑龙江人民出版社 1999 年版,第 107 页。

某一社会理想来审视各种社会安排,因为他们认为仅仅程序正义不能为各种社会制度提供一个实质性的基础。但是,社会生活总是需要一定的规则或法律的,社群主义者认为只有对我们自己的社群与道德传统进行更缜密的考察才有可能发现什么样的规则对我们而言是适当的。在社群主义者看来,罗尔斯的根本问题不在于提供了错误的答案,而是把问题都提错了。应当追问"我们共同的善是什么? 应该如何维持我们的传统和社群?"而不是追问"我拥有什么权利?"麦金泰尔指出,罗尔斯的工作是为道德寻找一个独立的理性基础,但是论证道德基础的企图在很久以前就破产了,罗尔斯却仍然在进行着这项没有希望的事业,而这就是现代的困境所在。

参照社群主义的批评,罗尔斯理论可能存在的根本问题就是我们能否跳出"洞穴"(借用柏拉图的"洞穴比喻"概念)即我们所处的社群而站在一个无偏袒的公正旁观者的立场上来思考政治与法律问题。人们是否可能有这样的立场,需要我们拷问罗尔斯的"自我"概念或关于人的观念,如果他的"自我"有理有用,那么罗尔斯的努力就在某种意义上是成功的。

罗尔斯反对"目的论",主张正当优先于善。因为自我优先于其目的,目的由自我确认。① 对此,桑德尔有一个解读:自我相对于其目的的优先意味着,我不仅仅是经验所抛出的一连串目标、属性和追求的一个被动的容器,并不简单地是各种环境条件的偶然变化的产物,而总是一个不可还原的、积极的、有意志的行为主体,我作为这样一个行为主体,与我们的环境有别,并且具有选择能力。② 所以,这里的"自我"是一个独立于其偶然需要和偶然目标的、有选择能力的主体,这里的"优先"有两个意思:第一,是道德

---

① 对正当优先的道德重要性,罗尔斯曾经有一个康德式自由主义的解释:表现我们作为自由而平等的理性存在之本性的欲望,只能通过按照具有首位优先性的正当与正义原则去行动,才能得到满足……为了实现我们的本性,我们别无选择,只能有计划地保持我们的正义感以调整我们的其他目的。这种情操如果妥协让步,并把它作为诸欲望之一种而使它与其他目的达于平衡,就不能被付诸现实……我们在多大程度上表现了我们的本性,取决于我们在多大程度上始终一贯地按照作为最终规范的正义感而行动。参阅《正义论》英文修订版,第503 页;何怀宏等中译本,第 577—578 页。

② 参阅[美]桑德尔:《自由主义与正义的局限》,万俊人等译,译林出版社 2001 年版,第24—25 页;[澳]库卡塔斯等:《罗尔斯——正义论及其批评者》,第 110 页。

意义上的"必须",应当把人类个体看做是超出他所扮演的角色和所追求的目标的有尊严的存在,这反映了对"人是目的"的珍视;第二,是认识论意义上的必须,如果要求自我本身能够被独立地加以确认,那么他就必须先于和独立于他所肯定的目的。① 这样,自我必须被看做是大于或高于各种偶然的愿望、欲求和需要的结合,不然的话,我们就无法确认那个各种愿望与目的都归入其中的"自我"。也就是说,如果自我完全由他的各种属性构成,那么(以我为例)我的环境条件的任何变化都将改变我之所是。所以,要区分"我是谁?"和"我拥有什么?"如果将二者等同,我们得到的将是一个"完全情境化的主体"(radically situated subject);如果认为二者毫无关系,我们得到的就会是一个完全脱离现实而"极端抽象的主体"(radically disembodied subject)。罗尔斯想在这两个极端之间走出一条中间道路,根据桑德尔的理解,罗尔斯对这个问题的解决方案隐含在原初位置的设计中:它把自我看作是占有的主体(subject of possession),自我是其各种属性和目的的占有者,在这种占有状态中,自我与其目的有一定的距离,自我身份的确立不依赖于他所拥有的东西即不依赖于他的利益、目的及其与其他人-主体的关系;同时,自我通过选择与其目的和属性发生关联。这样,一个道德人格就是"一个有着自己所选定的目的的主体,他对这样的条件产生基本偏好,这些条件使他能够构造一种生活模式,在形势允许的情况下,这种生活模式最充分地表达了他作为一个自由而平等的理性存在物的本性"②。

桑德尔对此提出激烈批评:首先,在任何意义上,罗尔斯的个人不具备选择的能力;其次,罗尔斯理论所依赖的并不是那种可以独立地加以确认并先于其目的的"自我",而是依赖于一种主体间的自我观念(intersubjective conception of the self)。

为什么原初位置里所隐含的个人没有选择能力呢? 这是因为,第一,在原初位置里,选择情境的设计(无知之幕使得诸多当事人难以真正分立而

---

① 参阅[美]桑德尔:《自由主义与正义的局限》,第 25 页。
② 《正义论》英文修订版,第 491 页;何怀宏等中译,第 564 页。

形同"一个人",相互淡漠的理性的动机假设使得当事人只顾自己而无意于其他人的处境)使得缔约当事人只能"选择"某些原则即罗尔斯的两个正义原则,这使得在原初位置中,正义原则不是被选择了,而是被发现了,协议达成的过程无关当事人的意志而只是当事人发现或理解正当原则的认识活动;第二,罗尔斯理论所设定的自我没有反省或反思的能力。在桑德尔看来,反思预设了基本需要与愿望的存在,反思的内容是权衡各种现存的需要和愿望的相对强度,只涉及主体的感觉和情感问题("我最喜欢的究竟是什么?"或"我感到自己喜欢什么?"),而与主体的身份无关。可见,主体是在其各种愿望已定的情况下进行选择的,而愿望由环境决定,于是,这样的选择就不是真正的选择而只是对某些愿望的确认,并将这些愿望与满足它们的手段相匹配而已。

在我看来,这只是桑德尔对罗尔斯的一种理解;其实,虽然"选择"的情境被限定了,但是选择主体的选择能力还在,而且现实生活中人们的选择也是在选择主体假定种种条件的情况下作出的,选择总是在获知部分信息的条件下作出的,所以如果按照桑德尔的理解,就不存在"选择"了。罗尔斯所描述的缔约代表原初位置下的选择是与被代表者的实际身份、地位无关的,这是罗尔斯的高明之处,桑德尔却以之为不足,可见,桑德尔是反对罗尔斯的契约论方法的。

当然,我们不可能是完全自由的、预先被个体化的且优先于我们的目的的占有主体;相反,我们必定是部分由我们的核心抱负和爱恋所构成的主体,这种主体总是根据自己不断修正的自我理解而成长和改变。而且正是我们的构成性自我理解规定着具有构成作用的社群,正是这个社群通过向我们提供一套共同的商谈语汇、隐含的实践和理解的背景而塑造着我们的身份。但是,我们也不可能如桑德尔所说,只是对由环境决定的各种欲望的确认,这种理解太过唯我而不可能是符合现实的,实际情况是,我们每个人都一样是有着各种欲望的理性存在,所以,欲望的满足就不能只顾自己。

桑德尔的第二点批评指出,为了提出其实质性的见解,罗尔斯不得不依赖另外一个完全不同的自我观念。在罗尔斯看来,天赋才能(natural talents)的分配最好被看做是被作为一个整体的社会所享有的"共同"财富或"集体"财富,因为个人对特殊天赋或性格及能力的拥有纯属偶然,所以他不能应得他的自然资产以及由这些资产带来的好处。在这里,罗尔斯又一次坚持其自我(主体)与其所拥有的属性之间的区分。对此,诺齐克是坚决反对的,他认为把天赋才能视为共同资产,既侵犯了个人的神圣不可侵犯的财产权,也违背了康德的教诲——人是目的。罗尔斯的回应是这样一个反问"在何种意义上,那些分享着'我的'天赋才能的人才能被描述为'他人'?"而且,并不是"我"而是"我的属性(我的财产或我的才能)"被当成了手段。因此,把天赋才能作为共同财产进而将其带来的收益予以分配的理论(差异原则)既没有违反康德的道德律,也没有忽略人与人之间的差异。在桑德尔看来,这种辩解把"共同资产观念"和一种"共同的占有主体"联系到了一起,从而诉诸了一个"主体间的自我观念"(an intersubjective conception of the self),似乎人们共有同样的"自我",在这一点上,人们是平等的,进而人们共同享用为他们所拥有的各种才能。这里,道德人格类似于康德的先验主体,但是罗尔斯对道德人格的理解源于现代自由民主社会里流行的道德信仰与直觉,而不是像有些人所认为的那样源于那个纯粹虚构的"原初位置"。我认为,罗尔斯用似于先验哲学的语言达到了对人之社会性和人们之间关系的互利性的深层把握。

罗尔斯认为,一种社会政治安排之所以是好的,是因为它构成或产生了某种恰当地影响人们的东西,即产生了对诸个体来说是善(好)的东西(good for individuals),也就是说,当且仅当这种安排能够促进那些参与其中的所有个体的善,我们才能说,这种制度安排是好的。这里关键是如何理解"对诸个体来说是善的东西"? 首先,个人主观偏好的满足当然属于个人的善,个人是其切身利益的最佳评判者。但个人偏好的满足仅凭个人之力是不行的,它要求个人之间各种社会关系的存在;而且这种善可能是物质上的善,也可能是友谊、依恋之类的情感上的善,在缺乏其他人的情况下,个人是肯定不能享有这些情感上的善的。

其次,这些善有直接为单个人享用的善,如自由、幸福,还包括那些居于聚集层次的善,如社群团结、文化延续、种族间和谐等,这些善虽然会影响许多个人,但无论如何不能影响全部个人。罗尔斯的个人主义非常注重这些聚集善：一种并非个人之善的善，仍然可以被证明为对于个人而言的善，如社群团结可以根据其为该社群中的个人提供实现善的各种便利而被断定为善，即使社群团结对不同个人的实际意义会不同。

三、对罗尔斯个人主义立场的评价

罗尔斯的个人主义是合理的，一方面，他给予个人利益以高度重视，以之为评估各种社会政治制度安排之好坏的基准；另一方面，他力图全面理解个人利益，强调个人利益与社群利益、与国家整体利益的一致性，个人利益总是在一定的制度框架或背景之中实现的。所以罗尔斯极其强调公民个人对国家法律和道德规范的遵循义务，只要它们所造成的不正义在一定的限度之内。在罗尔斯那里，不正义的限度是由他的两个正义原则即平等的自由原则、公平的机会平等原则和差异原则来划定的。罗尔斯的个人主义应该被更确切地理解为"个体主义"。

罗尔斯对个人的理解基本上是抽象的，不同的个人在他眼里基本上是同质的，他们似乎有同样的"自我"。应该说，"自我"是与个体包括个人直接相关的，每个"个体"都有其自我定位，这种"自我"是"个体"成长的起点，又是"个体"发展的一个阶段，"个体"始终是未完成的，"自我"相应的也是不可能定型的。对"个体"及其"自我"的这种理解如同当代新儒家熊十力对体、用关系①的把握，也与李德顺"选择的自我"观②意涵相合。

---

① 在其名著《新唯识论》和《破〈破新唯识论〉》等中，熊十力提出独特的"即体即用"的体用观：《新唯识论》全部旨意，只是即用显体，只是谈本体之流行；翕辟同为纯一之本体所显现之两种作用；夫翕辟是用，故克指翕辟，即不名体。（犹如波不名水。）用依体起，（犹如波依水起）而非异体有别实物。（犹如波非异水而有别自体也。）故说即用即体。参阅熊十力：《十力语要》（一），辽宁教育出版社1997年版，第22、24、25页。所以，体、用不是相互对待的两个东西，这如同"自我"与"个体"的关系：自我在个体中得以显现，个体又依照自我的设定形成；个体似"用"，自我似"体"，它们是一而二，二而一的关系。虽然有些牵强，但是如此理解自我与个体确有道理。

② 参阅李德顺：《选择的自我———一位哲学家眼中的人生》，北京出版社1998年版。在这本小书中，李德顺主张："自我"是选择的起点，同时"自我"也在选择之中；一个人对什么是自我、什么是非我的认识，将从根本上决定他怎样寻找和塑造自我；"自我"不在别处，就在自己的现实选择之中。在李德顺看来，自我既是变动的，又是不变的，自我在形成中，在不断"完型"中。

罗尔斯力求找出对每个人即对一个完全的社会合作成员而言,必须具备的一些基本的东西,即社会首要善和两种道德能力及必要的理智能力,立足于对人的这些抽象规定具体地理解个人的"自我"。必须承认的是,罗尔斯主要考察的是理想情况下的个人——自由而平等、合理而理性的公民,他们无一例外地需要社会首要善和具备两种道德能力和必要的理智能力,同时又在一定的政治社会中追寻生活意义。至于非理想的现实境况里的个人,罗尔斯则涉及不多。在长达 500 多页(共 87 节)的《正义论》中,只有短短的不到 30 页的篇幅(53 节到 59 节)分析非理想的现实情况:个人作为公民在履行由公平原则统摄的职责和自然义务的同时,对于不正义超过一定限度的法律,有非暴力反抗的权利,包括公民不服从(civil disobedience)和良心拒绝(conscientious refusal)。虽然罗尔斯已经明确表明他的理论是理想性质的,探讨范围仅限于一种"法律被严格服从的情况",仅限于一个"良序社会",他所主张的是一个乌托邦,虽然是现实的。但还是应该说,对活生生的人类社会现实的忽视或对社会现实的复杂性估计不足是罗尔斯《正义论》的根本不足之一。这个不足在《政治自由主义》和《万民法》中有一定的弥补,如对合理多元论事实的重视、公共理性的运用和对非合宜民邦(包括法外国家)的考察等。

第三节　他人的存在及对其的理解

本章第一节和第二节注重的是对人们之间共同性或相似性的理解,本节则涉及对人们之间差异性的分析,即自我对他者的认识与理解。对他者的解释关涉到并决定着自我理解,对自我和他者的把握关系到规范的公共遵循是否可能的问题。然而在纯粹理论思维中,从"我"到"他"是一个跨度极大的跳跃:他者是先验自我在意向性活动中构造出来的——如现象学家胡塞尔所言;或者他者本来就如"我"一样在存在论意义上是无可置疑的,要么他者只是另一个"我",要么他者是对"我"而言神秘莫测、无法理解的异在;或者他者是如"我"一样具有各种基本自由权的主体还是只是有助于

"我"实现其各种目的、欲望的工具？他者包括他人和他物,这里考虑的是他人。

一、罗尔斯在其理论的早、晚期对他人的理解

在早期罗尔斯(《正义论》时期)那里,他者和我基本是同质的,他力图把人所偶然具有的相互区别的各种经验属性与人之本性区分开来,前者指人所占据的社会位置、所追求的目的等,后者指人作为自由而平等、理性而合理的存在这种关于人之自我的认识。我们可以称之为作为占有主体的自我(self as subject of possession)或无负担的自我(unencumbered self)。从这种关于个人(人格)的观念出发,罗尔斯导出了具有一定程度普适性的道德原则。

晚期罗尔斯(《政治自由主义》时期)把人们的共同性限定在政治的方面,即作为终身而正常的民主社会的公民,人们是平等的,他们是能够充分参与公平社会合作的成员,他们具有承担这一角色的必要能力,包括两种道德能力和理智能力(判断的能力、思考的能力和与这些能力相联系的推断能力);平等的公民在以下三个方面是自由的:

第一,他们设想自己并设想彼此具有掌握一种善观念的道德能力,也就是说,他们有权声称他们的人格独立于且不同于任何带有其终极目的的特殊善观念,他们可以形成、修正和理性追求某种善观念,而且作为自由的人格之公共身份不受他们随时而变的确定善观念的影响;

第二,他们把自己看作有效要求的自真之源,即是说他们有权对其所在的制度安排提出各种要求以促进其那些为公共的正义观念所允许的善观念的实现;

第三,他们认为他们能够对其目的承担起责任,这种责任承担能力影响着其要求的有效性。①

对人们可能秉持的各种相互对立乃至冲突的全能教义之真谬保持沉默,只要求这些全能教义是合理的,能够支持一种类似于罗尔斯所讲的政治

① 参阅《政治自由主义》平装本英文版,第30—34页;中译本,第30—35页。

正义观念。除此而外，人们就是差异纷呈的，一种政治正义观念并不要求价值观等方面的同一。当然，秉持不同教义的人们对一种政治正义观念的支持并不是强制的结果，而是需要相互做出公共论证。

二、"主体性"视野中的"他人"

人们是如何知道其他人也接受同样的政治正义观念的呢？我和他可是根本特性上截然有别的，常有的情况是，我视为宝贝的东西，在他那里却贱如粪土！对于根本不同于我的他，我们应如何认识？我们接受为正当的规则如何可能为他人所认可和尊崇？这涉及交互主体性问题，得从主体性说起。

随着全球范围的经济全球化发展和普遍交往的日益深入，也由于中国政府的对外开放政策，中国人对近代以来的那种"偏颇的"主体性是既爱又怕。也许是由于受非此即彼的二分思维模式的限制，或者对现代化过程缺乏全面、辩证的了解，国内许多学者对现代化、对主体性的态度是要么全盘肯定要么彻底否定。

在这种侈谈或忌谈主体性的大背景下，李德顺所阐发的马克思主义关于主体性的思想屡屡被人误解和曲解。本节的阐说是笔者对李德顺思想所做的一种尝试性把握。这种"主体性"不同于甚至可以说从根本上不同于近代主体哲学所极端张扬的那种"主体性"，同时又与当代的交互主体思想和他者哲学是相容的。

（一）马克思主义哲学对"主体性"的理解

主体是一个相对的概念或范畴，是相对于其活动的对象而言的，没有这个对象就无所谓主体。主体总是一定活动中的主体，是一定对象性关系中的主体，主体总是人，人是作为实践活动的发起者，是主动的、做主的一方，才被称为"主体"的。主体性是对人、人性理解的一种提升，是对人作为一定实践或认识活动主体时所具有的属性即不断发展着的需要和能力状况，因而是对人性的一种动态的、具体的理解，体现着对人的自主性、能动性的尊重，体现着对人的权利、权力的维护与能力的承认。但是作为现实的主体,人是一定权利拥有者和相应的责任承担者的统一。也就是说,主体性的张扬是有限度的,这个限度由不同层级的主体的不同需要与能力和对外部世界的把握所规定,并与主体的责任承担能力相应。

人的活动需要遵循两个尺度,即主体的尺度和客体的尺度也是主体性限度的体现。具体而言,人的活动要取得成功,既要考虑自己即主体的需要、愿望与能力,又要考虑客体即对象包括他人的属性。这里,不同于自己的他人同我一样也是一定的对象性活动中的主体,一方面,他人可能和可以与我共同面对一个对象,此时我和他人构成"主—主"关系,亦可称为"主体际"关系,这种"主—主"关系还体现在规范的公共有效性上,此时,规范是我和他人共同面对的对象,其有效性需要得到我和他人独立考量和共同承认;另一方面,在我与他人在社会生活中发生相互关系时,他人和我又构成一定的互为主客体的关系,他人是我的需要和愿望赖以满足的条件与手段,同样,我也是他人的生存和发展不可或缺的条件。这要求对他人的类似的主体地位的尊重。所以说,这种主客体关系中的主体对于主体之外的作为客体的外物和他人是有着深刻理解的。① 在主客体关系中,主体的内在尺度的具体内容和客体的存在、规定性与规律的具体内容都是随着人类实践活动的发展而变化的,但是正是这些制约着人的活动。所以,对人类实践活动的考察大体上要分为两个方面:主体向客体靠近即主体客体化和客体向主体靠近即客体主体化。

如果说前者意味着主体对客体的符合的话,那么后者便意味着客体对主体的符合,表明在主客体关系中,主体与客体通过实践–认识活动而相互

---

① 可以说,这种主体理解对于天道对人道的规约与"庇护"有清楚而深刻的认识。这里所说的"天道"即"自然之道",它作为一切存在者统一体的"大化"法则、一切秩序的最终源泉,创生一切,规约一切,万物无能逃于其外者,它"无所不包,人类社会发展的规律、个体发展的规律、人类认识自己的规律都是自然界秩序的一部分",还包括对他人的主体地位的尊重;人道的内容固然出于人的设计,主要表现为一些根本的价值原则,如西方自然法理论、近代西方自由民主制度尤其是权利意识,但其最终源泉往往是出自对天道的领悟与模仿,各种力量相互作用的结果使得社会最终形成与自然界秩序相类似的某种秩序。参阅储昭华:《大地的涌现——关于自由与自然之间关系的思考》,中国社会科学出版社 2003 年版,第 205—207 页。

制约、相互转化。这实际上也说明在李德顺的"主体性价值论"①中，"实践"或者说"活动"的观点是首要的、根本的观点，一切都是在"实践"或"活动"中展现出来的，一切也处在"完形"或形成过程中。通过分析人的实践活动的两个方面，可以达到对现实的人、人性及其活动的全新理解，并且着重把握了其中"价值关系"的方面，也就是细致考察了客体围绕主体旋转的那个方面，亦即说明了人类社会生活中的一个根本方面："价值事实"或者说"主体性事实"。

应该指出的是，主客体关系中的"非价值性内容"始终是作为背景存在于李先生对价值问题的分析过程中。而且这两个方面对于发展着的人类历史主体而言，达到了一种动态发展的一致。这里要求分清主体的两个层次：个别主体和普遍主体，前者包括个人、各种范围的群体，如各种利益集团、阶级-阶层、民族-国家和地区等，后者则是作为一个整体的、无限发展的类主体，真理与价值的统一就是在后一个主体层次上实现的。

人是通过自己发动具体的实践-认识活动才使自己"处在"一定的主客体关系中的，他是这种关系的建立者和推动者；人同时得具备一定的能力才能在一定的主客体关系中真实地处于主动者的地位，起着关系发起者的作用，因而是主体。充当主体的只能是人，但人并不永远只是主体，考虑到人的社会本性和交往需要，人与人之间有一种互为主客体的相互服务的关系，所以现实的人是主体与客体的统一。

主体性是指人在建立和推动一定的对象性关系时所表现出来的人性方面，体现着活动中的人的自主、主动、能动、自由、目的性等特性，是人作为主体时的本质，体现着人性的精华。具体而言有以下几个方面：

第一，主体自身的三重结构，人是肉体存在、精神存在和社会存在的统一，这是对人的一般理解。肉体存在是个人的自然生命形式：在空间上是个

---

① 这是对李德顺的马克思主义价值论的一个简称，虽然需要解释，但是李先生本人应该不会反对这样的简称，因为他经常对他的学生说，他的价值论30多万字，可以用3个字来概括——主体性；在关于法的价值的重要对话中，对话者戚渊明确地称他的理论为"主体性价值哲学"，李先生默认（李德顺：《立言录》，第401页）；确实这三个字点出了李先生价值论的独特性所在，即对人们现实生活中的价值问题要进行具体的主体性分析。

人的肉身所是;在时间上,它指个人从生到死的生命历程。但是个人的肉体存在其实也是一种社会生命形式,它不仅仅对自然界和社会的物质条件有着必然的依赖关系,更重要的是对这些物质条件有一定的改造作用。人的社会存在是人的社会关系的展开,表现为个人曾经和正在扮演的各种角色或成员身份,不同的角色或成员身份有着不一样的职责要求。它与人的肉体生命可以分开,人的社会存在可以在其肉身不在场的情况下产生同样的影响。人的精神存在以其"自我"观念为基础,也是社会性的,包括知、情、意等多方面和多种形式的复杂结构,体现出文明传统和社会现实在人身上的影响,它们反映并调节人的活动及人与周围世界的关系。人的观念"自我"在某种意义上对人的现实"自我"起着决定作用。人本身的肉体、精神和社会生命结构产生着主体的需要,规定着主体的能力,也决定着人的活动与存在的性质和方式,这些是人成为主体的一般前提和作为主体的一般内容。

第二,需要①产生着主体在与客体发生关系时的目的即为我性,这里的"我"依主体层次不同而不同。马克思、恩格斯说:"凡是有某种关系存在的地方,这种关系都是为我而存在的;动物不对什么东西发生'关系',而且根本没有'关系'。"②这里所说的"我"就是主体,"关系"就是主客体关系,"为我"就是以主体的存在和活动为起点,以主体的发展为归宿的意思。但是作为行动主体的"我"与他/她所为之"我"经常不是同一的,也就是说"小我"为着的可能是"大我",同样"大我"也可以为"小我"着想,这里的"小我"不是纯粹的或原子式的个人,而是在他/她担当着一定角色或占据一定职位时所要满足的要求,"大"与"小"是一定层次的主体和比它低一个或几个层次的主体的对称。

第三,主体的自为性。主体是主客体相互关系的首动者,通过自己的活

① 需要代表着主体与客体之间一种客观的、必然的联系,不能将它混同于对需要的意识,更不能将它等同于欲望,需要所指是客体能够产生又为主体所缺少的东西,需要的满足通过客体主体化的客观结果表现出来,在此意义上,客体成为主体实现自己、发展自己的一个因素和环节。参阅李德顺:《价值论———一种主体性的研究》,中国人民大学出版社1987年版,第86—87页。

② 《马克思恩格斯选集》第1卷,人民出版社1995年版,第81页。

动改变现实,用各种方式保持自己在主客体关系中的主动地位,体现为实践-认识活动中的独立性、目的性、创造性,这使主体一方面区别于客体物,另一方面也区别于"自在"的人。自为性是最能说明主体性的,马克思和恩格斯这样描述"自在"的无产阶级:他们的团结是资产阶级联合的结果,是资产阶级为了达到其政治目的将他们联合起来的,此时,"无产阶级不是同自己的敌人作斗争,而是同自己的敌人的敌人作斗争,即同君主专制的残余、地主、非工业资产者和小资产者作斗争"①,与此相联系,在资本主义经济关系中,工人的劳动"既表现为**他人的客体性**(他人的财产),也表现为**他人的主体性**(资本的主体性)"②,这表明当时的工人阶级尚未成为经济上和政治上的真正主体,还处于自在阶段。只有在工人阶级逐渐成熟为一个"自为"阶级的过程中,它同资本主义(资本家)之间的主客体关系才全面建立起来,它的主体地位和主体性才真正形成,才真正变"被动"为"主动"。

第四,主体是自律和他律的统一,以自律为主,在自律中反映着、遵循着他律。也就是说,一方面,主体以自身的尺度和方式承担与衡量主客相互作用的后果,并调节自己的需要、目的与行为;另一方面,在人的实践-认识活动中,主体受客体及各种客观条件包括主体自身及其活动规律的制约。对相互作用的后果的负责是由主体的地位、需要、目的等本身所赋予的。主体负责的方式之一是随时检验相互作用的过程和结果是否符合自己的需要、目的、能力等,并且依据这种检验和对客体和自身的进一步认识来调节自己与客体的关系。

以上四点③是人作为主体而不是作为一般的人,更不是作为客体,所表现出来的特性,也就是主体性的基本内容,要成为真正的主体,人就得满足这些要求,尤其是要满足目的性、自为性和自律性等,这是根据人类实践活动中具体的主客体关系及其发展趋势总结出来的,而不是什么人主观地提出来的。这里所考察的主客体关系是人在实践—认识活动中与周围世界

---

① 《马克思恩格斯选集》第1卷,第280页。

② 《马克思恩格斯全集》第46卷上,人民出版社1979年版,第470页。

③ 人作为主体所表现出来的这四点特性,笔者接受李先生的观点,在表述上有少许变动。详细请参阅李德顺:《价值论——一种主体性的研究》,第70—73页。

（包括其他的事物、其他的物种和其他的人）发生的一种普遍关系,主体和客体在具体的实践—认识活动中发生的相互制约、相互作用推动着人及其活动的不断进展。

（二）当代西方哲学从对他人的理解中显现对"主体性"的尊重

具体到规范的公共认同性问题上,主要的应该是分析人们之间"主-主"关系,这牵涉到交互主体性问题和他者问题。当代西方哲学家对这些问题颇有洞见,我们可以借鉴,如:胡塞尔(Edmund Husserl)①对于前一个问题有精细的研究;针对后一个问题,列维纳(Emmanuel Levinas)提出了他者理论。

在胡塞尔的现象学中,"交互主体性"(intersubjectivity)概念被用来标识多个先验自我或世间自我之间所具有的所有交互形式。任何一种交互的基础都在于一个由我的先验自我出发而形成的共体化,这个共体化的原形式是陌生经验,亦即对一个自身是第一性的自我-陌生者或他人的构造。②这个解释表明:交互主体性问题即同为第一性的、我的自我与其他的自我即陌生者或他人之间的通约或交往的可能性问题,也就是从我如何可能和怎样到达他人,具体地说有两个问题,即:另一个主体的存在如何对我而言是有效的事实,这主要是一个认识论问题;为什么有些东西对我有效却不对其他人有效因而只能被认作"主观的"而另一些东西对我们所有人同样有效因而可以被认作"客观的",这是"我们"的可能性问题或规范的客观有效性问题,它是一个价值论问题。通观胡塞尔的整个研究,交互主体性问题贯穿在其整个现象学中,体现着胡塞尔摆脱其先验现象学之"唯我论"的不懈努力。

---

①　胡塞尔是 20 世纪现象学运动的领潮人和最主要代表,按照哈贝马斯(Juergen Habermas)的说法,现象学运动是 20 世纪西方哲学的四个最重要的"哲学运动"之一,其他三个运动是分析哲学运动、结构主义运动和西方马克思主义运动,其中现象学运动和分析哲学运动分别代表了欧陆哲学和英美哲学的潮流。现象学运动的奠基之作是胡塞尔的《逻辑研究》,标志着这个哲学运动转折和突破的是海德格尔(Martin Heidegger)的《存在与时间》与《关于人道主义的书信》。如果说海德格尔一生全心研究是存在问题以及人的存在状态的话,那么列维纳坚定不移的追求就是从存在中脱离出来,从而超越海德格尔,不是"向下陷落"(transdescendance)而是"向上升华"(transascendance)。这种突破的成果便是列维纳的他者哲学。

②　参阅倪梁康:《胡塞尔现象学概念通释》,三联书店 1999 年版,第 255 页。

在胡塞尔那里,他人是被先验自我在其意向性活动中构造出来的,而这个先验自我作为构造活动的起点则是"原初性还原"(primordiale Reduktion)的结果。在《笛卡儿式的沉思》中,胡塞尔这样解释原初性还原,"将把所有可疑的东西都从一切主题性的领域中排除出去,这就意味着:我们不必考虑一切可与陌生主体直接或间接地相关联的意向性的构造作用,而是首先为那种现实的和潜在的意向性的总体关联划定界限。在这种意向性中,自我就在它的本己性(Eigenheit)中构造出了自身,并构造出了与它的本己性密不可分的、从而它本身可以被看作是它的本己性的综合统一体"。① 在这个还原里,被排除的是对我而言的陌生之物,被保留下来的是对我而言的本己之物,这是一个"意识史上无其他主体的阶段"。构造的过程就是自我超出本己的(原本的)领域而达到陌生的(意向的)领域的过程,构造能力是意识的意向性本质所在,意识总是在构造着它的对象(客体),包括他人和他物甚至意识活动的主体即自我也是意识构造出来的。

感知是构造行为的基础,他人首先是作为一个躯体(Koerper)被我感知到、经验到的。但是由于我视野的限制,这个躯体的所有方面不可能共时性地给予我;借助我的想象能力,我将当下看到的他人躯体的这个面与非当下地被给予的其他各个面联系起来,这与对一个自然事物的感知一样。这种化"片面"为"全面"的过程被胡塞尔称为"统摄",是一次意义给予,此时,在我的原初性领域,我只知道这是一个物质性的东西,是无人称的。

但是显现给我的这个陌生的躯体毕竟不同于自然事物,它通过其"举止"、"行为"让我联想起我自己的躯体,而我的躯体同时也是我的身体,它是我的自我的居所,是我的精神性器官。通过类比,在他人的躯体中也必定包含着他人的自我,这样他人躯体便被赋予他人身体的意义,这是第二次意义给予,即立义或结对(Paarung)。

相对于我的身体-躯体的"这里"而言,任何一个其他的躯体对我来说都是"那里",具有"那里"的方式。但是,我可以想象:我以后也可以运动到"那里"去,并且表现出他人躯体所表现的举止,于是,当下的我就以一种

---

① [德]胡塞尔:《笛卡尔式的沉思》,张廷国译,中国城市出版社 2002 年版,第 127 页。

"仿佛"的形式处于"那里"。

通过感知、联想和想象，我不仅赋予那个躯体以"躯体"的意义，而且可以赋予它以"身体"的意义，也就是说，在对两个躯体举止进行结对联想的基础上，我将这个其他躯体的举止理解为一个陌生的自我的显现，一个他人的身体的行为。由此，一堆死的感觉材料通过统摄、想象而被构造成一个意识对象。但是，他人的实在自我和我的实在自我永远不会同一，尽管我构造他人的存在，设想和感知这个存在的本质，但他人对我来说永远是或大或小程度上的"陌生人"，这另一个躯体永远无法作为我的身体被给予给我，它对我来说始终在"那里"。

由此可见，在胡塞尔那里，先验自我的意向性活动是基点，包括我自身的躯体、身体、他人的躯体、身体以及周围物理世界在内都是自我意识构造的结果。正是通过这种构造活动，通过感知、联想和想象，他人的存在对我来说成为一种有效的事实，他人在某种意义上成为与我相似或者说同质的存在，对大家都有效意义上的客观性或共同性也就成为可能，这种客观性也就是交互主体性思想的主要意义所在。但是对胡塞尔在"交互主体性"方面的研究成果，当代哲人（包括现象学哲学家如海尔德和非现象学哲学家如哈贝马斯）的基本评价是一致的，即没有达到胡塞尔预期的目的。

例如，哈贝马斯认为："胡塞尔本人（在《笛卡儿式的沉思》中，尤其是第五沉思——引者注）曾试图从自我的单子论成就中推演出主体之间的交互主体关系，这些主体在它们视线的交叠中得以相互认识并且构造出一个共同的世界视域，但这个尝试失败了。"[1]海尔德（Klaus Held）赞同海德格尔的看法，认为胡塞尔对"交互主体性"的先验功能问题的论证虽然极为精微，却是极有问题和极为可疑的，因为"现象学的研究更多地表明，人们原本可以说是忘却自身地在一个共同的自身中生活，他们从这种共同性中脱身出来之后才作为他人或者甚至他物而相互遭遇"。[2]胡塞尔所展示给我们刚好相反，他从自我意识出发力图从异中求同，似乎与现实生活相反。

---

① 转引自倪梁康：《现象学及其效应——胡塞尔与当代德国哲学》，三联书店1996年版，第153页。

② 转引自倪梁康：《现象学及其效应——胡塞尔与当代德国哲学》，第153页。

胡塞尔本人也觉得,对于"他人"这个现象给他带来的问题,他的解决是不能让人满意的,他最终没有能够根据他的笛卡儿式前提达到这样一个目的:将本我和其他本我事实地、共同地并列在一起。也正是先验自我论的缺陷成了以后的现象学家改造胡塞尔理论的切入点。鉴于他人问题或主体复数化问题的重要性,伦普(G.Roempp)1992年发表的专著就名为《胡塞尔的交互主体性现象学》;海德格尔和列维纳的创新也都是从这个切入点开始的。下面我们来看看两位思想大师是如何看待他人的。

在《存在与时间》第25—27节,海德格尔通过细致设问、精心回答"此在在日常状态中所是为谁"这个问题来展示他对此在、对他人的理解。此在首先与通常是从自己的世界来领会自身的,首先在它所经营、所需用、所期待、所防备的东西(如用具)中,在切近操劳着的从周围世界上到手头①的东西中发现"自己本身",然后才能"共"他人同在。海德格尔明确指出,此在本质上是共在,与"他人"共同存在、共同此在。就是说,他人这个存在者——如那有所开放的此在本身一样——也在此,它共同在此,这个"共同"是一种此在式的共同,这个"也"是指存在的同等;由于这种共同的在世之内的缘故,世界向来已经总是我和他人共同分有的世界。②

海德格尔对"他人"的描述是这样的:"他人"并不等于说在我之外的全体余数,倒是我们本身多半与之无别、我们也在其中的那些人;他人是从操劳寻视的此在本质上停留于其中的那个世界方面来[与我]照面的,他人的共同此在往往是从在世内上手的东西方面来[与我]照面的。可见,他人不是一个与我截然有别的异己,而是对我对于我自身的一些特性的描画。

他人与我的共处关系有两种极端情形:一种是代庖控制的操持,即为他人(非本己的我)把有待操劳之事揽过去,这个他人(我)要么退步抽身以便

① "上到手头的"(zuhanden,ready-to-hand)简称"上手的",意为"对……的使用得心应手",它关注的是对在者的使用,表明对世界的一种前理论态度;与之相应的有另一个术语"现成在手的"(vorhanden,present-at-hand)简称"在手的",意味着在者就其自身而被遭遇到,它独立于它与其他在者及其目的的关系,表明对世界的一种理论观察态度,即科学研究对世界所持的态度。

② 海德格尔:《存在与时间》,陈嘉映、王庆节合译,熊伟校,陈嘉映修订,三联书店2000年版,第139、138页。

事后把所操劳之事作为停妥可用之事承接过来,要么就使自己完全脱卸其事,这是代我操心,它多半关乎对上手事物的操劳;另一种是率先解放的操持,即为他人生存的能在作出表率,是把"操心"真正作为操心给回他,这涉及本真的操心,即涉及我的生存,而不是我具体地操劳什么,它有助于他人在他的操心中把自身看透,从而使得自己为操心而自由。① 人们日常共处保持在这两极端之间,并显示出多样的混合形态。由于这些操持,此在作为共在,在本质上是为他人之故而"存在",即是说,此在本质上是为"他人"所控制的存在。海德格尔深刻指出,这种"为他人"必须作为生存论的本质命题来领会:即使实际上某个此在不屈就他人,也自以为无需他人,或者当真离群索居,它也是以共在的方式存在的;在这样的共在中,他人已经在其此在中展开了。在此意义上,他人就如同人们生活于其中的社会关系,这与马克思的洞见——"人就是人的世界,就是国家,社会"②,"人是最名副其实的政治动物……而且是只有在社会中才能独立的动物"③,人们总是置身于"一定的、必然的、不以他们的意志为转移的关系",即"同他们的物质生产力的一定发展阶段相适合的生产关系"④之中——等如出一辙,都表明着个人对于社会的依赖,人生来就置身于异常丰富而复杂的习惯与成见、风俗与传统的社会关系之中,这种社会关系为他们提供安全感和行为准则,并赋予他们生命以意义。

在海德格尔那里,对此在为他人所淹没的日常状态的描述还通过引入"常人"这个概念得到进一步的说明。常人(das Man),即丧失了自我的此在,对于我而言就是一个他人。我对他人的态度大致有这么两种:在落后于他人的情况下或者奋起直追超过他人,进而压制住他人;或者任由他人号令自甘落后。经常的情况是,此在作为日常共处的存在处于他人可以号令的

---

① 具体参阅海德格尔:《存在与时间》中译本修订版,第 141—142 页。

② 《马克思恩格斯选集》第 1 卷,第 1 页。

③ 《马克思恩格斯选集》第 2 卷,人民出版社 1995 年版,第 2 页。

④ "这些生产关系的总和构成社会的经济结构,即有法律的和政治的上层建筑竖立其上并有一定的社会意识形式与之相适应的现实基础",这些物质的和精神的社会关系是个人生存的背景或现实土壤。马克思:《〈政治经济学批判〉序言》,载《马克思恩格斯选集》第 2 卷,第 32 页。

范围内,不是他自己存在,他人从它身上把存在拿去了,这使得此在的各种日常存在样式取决于他人的意愿。但是,这些他人或者说常人不是确定的某人,他人不是这个人,不是那个人,不是人本身,不是一些人,不是一切人的总数,它是个中性的东西:常人。常人其实是人的一种经常的存在样态,这种平均状态是常人的一种生存论性质,这意味着对一切存在的可能性进行平整:一切源始的东西都被磨平。实际上,此在处于"常人"状态就是处在受他人影响、控制的状态,"常人"其实就是这个不知是谁、似有似无的他人。

常人到处在场,常人预定了一切判断与决定,自然就从每一个此在身上把责任拿走了,这种情形一旦得以延续,"人们"就会习惯于临事求援于它而保持和巩固着它的顽强统治。但一旦此在挺身出来进行决断,常人却也总是乖乖溜走,可见常人只是"纸老虎",此在是可以生存出其本己的。

本真的自己存在也是常人的一种生存样式;任何此在一旦作为常人自己,它就涣散在常人中了,所以此在还得努力发现自身,以免淹没于常人状态中,但是我首先是从常人方面而且是作为这个常人而"被给予"我"自己"的。如果说此在能够本己地揭示世界并使世界靠近自身,如果说此在能够对其自身开展出它的本真的存在来,那么这种揭示"世界"与开展此在的活动就是把一切掩盖与蒙蔽拆除,就是把此在用以把自身对自己本身阻塞起来的那些伪装拆穿,就是把此在自我的最大的他人——常人摆脱掉。诚然,这种摆脱不是彻底地抛弃,而是扬弃(黑格尔的术语),是把常人作为成就自己的材料。

在标志着海德格尔的思想发生转折和深化的《关于人道主义的书信》中,海德格尔重新分析了人的生存状态,并对人道主义提出自己的独特看法。

他认为,人道主义的缺陷不在于它把人的本质规定为理性的生物,规定为作为"人格"、作为精神的、灵魂的、肉体的东西,而在于这种规定都还不知人的本真的尊严。海德格尔觉得,人道主义把人的人道放得不够高;当然人的本质主权绝不在于:人是存在者的实体,作为存在者的"主体",以便作为存在的掌权者让存在者的存在着的存在在被称誉得已经太喧嚣了的"客观性"中化为乌有①。人的本质比单纯的被设想为理性的生物的人更多一些,即更原始一些、更本质性些,人的本质基于在世,"世"在"在世"这个规定中的意思不是一个存在者,也不是一个存在者的范围,而是存在的敞开状态②。人"从来没有才是而且只是其本质寄于主客关系中的主体",人倒是"先行于在其本质中生存到存在的敞开状态中去",正是这种敞开状态"照明"了这个"之间",在此"之间"主客关系才能存在。③ 人在世首先不是作为主体,在此之前有一个"先行到存在的敞开状态中"的阶段。

海德格尔考虑的是有根的存在论,不是"只在存在者的存在中思存在者",而是要深入到对"存在的真理"的思中,"追溯到对存在的真理进行的思所从出的本质根据中去"④来思存在者。这种思发生在有理论的和实践的区别之前,属于存在,因为它"被存在抛入到存在的真理的真的境界中而且为此境界而被存在起用",这个思所思的就是存在。思从事于存在的家之建立,存在的家起存在的组合作用,存在的组合总是按照天命把人的本质处理到在存在的真理中的居住中去。⑤ 简单地说,思让存在去存在。

只有当人生存入存在的真理中去并从属于存在的时候,也就是人不是存在者的中心,不是存在者的主人,而是存在的看护者、邻居时,就会发生责任感的指示和对规范的要求,来自存在本身的那些指示也才会来到,这些指示才是人类所需的律令与规则,除此之外的一切律令不过是人类理性的滥造之物。⑥

综上所述,海德格尔运用他的"共在"、"常人"、"存在"、"存在的真

---

① 参阅［德］海德格尔:《关于人道主义的书信》,熊伟译,载孙周兴选编:《海德格尔选集》(上),上海三联书店 1996 年版,第 374 页。

② 参阅［德］海德格尔:《关于人道主义的书信》,熊伟译,载孙周兴选编:《海德格尔选集》(上),第 392 页。

③ 参阅［德］海德格尔:《关于人道主义的书信》,熊伟译,载孙周兴选编:《海德格尔选集》(上),第 393 页。

④ 参阅［德］海德格尔:《关于人道主义的书信》,熊伟译,载孙周兴选编:《海德格尔选集》(上),第 399 页。

⑤ 参阅［德］海德格尔:《关于人道主义的书信》,熊伟译,载孙周兴选编:《海德格尔选集》(上),第 400 页。

⑥ 参阅［德］海德格尔:《关于人道主义的书信》,熊伟译,载孙周兴选编:《海德格尔选集》(上),第 402 页。

理"、"思"等语言阐发出了他对所谓的交互主体问题即同为此在的"我"与他人关系的看法:我是依赖于他人的,与他人共同此在、共同在世,在活动中,从我所运用的一切包括语言、用具甚至包括制度设置,都可以透视到他人;常人是此在(包括我和他人)的一种存在样式,但是它是异于"我"(和他人)的最大的他人;实现真正的人道主义就是要让"我"和他人摆脱常人的暴力统治,同时恢复人作为存在的看护者的尊严,这种尊严在于被存在本身召唤到存在的真理的真处中去,不再执着于存在者,而是遵从来自存在本身的那些指示,透过生存的过程凸显存在的本义。海德格尔的看法尤其是对此在为常人所统治的情形的描画不无睿见,但是,我们能够清晰地感觉到他对人的理解其实是同质化的,他人或常人只是此在的生存样式,而我和他人都是此在,他对人的本真状态的设定是"找到居留到存在的真理中去的处所",他要求人人都如此,生存出所谓的同样的自己。当然,海德格尔的思想是深刻的,对之应该进行切合生活现实的阐发,祛除其过于思辨、佶屈的文风,还其朴实真面目。我认为可以与马克思的思想对接。

列维纳是当代法国重要的伦理哲学家,他通过"印迹"、"面目"、"主显"等概念阐述了一种坚定的信念:自迈蒙尼德(Maimonide)以来,犹太教用人类的实践来表示神的意义,今天人类应当以"我对他者负责"的精神实现自救。[①] 在列维纳看来,我不仅是普通他者的"人质",而且在远古时代已经与那个"他者"(上帝)立约。逃脱上帝的不可能性就是逃脱你我他之间责任关系的不可能性,这种必须如此的对他人的责任关系作为他者向我的召唤,为我提供了或者说赐给了我救赎的机会。

我要与他人和平共处,就要获得被我冒犯的他人的宽恕,虽然他人的无限性不如作为绝对的他者——上帝,但由于更真实而在某种意义上比上帝更他者,所以必须首先争取使他平息怒气。如果他人拒绝宽恕我,那我就被置于永远不被宽恕的境地,我与他人也就处于敌对状态,这使得一切处于危险之中,这是可能的。

---

① 参阅[法]列维纳:《塔木德四讲》,关宝艳译,商务印书馆2002年版,译者前言第15页。

宽恕要具备两个条件:被触犯者有宽恕触犯者的善意,触犯者有要求宽恕的充分诚意。侵犯者必须承认他的过错,而被侵犯者必须非常乐意接受侵犯者的恳求,如此才有宽恕。应当注意的是,言语上的冒犯是一种严重性不亚于物质上的损害的侵害,因为在很多情况下,精神伤害的严重程度高于物质上的掠夺,而且话语最初的本质就是对我们的他者即第三者的承诺,其初始功能主要不在于在一个无关紧要的活动中确指一个对象来和他人交流,而在于提示某个人对他人承担着一种责任。在我容易冒犯他人而对他人造成伤害,而且是否有宽恕取决于被冒犯者他人的意义上,我是他人的人质。

但是对他人的无限责任并不必然否定我为自己考虑,事实是这种责任促使我在考虑他人的情况下公正求利,促使我斟酌和思考。所以,自利主义既不在先也又不在后,而是与对他人的无限责任意识同时的。①

在列维纳看来,人类在终极本质上不仅是"为己者",更重要的是"为他者",并且这种"为他者"必须敏锐地进行反思。外在于我者,莫过于他人;内在于我本人者,莫过于我。从我到我自己终极的内在,在于时时刻刻都为所有的他人负责,我是所有他人的人质。② 这要求我能够为非我所犯的过错负责,要求我承受不是我造成的苦难。我是自由的,但我不是绝对的起源。因为我是在许多事物和许多人之后来到的,所以我在受益于这些先在者时,必须同时感恩于它们,承受由它们造成的苦难而无怨无悔。在负责任的前提下,我才是自由的。我对和为所有的人负责,我的自由也是博爱。

列维纳还分析了我对他人的责任的不可选择性:当他人接近我的时候,我就为他人着迷(obsessed)了,无法选择地被他人缠住了。这种着迷不是我们主动去追逐他,而是我被吸引,没有摆脱的可能,这体现了我的绝对被动性;这种着迷"是没有选择的责任,是没有言语的交流"。这种"没有所言的言说"(saying without said)在他人是对我的接近,在我则意味着承诺,是不能逃脱的责任。这种对他人的责任有两个特点:第一,它不是我的主动作

---

① 参阅[法]列维纳:《塔木德四讲》,关宝艳译,第68页。
② 参阅[法]列维纳:《塔木德四讲》,关宝艳译,第121页。

为,而是强加到我头上的存在自身的重负,不容我选择,而且就我是他人的人质而言,他人之善恶无关紧要;第二,这种责任意味着博爱。对他人的爱不仅要为他人负责甚至代替他人,还要不求回报。因为回报意味着我与他人的对等,但实际上,他人远高于我,我与他人的关系不是对等主体一问一答的辩驳(dialogue),而是我对他人的应答(response),类似于法庭审判,他人是法官,我是受审者。

在列维纳看来,存在论把他人作为另一个我(alter ego),即具有同一性的自我来对待,这实际上是从"我"出发,以"我"来设想他人,把他人看作和"我"没有任何差异的主体,从而遗忘或吞噬了他人的另类性(alterity),所以存在论是唯我论(egoism)。但是人和人之间的差异是不可还原的、源初的差异,这种差异不是"我"对"他人"的差异,而是"他人"对"我"的差异。同他人的关系是存在论得以存在的条件,本源不是以"同一"为特征的存在,而是以他人的他异性为特征的差异,这种差异把自身作为伦理学来展现,坚持与保护这种差异是伦理学的前提。

列维纳认为,"我"、主体不是自身完满的、具有同一性的原子,"我"只有求助于他人才能完成自身。对他人的求助就是对他人的爱,这种爱被列维纳称为"欲望"(desire),欲望不是需要(need),因为需要从根本上是利己主义的,出于自身并满足自身,欲望则是来自他人,是不可满足的。对列维纳而言,差异不是哲学家玄思的结果,不是出于认知,而是他者为"同一"或"我思"设置了不可逾越的界限,"我"与他者的关系不是认识关系,而是伦理-实践关系。

所以,奠定在文化差异上的"对话"要真正避免"种族中心主义",必须在根底上奠基于和他人的伦理关系之上才可能,而且对话的目的不在于扩大"我们"的范围,而是透过迷雾重重的文化帷幕,为隐藏在其背后的他人承担责任,达到对他人的爱和尊重。可以明显见出,列维纳有些矫枉过正,过分强调他人的另类性、神圣性、神秘性和我对他人的迁就,过分强调我对他人的绝对责任只会导致他人对我的压迫;而且站在他人的立场来看——这应该是可以做到的——他人也应该有一个对其他人的责任问题,如果这个责任恰好是对我的又当如何呢?所以,应该说明白一点:所谓对他人的责任是一种相互的关系,这也许是过度纠偏的列维纳的本意,如果每个"我"对他人都心存敬畏与感激,那么许多问题就会迎刃而解。严谨的列维纳不会主张把他人的另类性绝对化,因为那样只会带来奴役和专制的横行,这应该不是列维纳所希望的。

从胡塞尔、海德格尔到列维纳,我们可以见出这样的线索:胡塞尔的他人问题主要是认识论上的,他强调"自我"对"他我"构造;在海德格尔那里,他人问题是生存论存在论上的,他把此在的在世性和共在性突出出来,通过对他人、对常人的分析和对存在的思,让人们知道人们之间的相互依赖并把这种相互依赖奠立在存在之上;列维纳则把这个难题转移到伦理实践活动中,强调他人的神圣性、另类性和我对他人的绝对责任。把他们放到思想史的长河中,可以说,三位思想家是渐次超越的,他们的"唯我论"色彩逐渐淡化,逐渐接近对人的生存状态的确切认识,但后二者有把问题玄化的嫌疑。应该把我们思考的基点落到活生生的人类社会现实,把三者综合起来与马克思主义哲学关于主体性问题的洞见进行比较,我们可以得出以下启示:只有在现实的、具体的、动态的主客体关系即实践、认识活动中才能把主体性问题、他者问题说清说透,这里最关键的一点是作为主客体统一的人们在地位平等的基础上的"相互性"或"互惠性"关系,也就是说,我与他人之间是一种互为主客体的关系。这种关系对我与他人是同样重要的,如果我们在思想中站在旁观者的立场上看,我与他人都是这种关系的受益者,没有这种关系,我与他人的存在都是成问题的。这体现了人作为目的和手段的统一。而所谓的"交互主体性"问题只是在活动规则的公共有效性和对同一事态的评价问题上才出现,特别是前者,即在我与他人合作行动时会出现,因为这里合作赖以成功的合作条款需要大家共同遵循,共同遵循就有一个条款规定要对大家都具有约束力的问题。总之,个人的独立性是以其对其他个人、群体和社会等的依赖为前提的,分析个人在其中的各种具体的关系才能真实地把握个人,可以用马克思的一句话作一个小结:"人的本质并不是单个人所固有的抽象物,在其现实性上,它是一切社会关系的总和。"①

---

① 马克思:《关于费尔巴哈的提纲》(第六条),见《马克思恩格斯选集》第1卷,第56页。

由此可见,对个人的理解需要抽象,但抽象要切合个人的存在的实际:与其他人共在,是一种关系存在,而且这种存在总是处在"去在"的过程中,个人存在的背景是我与他人组成的现实社会,所以我们应取社会的个人观,而不是抽象的个人观。不可把个人抽象成一种既定的人,负载着既定的兴趣、愿望、目的、需要等心理特征,个人的存在目的就是满足这些既定的东西;脱离共同体的个人是个抽象物,"人在其本质上是一切社会关系的总和",人是真实的就因为他是社会的。哈贝马斯曾经精到地指出,人的个性化是通过社会化完成的。每个个人的独特性在于他所占据的社会地位、所担当的社会角色与职责,在于他在具体对象性关系中的主体地位,在于他在社会合作中的这种不可或缺性和不可替代性。如果抽去个人身上具有的来自他所处的社会环境的所有特征,那他就成了毫无内容的纯粹形式。

三、宽容问题

宽容原则是自由主义的源头,宽容精神是一种政治性美德,宽容体现了对主体多元性事实的承认与尊重。

(一)为什么需要或者说提出宽容原则呢? 首先它是宗教的近代发展的结果。16世纪的宗教改革使中世纪的宗教统一分崩离析,基督教分裂为天主教和新教,但是由于中世纪的基督教是一种权威式的、救赎主义的、扩张主义的宗教,所以它绝不允许它所统治的社会里还有其他的、与之抗衡的权威式的和救赎主义的宗教存在;而且从基督教中分离出来的新教,如加尔文派、路德派等也像罗马教廷一样教条味十足,不容他说。于是,就有了基督教内部长期的宗教战争。

在宗教战争期间,人们虽然对最高善的本性(the nature of highest good),或者神法(divine law)中有道德义务的基础这一点不存疑虑——他们认为,他们可以通过信仰的确定性知道这些,他们的道德神学能够给予他们完全的指导;但是由于他们拒绝教会作为基督教信仰的仲裁者,反对教会的专权和基督教神学的独断,而以圣经和良知为准,赋予理性以评判宗教教义的权利,于是他们对基督教教义的理解就必然带有强烈的个人主义色彩而互不相容。所以如果没有对他人的不同理解或者所谓"异端"的宽容的话,教徒之间的关系就会是不共戴天的,它只能通过时势的改变与相互消耗而得到暂时的缓和。

正是个人理性对教义的不同理解以及对各自理解的坚持导致了基督教的分裂,随之而来的宗教战争和其间伴随着的关于宗教宽容的漫长争论(16—17世纪),这些血淋淋的事实使得人们逐渐认识到宗教分裂的现实性和强制同一的不可能性,于是人们开始形成对良心自由和思想自由的现代理解。如同黑格尔所言,虽然宗教多元论肯定不是路德和加尔文的本意,但是这种多元论使得宗教自由成为可能。人们逐渐认识到这种多元论并不是灾难,因为它是自由制度下人类理性运用的自然结果。到了18世纪,这种多元论成了现代社会的一种恒常的文化特征。与此同时,近代世俗化的国家概念逐渐形成,这种国家观认为,国家是其领土内最高权力的唯一掌握者,是唯一的立法者和效忠对象,其他一切社团与组织只有经过它的允许才能存在,而且每个王国或城邦不受外来势力和上级权力(指上一级的帝国)束缚的独立应该得到维护和保证。① 这意味着,宗教改革引起的混乱竟对近代世俗化的国家概念之形成作出了反常的但又极为重要的贡献,可谓“鹬蚌相争,渔翁得利”,国家取代宗教居于最高裁判的地位,但它并不直接过问宗教事务。从此政教分离原则得以确立起来。

其次,多元论是人类理性在自由制度下正常运用的必然结果,是民主社会公共文化的永恒特征,而不是人类生活的不幸状态。这是因为处于一定传统和经济状况中的个人在关于什么是好的问题上,意见常常是不可通约的,不同个人的人生追求也会不一样。这是各自不同的实情造成的,是个人所不能选择的,政府作为公共权力机构应当保护这种多样性、多元性。政府的保护只是多元论事实得以和平存在的一个基本条件,同样,承载着不同传统、文化的个人、群体直至民族、国家对异于自己的传统、文化及其承载者要有一种尊重,起码是宽容的态度,因为异己的东西是不能和不可消灭的,道理很简单,“我”、“己”相对于“他”、“异己”才能

---

① 参阅[英]昆廷·斯金纳:《近代政治思想的基础》(下卷:宗教改革)结语部分,奚瑞森、亚方译,商务印书馆2002年版。

现实地存在,己与异己是相互缠绕、相依而存的,两者可能相互增益也可能此消彼长,全靠对待彼此的态度:相互合作则相互补益,共同发展,相互对抗则此消彼长甚至两败俱伤。

最后,多元论事实是世俗化的趋势使然。近代以来,西方世界诸"神"并立,人类理性是最高裁判,但是,理性经过每个人的运用,结果却大相径庭。没有一个最高权威能够对这些不同甚至相互对立的结果给出一个众人皆认的评判,各种价值为了生存,只好相互宽容,互容共存是最好的解决方式。

(二)罗尔斯所讲的"宽容"

在《政治自由主义》中,罗尔斯所讲的不是多元论一般而是合乎理性的多元论,为作为政治观念的公平正义所宽容的只是那些合乎理性的、全备性的宗教、哲学与道德学说及与这些学说相联系的生活方式,包括那些并非不合乎理性的(not unreasonable)各种全备性学说。而那些并非合乎理性的(unreasonable)或反理性的(irrational)全备性学说则为这种政治观念所不容,因为这些非理性的学说会完全或部分压制各种得到政治观念认肯的基本权利和自由,会把它们的信仰强加到其他人头上,它们断定只有它们的信仰才是真的。罗尔斯希望,这些非理性学说不可能强大到足以逐步削弱西方立宪民主政体的实质性正义的地步。①

受公平正义政治观念调整的国家对待这些合理的全备性学说及与之相联系的生活方式的态度是中立的或者说是无立场的(freestanding)。这些学说和生活方式的兴衰更替是在一定的制度框架里进行的,在罗尔斯那里是正义的西方立宪民主政体。但是不管该政体的政治正义观念如何地努力在这些学说及其生活方式间保持中立,总还是有些学说及其相应的生活方式寿终正寝,因为任何生活都无法在其自身内部囊括所有生活方式,诚如伯林所说,没有无缺陷的社会世界,这是价值和世界的本性使然:在伟大的善中间,有一些是无法共存的,而我们注定要进行选择。所以,无论我们选择什

① 参阅《政治自由主义》平装本英文版,第65页;万俊人中译,第69页。

么,都将有一种无法弥补的损失①。但是,在罗尔斯看来,公平正义的政治观念对所有合理的善观念(包括并非非理性的善观念)都是公平的,这就是宽容,主要是对"合理"的宽容。

在《万民法》中,宽容不仅意味着不用政治制裁的方式(或军事或经济或外交)迫使其他非自由(主义)民邦改变其发展道路(基本社会制度),而且意味着承认这些非自由主义的社会为万民社会的平等而合格的成员,这些成员拥有某些权利、承担某些职责(义务),包括文明的义务(the duty of civility),即为其行为向其他民邦提供适合于万民社会的公共理由以为自己辩护。罗尔斯明确指出,自由(主义)社会所宽容的对象是合宜的社会,为什么呢? 因为非自由的、合宜的社会的基本制度安排满足某些特定的政治正当与正义的条件并且引导其人民尊崇一种适用于万民社会的合理而正义的法律。具体而言,这些合宜社会能成为合理的万民社会的合格成员是由于它们满足两个条件:(1)这种社会没有侵略别国的意图,它认识到必须通过外交、贸易及其他的和平手段才能达到其合法的目的。尽管它也会寻求对其他社会的影响,但是它所采取的手段是和平的,而且尊重其他社会的政治、社会秩序与独立,这根本不同于 16、17 世纪宗教战争时期的那些起主导作用的欧洲国家。(2)一个合宜民邦的法律体系不仅与通常的正义理念②一致,确保其所有成员的人权,而且在其领土内把诚挚的道德责任与义务(这不同于人权)强加到所有人头上,同时管理司法系统的法官和其他官员都真诚而不是不合理地相信:他们所执行的法律确确实实地受一种关于正义的公共善理念所指导。在这里,个人首先被视为合宜而理性的、负责任的合作成员,他们是作为各自群体的成员参与社会合作的,而且法官和其他官员是忠心而自愿地维护法律权威与尊严的。③

---

① 参阅[英]伯林:《自由论》之《两种自由概念》,胡传胜译,译林出版社 2003 年版,第240—246 页;罗尔斯在《政治自由主义》之《根本理念》篇的"判断的负担(或艰难)"中引述伯林的观点说,任何制度体系都是一个有限的社会空间,它不可能实现所有的道德价值与政治价值,所以我们必须根据他人的要求来限制我们所珍视的每一种价值,虽然这样做不足以解决所有冲突。

② 与合宜理念相伴随的正义理念,把社会里每个人的根本利益都考虑在内。

③ 参考《万民法》英文版,65—66 页。

(三)对罗尔斯"宽容"的评价与推进

其实,罗尔斯并未像他所承诺的那样把宽容原则运用到哲学本身上,因为起码,他对他所认定的不合理(unreasonable)或者反理性(irrational)的全备性学说抱持不宽容的态度,虽然他并未明确地说要消灭这些非理性学说。在美国这样的社会里,他是如此,在诸民邦组成的国际大社会里,他的态度亦然,虽然跟在《政治自由主义》时期相比进了一步,因为他在合理性(reasonableness)概念的基础上提出了合宜性(decency)的要求——必须承认这是主张西方自由立宪民主制的罗尔斯所作出的一个重大让步。总之,罗尔斯所讲的宽容是以所谓的合理性为依据的,是自由主义式的,而且他只是以自己为主讲对其他人、其他学说以及生活方式的宽容,而基本没有理解、接受其他学说和生活方式的胸怀。但是,罗尔斯这样的思想大师不会不知道:被他的公平正义政治观念所不容的所谓非合理或反理性的学说及秉持这些学说的个人、群体、民族、国家,按照他的理解,肯定也对自由主义的公平正义抱敌视态度。其实并不尽然,这从罗尔斯的理论受到那么多人的关注可以见出,这表明,罗尔斯的追求反映了世界各国各地人们的部分普遍要求。

虽然罗尔斯尽量悬置作为认知有效性追求的真理概念,但是在我看来,他的合理性概念,即使只是在政治的范围内——更不用说在宗教、道德等其他价值文化领域,起着跟真理概念一样的"裁决一切"的作用,从而容易造成敌我范畴的恒常化。本来罗尔斯提出要将宽容原则运用到哲学身上就是为了消除这种不共戴天、永无止日、你死我活的敌我争斗,可到头来,又因为合理性的概念又将敌我范畴拉入了哲学甚至政治生活,这让我百思不得其解!

值得注意的是,也有学者试图将宽容原则贯彻到底,如爱林·凯利(Erin Kelly,《正义新论》的编辑者)和莱昂内尔·麦克弗逊(Lionel McPherson)就联合在《政治哲学杂志》(9(1)2001)上撰文《论对不合理者的宽容》试图将宽容原则进行到底即将宽容的范围推广到为数众多的不合理之人及其所秉持的不合理的学说上。可惜的是,凯利和麦克弗逊的宽容也是有限度的,他们的限度是政治意义上的合理性,并且严格把罗尔斯关于合理的两种含义区分开。也许,宽容原则的可行性与现实性正在于其限度,这让我想起了伯林的洞见:在各种绝对的要求之间做出选择,是人类状况的一个无法逃脱的特征①。这些要求的绝对性就因为它们有某种程度的排他性,所以,需要他人、需要社会的人们必须认识到他们各自坚持的信念或生活方式之有效性的相对性,在此前提下,他们才能毫不妥协地坚持它们。这样,大家才都有自己的活路。

凯利和麦克弗森认为,在罗尔斯那里,合理的含义有两个基本方面:第一,合理的政治意义:只有这样的个人才是合理的,他们乐于提出可以作为公平的合作条款的原则和标准,并在能够确定其他人会同样地遵循这些原则、标准情况下,他们能自愿地遵循这些原则、标准。他们之所以认为这些原则、规范是合理的,是因为这些原则能为每个人接受,从而对每个人而言,这些原则是可以证明(其正当性)的。②

第二,合理的哲学意义:这样的个人才是合理的,他们自愿认识到判断的负担并且主动承担在西方立宪政体中指导着政治权力的合法行使之公共理性运用的后果。③ 判断的负担说明了从事着理性的批判反思的诸位个人即使在他们是政治的合理的情况下也会以一些深刻的而互不相容的方式,就善的本性或什么构成善达不成一致意见。也就是说,政治上的合理并不意味着哲学上的合理,一种正义的政治制度安排不能够预设一种共享的善观念,这样,即使是持哲学上不合理的观点的那些个人也能接受这种政治制度安排。

这只能说是对罗尔斯关于"合理的"观点的一种理解,罗尔斯本人并未将这两个方面分开而是认为是"合理的"就意味着包含这两个方面。根据我对罗尔斯的把握,"合理的"这两个方面紧密联系在一起的,因为"合理的"(reasonable)面对的是牵涉到他人的公共世界,这与"理性的"(rational)不同,它要解决的是有着种种差异的理性个人之间的共处与互惠合作问题;

① 《自由论》胡传胜中译本,第 242 页。其实这种现实正表明了自由的必要与可贵,如阿克顿所言,自由本身就是目的,而不是从我们的混乱观念、非理性与无序的生活中产生的短暂需要。

② 参阅《政治自由主义》平装本英文版,第 49 页。

③ 参阅《政治自由主义》平装本英文版,第 54 页。

这样人们一方面需要提出规约它们之间互惠合作的、对它们都具有约束力的规范,另一方面,基于人的理性(human reason)在西方立宪民主制度下的独立运用,合乎理性的分歧之产生是不可避免的,所以人们要对其抉择或判断的后果负责。合理分歧的根源被罗尔斯称为"判断的负担",这种负担是每个合理的个人都必须面对和担负的,它不同于司法过程中的由原告或被告承担的举证责任。

拉莫尔在《现代性的道德》中对判断的负担有概括,结合罗尔斯的观点,我们对判断的负担的阐述如下:(1)关于某个特殊事例会有复杂而相互冲突的、难以作出评估的经验证据;(2)相关考虑的类型上的一致不能保证对各种考虑的权重有一致意见;(3)不只是我们的道德概念和政治概念,几乎所有的概念都可能模糊不清并且常常会遇到棘手情况,即由于我们的判断力差异和概念的模糊从而导致对同一件事有不同的解释;(4)决定着我们如何评估证据、权衡价值的总体经验,在复杂的现代社会里很可能是因人而异的;(5)不同种类的规范性考虑会囊括一个问题的正反两个方面,不同的人思考的侧重点不一样;(6)如果被迫在众多值得珍视的价值间进行选择,我们就会面临巨大的困难,因为我们不知如何确定其优先性,即使我们根据其他人的要求也是如此。①

理性的个人在上述诸多方面的差异导致了合理的不一致的发生,即使真诚而理性的个人经过自由而开放的讨论也不能确保所有人都达到同样的结论,这也正是合理多元论事实在自由社会里长期存在的根本原因。这些导致难以达成意见一致的艰难,是人们无法也不可能消除的。何况个人之间的分歧还有一些非理性的根源:偏见、自我利益和小团体利益、盲目和任意仍然会在政治生活中起着为所有人所司空见惯的作用。个人之间的合理与不合理的分歧是人类生存的现实状况,这种多样性唯有靠压制性地使用

① 参阅 Larmore,*Morals of Modernity*,Cambridge:Cambridge University Press,1996,p.170。转引自凯利和麦克弗逊的论文《论对不合理者的宽容》,这与罗尔斯在《政治自由主义》和《正义新论》中的归纳基本一致,见平装本英文版,第 56—57 页和姚大志中译本,第 36 页。伯林在《两种自由概念》中突出了第六点,并极力主张"价值多元论":我们可以自由地选择目的,但我们不可以宣称这些目的是神圣的、是永恒有效的,它们只是作为平等者的某个人的目的,是相对的。

国家权力才能消除,如同中世纪的宗教裁判所维持着人们对天主教的统一信仰一样。但是作为一个现代民主国家,我们就不能压制性地使用国家权力以根除这种多样性,因为国家权力的此种行使会导致残暴和对公民社会生活、政治生活的败坏,所以我们必须寻求一种政治的正义观念,这种政治观念能够赢得合理的重叠共识的支持,进而成为公共证明的基础。

考虑到分歧根源的这些深刻性,凯利和麦克弗森区分政治上合理的与哲学上合理的,主张:只要政治上是合理的,无论是个人还是群体就应该是被宽容的对象,即便他们在哲学上是不合理的,因为这些哲学上不合理、政治上合理的个人或群体能够接受一种政治上合理的正义观念。但是,没有深层支撑的在政治上似乎是合理的个人是靠不住的,它们有可能把这种政治观念仅仅作为权宜之计,一旦时机成熟即通过纯粹的强力或多数人的暴政可能使得实力的均衡变得有利于他们时,他们就会背叛这种政治观念而变得在政治上不合理,从而由政治上合理的变为政治上不合理的,可宽容的对象变成了被排挤、被压制的对象。基于此,罗尔斯寻求更深层次的但不严格的"合理"根基即"重叠共识"。

明确厘分"合理"的两个方面是凯利和麦克弗逊的贡献所在,但是与此同时,我们必须意识到,凯利所讨论的情形仍然属于理想理论,它与实际情况还有很大的鸿沟。我们认为,这里问题不在于是否或怎样区分合理的两个方面,而在于首先,是否人类社会中的一切事态都需要区分合理与否、需要讲宽容;其次,区分合理与否的标准以及进一步区分政治上是否合理和哲学上是否合理的标准是什么。比如搞科学研究、产品质量鉴定等,就必须坚持实事求是原则,来不得半点松动,否则只会危害大众;而在诸如科研的兴趣、方式、产品的品种、花样、个人在不妨碍他人的爱好发展上,则需要遵循合理原则,对多样化、多元化表示理解与尊重。不然的话,强令世界上只开一种颜色的花,那该多单调、乏味啊! 所以,讲合理、讲宽容也是分具体情况的。

在罗尔斯和凯利那里,标准只有一个,即是否真心支持一种自由主义的正义的政治制度安排,是否相信宽容的价值和平等的公民身份在政治上是根本的。但凭什么以此为标准是需要说明的,在此我们应该遵从伯林等杰出思想家的教诲:既然我们同为人类之一员,我与你以及他的差异是应该得到尊重的,因为我们是自由而平等的,没有哪个有优先于其他人、统治其他人的资格与权利;考虑到强治弱的残酷现实,必须强调对强者的自由的限制和对弱者的补偿;我们每个人都要有这样的自觉与胸怀:我们每个人的信念、目的和生活方式只有相对的有效性,同时我们又要毫不妥协地坚持这种相对的有效性。① 但是必须承认罗尔斯和凯利的进步之处:不再以是否为真的个人独断,而是以有差异的个人从自己所秉持的全备性观点出发都能接受的、经过充分协商的政治观念作为是否合理的标准。实际上,合理标准体现出对"主体"的尊重,具体情况下谁是主体就以谁为准,而不是以某种"主体"特殊为一般,强制推行一种标准,一切"理"都在这个标准上。

第四节　重叠共识的寻求——正义原则的公共性论证

　　一个公平正义的良序民主社会,如果考虑到其合理多元论的特征,那么如何才能建立和维护其长期的统一与稳定呢? 这是《政治自由主义》第二部分三讲所要解决的问题。② 在这样一个社会里,一种合理的全备性学说不足以作为社会统一的基础,这样的学说也不能提供关于根本政治问题的公共理性(public reason,公共理由)的内容。

　　在罗尔斯看来,一个良序社会要统一与稳定就必须引入另一个政治自

---

　　① 参阅伯林:《自由论》,胡传胜译,第 243—246 页。伯林提到要注意 R.H.托尼、柏克、J.S.密尔和 J.A.熊彼特包括边沁等思想家的教导,并主张他的多元主义及其所蕴涵的"消极的"自由标准比那些在纪律严明的威权式结构中寻求阶级、人民或整个人类的"积极的"自我控制的人所追求的目标更真实更人道。其实"消极"自由和"积极"自由的区别并没有像伯林说的那么大,实际上,积极自由是消极自由的前提。当然伯林是在人类对积极自由的追求比较过分且极具独断论色彩和对人类理性的局限认识不足的情况下强调消极自由的意义的,必须注意伯林思想的时代背景和自由主义前提。

　　② 《正义论》的整个第三部分可以说是正义原则的稳定性论证,罗尔斯在此力图让正当(权利,right,justice)与善(价值,good)一致起来,并超越其个人主义立场以彰显个人的社会性,他是通过考察道德心理学和正义情操的获得来论证其正义原则的稳定性的。罗尔斯在《正义论》里有一个假定,即每个社会成员都认可同样的关于正义的道德原则,因而没有考虑多元论事实。

由主义的基本理念即诸合理的全备性学说的重叠共识以与政治的正义观念相匹配。政治的正义观念是一种独立的（freestanding）观点，它与每个人所秉持的各种特殊的全备性学说并无深层勾连。其主要内容是规定公民间公平社会合作条款的两个正义原则，依照这些原则安排的社会基本制度是正义的。在这样一种共识中，诸合理的学说各自从自己的视角或立场出发都能尊崇这种政治的观念，社会的统一就奠基于这种共识，它所追求的就是大家都承认的结果而不管做出这种承认的特殊理由。基于这种政治上的承认，人们遵循跟随这种政治正义观念而来的宪法和其他具体法律就没有太大的困难。

一、重叠共识不同于权宜之计

重叠共识是与权宜之计（a modus vivendi）根本不同的，作为社会统一和稳定的最为合适的基础的只能是重叠共识。罗尔斯的政治自由主义对社会统一与稳定的这两种可能的基础有清晰的区分，这是它区别于以前自由主义（尤其是霍布斯等人所主张的）的根本所在。稳定性问题包括两个方面：第一，在正义制度之下成长起来的人们能否获得一种在正常情况下充分有效的正义感以便他们能够一般地遵循这些制度安排；第二，考虑到民主制的公共政治文化特色尤其是合理多元论事实①，这种政治的观念能否成为重叠共识的核心。

对第一个问题的回答要求提出一种道德心理学：罗尔斯从规定一种合理（reasonable）人类心理学及人类生活的正常条件的那些假定出发，力图阐明：在正义的基本制度之下成长起来的那些人获得了一种正义感和对这些制度有足够理性的（reasoned）忠诚，正是这种得之于正义的制度的适当的动机使得公民们自愿行动以相互给予正义，这种正义感就是社会稳定的一个重要保证。关于正义感的形成前文已有详述（本章第一节）。

回答第二个问题则需要考量重叠共识的可能性与有效性。重叠共识的

---

①　必须注意的是，除了合理多元论事实外，还存在着自由主义的多元论事实（the fact of liberal pluralism）。指望大家赞同一种自由主义政治观念也是不合理的，罗尔斯所主张的公平正义观念只是自由主义政治观念族类中的一个成员。

内容即两个正义原则或者说公平正义的政治观念不受社会上存在的任何特殊的全备性学说①的影响,更不是各有优势的全备性学说之间的妥协。从合理多元论事实出发,作为重叠共识核心的公平正义足以充当社会稳定的保证,因为它遵循一种政治的合法性观念,即在一个宪制政体里,政治权力是诸平等公民作为一个集体所拥有的权力,所以公平正义能够得到秉持合理而相互冲突着的学说(教义)的公民的合乎理性的支持。

二、作为民主社会稳定性之公共基础的重叠共识

罗尔斯是通过考察对重叠共识的四个反对意见②来论证其"重叠共识可以作为民主社会稳定的公共证明基础"这一观点的。第一个反对意见认为,重叠共识放弃政治共同体的希望,而仅仅是一个权宜之计或纯粹的临时协定。罗尔斯指出,重叠共识所放弃的是那种唯一一种特殊的全备性学说或善观念独尊的政治共同体,要维持一种特殊的全能教义的独尊地位唯有压制性地运用国家权力(state power)。重叠共识与权宜之计十分的不同,因为"权宜之计"意味着民族目的和利益相冲突的两个国家之间通过协商达成的一个约定。在协商时,双方都是足够精明与审慎以至于达成的协议表现为一个平衡点,协议的条款规定让任何一方都知道:违反协定不利于它的民族利益,而遵守协约是自己的利益所在,包括其作为一个重约、守约的国家形象。一般而言,双方都易于牺牲对方以追逐自己的利益。所以这样的联合是建立在各方特殊而容易变动的利益之上的,因而是不稳定的。重叠共识则不同:第一,共识的内容即政治的正义观念本身是一个道德观念;第二,它基于道德的理由被确认,这样的重叠共识就不仅仅是一种就接受某些权威或就遵守某些制度安排达成的、建立在自我利益和集团利益考量上的共识。人们从各自持有的全备性学说出发,凭借这些学说所提供的宗教、哲学和道德的根据来确认这种政治观念;这种确认与各种全备性学说在社会上的相对力量无关,也就是说,人们确认这种政治观念是出于自己的,是严

---

① 即 comprehensive doctrine,或译为"全能教义",为行文便利,两种译法在本书中通用。
② 这里基本上考察的是罗尔斯对重叠共识的解释,参阅《政治自由主义》平装本英文版,第146—169页;中译本,第154—179页。

格按照各自的全备性学说,运用理性推理达到这种确认的;即使他们所持学说在社会上成为了一种决定性的力量,他们也不会撤回自己对该政治观念的确认。

关于政治的正义观念的重叠共识理念的第二个反对意见是对各种普遍的和全备性的学说的回避意味着对政治的正义观念是否为真这样一个问题抱一种怀疑主义态度,这与建构论意义上的"合理的"(或合乎人类理性的)理念是正相反的。罗尔斯的回答是,这种怀疑会让政治观念陷入与各种全备性学说相互反对的危险,政治观念所做的是既不肯定也不否定任何特殊的全备性的宗教、哲学或道德的学说及其真理理论和价值。针对理性主义的信仰者,罗尔斯说他们在否认合理的多元主义事实时弄错了,由于否认宗教信仰能够由理性在公共意义上充分地确立起来并不意味着这些信仰不为真;我们只是说,我们的全备性观点对于达成共识这样的政治目的是必需的或有用的。罗尔斯假定:每个公民确认某种这样的全备性观点,并希望:从各自的全备性观点出发,所有人都是可能接受政治观念为真的或合理的,因为人们所持有的不同学说的全备性并不是完全充分的,这就为他们接受政治观念留有余地;而且政治观念是从公共政治文化里的那些根本理念(如:作为公平合作系统的社会理念和作为自由而平等的公民的个人观念)中引出的,并且与人们的经过恰当反思的、深思熟虑的确信相一致。

在罗尔斯看来,一种政治的正义观念力图区分两种问题:一类是可以合乎理性地从政治议事日程表中排除掉的,如根据平等的良心自由权,罗尔斯把宗教的真理问题从政治议事日程表上排除掉;根据平等的政治和公民自由权,他把农奴制和奴隶制等可能的制度安排也排除掉了。另一类是仍然在议事日程表上的、有或大或小争议的问题,如基本自由权相互冲突时各自的边界划定、分配正义要求的解释和核武器的使用等。

公平正义这样一种政治的正义观念要求搁置根本性的宗教、哲学和道德问题,因为它们在政治上很难解决或难以驾驭。以公平正义作为核心内容的重叠共识把这种政治观念的真实性即真理问题留给每一个公民,让他们按照他们各自的全备性观点作出自己的决定。

第三个反对意见主张,一种可行的政治观念必须是普遍的和全备的,而且有关正义问题冲突的哲学根基越深,哲学反思就要越具普遍性和全备性,那样才可能将冲突的根源暴露出来并形成一个恰当的价值排序,所以离开任何全备性学说而声称一种适用于基本结构的政治的正义观念是毫无用处的。

在使得西方立宪民主制成为可能的那些合理的有利条件下,政治价值是重于其余各种非政治价值的。这种自由主义的观点保护人们所熟悉的那些基本权利并赋予其特别的优先性,还将那些确保所有公民都能获得的充足的、为有效利用这些基本权利所必需的种种物质手段囊括在内,而把那些容易造成隔阂的争议排除在政治议程之外。而且政治观念至多只是一个帮助我们至少在西方宪政根本和基本正义问题上进行商讨和反思达成政治协议的指导性框架。

三、宪法共识到重叠共识

第四个反对意见认为,重叠共识是乌托邦,因为没有足够的政治、社会或心理的力量造成一种重叠共识(如果没有的话)或保证一种重叠共识的稳定(如果有的话)。

罗尔斯对第四个反对意见的处理是扼要说明重叠共识的产生及保证其稳定性的方式:起初是犹犹豫豫接受或默许,慢慢形成的是宪法共识,接着进入公共论坛并最终达成重叠共识。

在宪法共识中,满足某些基本原则的宪法确立一些调和社会内部政治争斗的民主的选举程序。这些争斗包括不同阶层和不同利益之间的斗争以及推崇不同自由主义原则的那些人之间的争斗。虽然他们就某些基本政治权利和自由如投票权、政治言论自由、结社自由以及其他为民主制的选举和立法程序所需的权利等尚有一致意见,但是对于这些权利与自由的确切内容与边界以及什么权利与自由才是基本的等问题却没有达成协议。所以宪法共识是浅表的,也是狭隘的,因为它只包括民主政体的政治程序而不包括整个基本结构。

宪法共识的形成是由于我们所持的全备性观点的某种松散性及其全备性的不充分性。在合理的多元论事实既定的情况下,一种稳定的宪法共识要满足以下三点要求:第一,一劳永逸地确定某些基本政治权利与自由的内容并给予它们以特别的优先性从而将那些对权利的保证从政治议事日程上去掉,将这些权利置于社会利益的算计之上;第二,考虑到所接受的自由主义原则的内容及其仅仅参照有关政治程序及基本政治权利与自由的制度性事实、参照机会和适于一切目的的手段的可获得性,这些自由主义原则才能够依照公共探究指南和证据评估规则加以运用;第三,融进了这些原则和运用原则所需的公共理性形式的基本政治制度倾向于鼓励那些政治生活中的合作性美德即合理(reasonableness)美德、公平感、妥协精神、迁就以满足他人的意愿等,这些美德都与那种根据公共接受的政治条款而与他人合作的乐意相联系。这种合作的意愿意味着公民对彼此的信任,因而对于社会的秩序、稳定与安全等极为重要。

重叠共识在深度、广度上都强于宪法共识,因为重叠共识要求其政治原则和理想建立在一种政治的正义观念之上,这个观念使用诸如公平正义所解说的关于社会和个人的根本理念,而且其范围超出那些构成民主程序的政治原则而进一步包括规范作为一个整体的基本结构的原则。其内容也是特定的,其核心是一种特定的政治正义观念,公平正义可作为一个范例。

是什么力量促使宪法共识进展到重叠共识呢?罗尔斯认为可以从三个方面(与重叠共识的深度、广度、具体程度或宽窄程度即居于共识焦点的观念之类别相联系)进行分析:第一,一旦人们达成宪法共识,进入政治讨论公共论坛的各政治集团势必走出各自的狭隘观点发展出各种政治观念,据此他们可以向更广泛的公众解释和论证他们所偏好的政策,以便构筑一个大多数。这样,这些政治观念就为解释每个集团所尊崇的原则与政策的意义和含义提供更深层的基础和讨论的共同渠道。第二,宪法共识所包含的权利、自由与程序只是被讨论的根本政治问题的一个有限的部分,于是,各集团有动力以各种方式补充宪法从而进一步囊括更多的西方宪政根本,进一步立法保证良心自由和思想自由、结社自由与迁移自由,采取措施保证所有公民的基本需要能够被满足以便他们能够参与政治生活与社会生活。第三,如果奠基于民主公共文化的根本政治理念的各种自由主义观念之间的差异越小,那么,在一个由这些观念所规导的稳定的基本结构中支持这些观念的各种隐含利益之间的兼容性就越大,而界定共识核心的自由主义观念的范围就越窄。它必须满足两个条件:(1)它正确地建立在那些更核心的根本理念之上,即建立在作为一个公平合作系统的社会理念与作为自由而平等的公民的个人观念之上;(2)由于有它所支持的和为它所激励的利益,所以它是稳定的。

综上所述,重叠共识是现实地可能的,不是乌托邦。这也是罗尔斯所做的关于多元社会之稳定性或统一的公共基础的探寻,这既是一种可行性论证,又是一种可欲性论证。

第五节　正义规范的适用与贯彻——在一个封闭的社会里

在《正义论》和《政治自由主义》中,罗尔斯都明确宣称:他所主要考察的是社会的正义问题,包括国际层次的正义,而不是个人的和由个人组成的各种联合体的正义问题。正义的首要主题是社会的基本结构,也就是说,在罗尔斯那里,正义是对一个社会的主要制度安排所提的要求,而这些制度安排是作为保证公民个人的自由权和尊严的背景存在的。罗尔斯的正义观念具体表现为他所"提出"的两个正义原则,"选择"出适用于社会基本结构的这两个正义原则是原初契约的目标,而且这些原则将规导所有进一步的契约,规定各种可能的社会合作类型和政府形式。他把他的强调平等与自由之间协调的正义规范理论称为"公平正义"理论。

一、正义的首要主题是社会的基本结构

罗尔斯把"社会基本结构"理解为"各种主要社会制度组合为一个系统的方式以及这些制度如何分配根本的权利与职责、如何划分由社会合作产生的好处"①,基本结构包括政治构架(political constitution)、法律承认的财产形式、经济组织、家庭等。这样,对思想自由、良心自由的法律保护、竞

---

① 《政治自由主义》平装本英文版,第258页;中译本,第273页。

市场、生产资料的私人所有、一夫一妻制的家庭都是主要社会制度的例子①。这些制度组合为一个系统,确定着人们的权利与职责,影响着他们的生活前景即他们期望达到的状态。基本结构对一个人的影响是深刻的,这种影响贯穿这个人的一生,而且这种影响是个人无法逃避的;人们之间的深刻的不平等常常是基本结构的主要制度所鼓励的,因为这些制度给予某些优势初始地位以更多的照顾。也正因为此,基本结构才成为正义的首要主题,把握了基本结构的正义性实际上抓住了范围广泛的正义问题的关键所在。所以,罗尔斯从未有说明平等地适用于所有主题的首要原则的企图。相反,在《正义论》(和《政治自由主义》)里,罗尔斯从两个方面限制他的探讨范围:第一,他不是普遍地考察制度和社会惯例的正义性,除了在第58节简要地谈及万国法(the law of nations)和国家间(between states)关系的正义性外,所关心的只是正义问题的一种特殊情形即为一个暂时被视为同其他社会隔绝的封闭系统的社会的基本结构提出一种合理的正义观念。罗尔斯相信:这样一种理论经过适当的修改,可以为分析别的正义问题提供指导。第二,他主要考察那些规导着一个良序社会的正义原则,在这个社会里,每个人都被假定在合乎正义地行动,在支持正义的制度安排中尽自己的一分力量,也就是说,罗尔斯主要考虑的是严格服从的情形,严格服从相对部分服从,部分服从理论研究的是那些指导我们如何处理不正义的原则,如惩罚理论、正义战争学说、对反抗不正义政体的各种方式进行论证,从非暴力违抗、良心拒绝到军事抵抗和革命,有关补偿正义的问题和对制度性不正义的各种形式的权衡问题也包括在内。应当指出的是,正义理论的生命力正在于这些部分服从所考虑的实际情况。而罗尔斯之所以从考察理想理论开始,是因为他认为这种理想理论能够提供系统把握这些更紧迫的现实问题的唯一指南。

虽然家庭被作为基本结构的一个组成部分,但是两个正义原则不可以直接应用于家庭。家庭为什么被看做社会基本结构的组成部分呢? 人们经常说,家庭是社会的细胞,但细胞之于社会机体的重要性也不至于达到与政

---

① 参阅《正义论》英文修订版,第6页;中译本,第7页。

治体制和主要的经济、社会安排同样重要的地步,它的作用类似于社会中存在的各种团体。家庭被看做社会基本结构的原因在于家庭所发挥的本质作用。家庭的作用就是以理性而有效的方式来安排抚养和照顾儿童,保证他们的道德发展和教育,从而形成良好的教养即具有正义感和政治美德。正是这些为家庭所培育的正义感和政治美德支撑着正义的政治制度和社会制度,进而使得社会永续下去,这样政治社会才可能无限持续的合作体系。

可见,罗尔斯的正义理论是为良序社会即处于理想态的西方立宪民主社会服务的,考虑到罗尔斯理论的美国特色,我们甚至可以说,他的理论是为像美国那样的自由主义社会着想的,遗憾的是,这种美国特色的正义理论却有一种霸权式的普适追求。也许,从理论上讲,罗尔斯是出于善意或者说是一种理论的完整性、彻底性使然。

二、罗尔斯所向往的西方立宪民主社会的特色

当然,罗尔斯的西方立宪民主社会是根本不同于当时的资本主义福利国家的,而且他认为这种民主制是取代资本主义的一种选择。为了说明西方立宪民主社会即财产所有的民主制的优越性,罗尔斯区分了五种政体①:(1)自由放任的资本主义;(2)福利国家的资本主义;(3)带有指令性经济的国家社会主义;(4)财产所有的民主制;(5)自由(民主)社会主义。其中,前三种政体至少以一种方式违反了两个正义原则:(1)自由放任的资本主义仅仅保证形式的自由,奉行效率原则,遵循前程对才能开放(careers open to talents)的原则,否认平等的政治自由的公平价值和公平的机会平等,否认人们在追求经济繁荣和政治统治过程中有释放自己能量的平等机会,它甚至认为,一种相当低的最低社会保障也是经济效率和经济增长的障碍。

(2)福利国家的资本主义也否认政治自由的公平价值。对机会平等虽然有某种程度的关切,但缺乏达到公平的机会平等所需的政策措施,而且它

---

① 参阅罗尔斯:《作为公平的正义——正义新论》,姚大志译,上海三联书店 2002 年版,第 228—229 页。

允许在不动产(生产资料和自然资源)的所有权方面存在极大程度的不平等,以至于经济进而政治生活的大部分被少数人所掌控。这样虽然它能够提供一种像样的最低社会保障,使得即使是最弱势的群体的基本需要也能得到满足,但是调节经济、社会不平等的互惠性原则即差异原则未能得到满足,弱势成员只是政府救助的对象,作为人的尊严无从谈起。

(3)这种政体在政治上由一党控制,经济是指令性的,经济计划流行,几乎不用民主程序或市场机制,因而违反了平等的基本权利和自由,更不用说什么这些自由的公平价值了。

处于理想态的(4)、(5)包含了用以满足两个正义原则的安排,罗尔斯主要分析的是(4),他所青睐的、作为社会变革模型的也是财产所有的民主制。所以虽然罗尔斯对各种政体的理解基本是真实的,但是为了他的正义原则,他对各种政体有一种同质化的要求,希望把它们化到财产私有的民主制下面。

三、适用正义原则的"四阶段序列"

一般而言,公民必须做出三类判断:(1)判断立法和社会政策的正义性。他们也知道他的意见通常与他人的意见不一致,由于他们的判断和信念很可能不同,在他们的利益牵涉其中时更是如此。于是,这里就需要一些指导正义判断的标准;(2)为了协调人们关于正义的意见冲突,他们必须决定哪一种西方宪政安排是正义(公正)的。政治过程可以被看作一部机器,一旦输入代表和选民的意见,它就会作出社会决策。这种机器的设计方法会造成所作出的决策优劣之差别。于是,一个完整的正义观念就不仅能够评估法律和政策,还能够鉴别意见挑选程序,根据这些程序,人们知道什么样的政治意见应该表达为法律。(3)公民们总是接受某种宪法为正义的,并认为某些传统程序如经过适当限制的多数决规则是合适的程序。但是,由于政治过程至多能达到一种不完善的程序正义,所以,公民必须明确政治义务与职责的根据和限度。这三个方面也是罗尔斯的正义理论所欲解决的问题,把正义原则应用于一个"几阶段序列"是解决这些问题的一个尝试。受美国宪法及其历史发展的启发,罗尔斯提出一个四阶段序列即正义原则的选择、制宪会议、立法阶段、规则的实施。

在罗尔斯那里,正义原则在一个封闭社会里的贯彻是一个四阶段序列(four-stage sequence)①。这个序列是运用正义原则的一个设置,在运用过程中,厚重的无知之幕逐步撩开,人们从简单化了的理想逐渐回到复杂的现实。

该序列的第一个阶段是正义原则的"选择"。在原初位置里,由于受"无知之幕"等限制而处境相称的当事人作为自由而平等的公民的理性代表采纳用于确保背景正义的两个正义原则,此时参加缔约的各方当事人是作为规范主体发挥作用的,以后各个阶段的当事人对于正义原则这个根本性的规范而言都是被约束的对象即规范客体。

第二个阶段是制宪大会,"重叠共识"的达成可以视为它的补充说明。在这个阶段,西方立宪各方受制于已经选择的两个正义原则——在此意义上,他们是规范客体;但对于宪法的制订来说,他们又是规范主体——将为政府的宪法权力和公民的基本权利设计一个系统,权衡处理各种不同政治观点的程序之正义性,总之,他们将确定政治形式的正义性并选择一个宪法。在这个阶段,无知之幕部分撩开:除了对社会理论的原则有一种理解之外,西方立宪各方还知道其所在社会的相关一般事实,即自然环境和资源丰度、经济发展水平和政治文化的文明程度等,这些信息与西方宪政设计密切相关,但仍然不知道有关个人的特殊信息,诸如他们自己的社会地位、在自然属性的分配中的位置和他们的善观念等。有了这些一般事实加上他们所掌握的理论知识,他们必将选择一个满足正义原则的并导致正义而有效的立法的最有效的正义宪法。这里,罗尔斯区分了两个问题:为追求一种完善的程序正义理想,第一,要设计一个正义的程序,平等公民(身份)的自由权(良心自由、思想自由、人身自由和平等政治权利等)必须入宪并受宪法保护。政治体制(political system)如果不包含这些自由权,就不可能是一个正义的程序。

但是任何可行的政治程序都可能产生不正义的结果,所以即使在西方立宪政体中,完善的程序正义理想也是无法实现的。因此,比较可行的追求

---

① 关于四阶段序列的解说遵循罗尔斯的思路,具体参阅《正义论》英文修订版,第31节,第171—176页;中译本,第31节。

是某种不完善的程序正义。于是第二，必须从诸种正义而可行的程序安排中选择那些最可能导致一种正义而有效的法律秩序的安排，这里要求宪法立法满足正义原则而不是功利原则，如何做到这一点呢？罗尔斯假定，制宪代表们知道人们在某种制度下可能具有的信念和利益，以及考虑到他们所处的境况，对他们会理性地使用的政治策略也有把握。

第三个阶段是立法阶段，它可以与公共理性的运用进行比照考察。在这个阶段，所制定的法律不但要满足正义原则而且要满足西方立宪阶段所定下的一切具体限制，也就是要从不知其自身特殊细节的立法代表的立场出发判断被提议的法案。这里，立法阶段和制宪大会阶段紧密关联，立法代表在这两个阶段间来回活动，结果是找到了一种最佳的宪法。立法阶段的问题是保证一个与经济社会政策相联系的立法的正义性，这种正义性如何判断呢？关于与经济社会政策相关的立法之正义性的判断取决于各种思辨的政治与经济学说，在一般意义上取决于社会理论，因为最优的法律或政策不会导致明显的不正义。这个阶段主要考虑的是如何满足差异原则？跟第一个原则的运用相比，对差异原则的运用要求更多的信息，而且对差异原则的违反，不像违反平等自由权那么一目了然。所以罗尔斯设想在第二、第三阶段间有一种制度性的劳动分工，这种分工也大致与基本结构的两个部分相对应：保证平等自由的第一个原则是适用于制宪大会的首要标准，其主要要求是根本的人身自由权、良心自由和思想自由受宪法保护，而且政治程序作为一个整体，必须是一个正义的程序，这样宪法就确立了公民的平等地位，实现了政治正义；第二个原则在立法阶段发挥作用，要求社会经济政策的目的在于在受制于对平等自由权的保护的前提下，在公平的机会平等的情况下，最大化最少得利者的长期期望。基本结构的这第二个方面允许作为有效而互惠的社会合作的必要条件的政治、经济与社会形式的各种差异与等级。可见，第一个正义原则对第二个的优先还体现在制宪大会阶段对立法阶段的优先上。注意，在这个阶段，所有的一般的经济社会事实是为各方所知的。

最后的阶段关涉规则的具体运用和公民对规则的遵循，在这个阶段，法官和行政管理人员把规则运用到特殊的案例上，要求公民对规则的一般遵循。此时，所有的信息对每个人都是充分公开的，因为在这个阶段，一个完整的规则体系已经确立起来了并且根据个人的特性及其所处的环境运用到他们身上。但是,政治义务和职责的根据与限制是不能从这种视角确定的,这属于部分服从理论。在理想理论的原则被选择出来之后,才能继续以原初位置的观点讨论政治义务的根据和限制问题,考虑现实社会里的特殊情形如公民不服从(非暴力违抗)和良心拒绝。

在四阶段序列中,"无知之幕"总是或厚或薄存在的。根据罗尔斯的分析,我们可以区分三种事实:(1)关于社会理论(及相关的其他理论)的首要原则及其后果;(2)关于社会的一般事实如社会的规模、其经济发展水平、其制度架构及自然环境等;(3)关于个体的一些特殊事实如个体的社会地位、自然属性与独特的利益等。在原初位置里,各方所知的只是可以从正义环境或条件推断出的特殊信息和社会理论的首要原则,至于历史发展的具体进程和社会何时会采取这种形式或那种形式以及现存社会的种类等知识,各方一无所知;在制宪大会和立法阶段,所知的是其所处社会的一般事实,但仍不知其自身的相关情况,在这两个阶段,可以知道多少信息取决于明智地运用两个正义原则到手头的正义问题上的具体要求,而且任何可能导致偏见、歪曲和让人们相互反对的信息都要过滤掉。这里,"保证原则得到理性而公道的运用"这个要求决定着哪些信息可以被知晓。在最后阶段,无知之幕完全撩开,所有的限制都被拿掉了①。必须注意的是,四阶段序列只是运用或落实正义原则的一个设置,是公平正义理论的一个组成部分,而不是对制宪和立法实际进程的解说;而且这"四阶段序列"作为对制宪和立法过程的拟似说明,在实际生活中经常有相应类似的情形出现。这个系列提出了一系列的视角,即初始立场、制宪

---

① 其实在现实生活中,人们不可能做到上帝那样的"全知全能",总有一些需要的信息是把捉不到的。基于此,哈耶克提出他独特的"知与无知的知识观",指出:整体社会秩序不仅是由个人行动者间的互动达致的,而且更是由行动者与表现为一般性抽象结构的社会行为规则之间的互动而形成的。行动者对社会行为规则的遵循如同没有学过语法知识的人熟练、准确地运用其母语,并不以对这些规则的知识为前提,而是类似于一种不知不觉地习得;行动者能够在无知的情况下协调他们的行动并形成社会秩序,这实际上表明了某种独立于行动者的知识却切实影响或支配行动者之行动的"一般性的抽象规则"的存在。参阅邓正来:《法律与立法的二元观》,上海三联书店2001年版,第21—26页。当然诸如此类的无知有时也会妨碍行动者的行为以至于形不成社会秩序。

代表立场、立法代表立场及法官、行政人员和公民一般的立场,根据这些视角,不同层次的正义问题(规范问题)得到解决,而且每一视角都保留着前一阶段的限制。这样,一个正义的宪法就是受制于第二阶段信息限制的理性代表为着他们所处的社会将会选择的;同样的,正义的法律和政策会在立法阶段得到通过。而且制宪阶段和立法阶段之间形成一种分工,前者保证平等的政治自由,后者确保平等自由的公平价值并表示对效率原则的关切。

这里,什么样的宪法或经济、社会安排将被选择是不确定的,所以我们所能求助的是一种准-纯粹程序正义的概念:法律和政策只要处在可被人们允许的范围内,就是正义的,立法也以宪法所授权的方式通过这些法律与政策。这种不确定性并不是正义理论的缺陷,我们所期望恰恰是这种不确定性,这样公平正义才可能被证明是一种有价值的理论,因为通过与可能的选择所进行的比较,即跟其他现存的理论相比,公平正义所界定的正义的范围与我们深思熟虑的判断更一致,它能把那些社会应当避免的大错鲜明地指出来。

第六节　正义规范在国际关系处理中的适用

按照规范的适用范围,规范可以被分为这样几个层次,即个人之间的约定、适用于一定联合体的管理规定、民族—国家层次上的法律法规和社会经济政策和调整国家间关系的国际法等。罗尔斯正义理论主要考虑的是第三个层次的规范,之所以如此,是因为在罗尔斯看来,这个层次的规范调整着社会的基本结构,而这个基本结构构成个人行为的制度背景,对个人影响极大。也许是受后期对社会现实关注越来越多的倾向的影响,罗尔斯逐渐把他的理想理论运用于对现实问题的分析,这表现为 1993 年的牛津大赦演讲[1]和 1995 年纪念二战反

---

① 后以《万民法》为题发表于由 Stephen Shute 和 Susan Hurley 编的《牛津大赦演讲集:论人权卷》,1993 年由纽约 Basic Books 出版。

思美国投掷原子弹行为之正当性而做的文章①。把正义规范推进到全新的第四个层次国家间关系的层次的是《万民法》，它完全是两篇论文的扩充和精细化，该书还包括一篇重思公共理性限制的长文《公共理性理念再探》②。

在《万民法》中，经过"原初位置"理念的第二次运用，罗尔斯把适用于社会基本结构的正义规范拓展到对国际关系的处理上。

一、罗尔斯在《万民法》中的理论目标

在不服从理论中，罗尔斯认为，相对意义上的良序社会的长期目标是把法外国家纳入到由良序民邦所组成的（国际）社会中。为什么呢？因为在近（现）代早期，欧洲的法外国家——如西班牙、法国和哈布斯堡王朝③以及更近的德国——都一度追求欧洲大部对之的臣服，它们希望扩展其宗教、文化，寻求对外邦的统治，至于财富的增长和领土的扩张就更不用说，肯定是它们的目的了。这些国家在当时组织高效、经济发达，但是由于其政治传统、法律、财产和阶级结构的建制以及宗教、道德信仰等方面的瑕疵，而极具扩张性。为了拯救万民于水火之中，罗尔斯提出必须改变这些国家的这些构成要素以便它们能够支持一种合理的万民法。这也算是罗尔斯理论对现实的非理想情形所做的一种考虑。

实际上，相对而言的良序社会还要把受不利条件牵累的社会即有负担的社会纳入到良序社会组成的国际社会中，在罗尔斯看来，良序民邦对有负担的社会负有帮助义务。至于依据什么原则帮助、帮助到什么程度，罗尔斯也有具体的分析。

二、帮助的原则、限度及方式

帮助的目的不是调整所有社会间的财富与福利水平，被帮助的对象是那

---

① 发表于《异议》（Dissent）杂志（1995 年夏季号），该杂志由 Michael Walzer 任主编，该期发表的是以"广岛罹难 50 年祭"为主题的一组笔谈，参加笔谈的还有三人，包括主编沃尔泽。

② 该文最初发表在《芝加哥大学法律评论》第 64 期（1997 年夏季号）上，后又收入 Samuel Freeman 编的《罗尔斯论文集》（1999 年由哈佛大学出版社出版）。

③ Hapsburgs，欧洲最古老的王室家族，其成员从 1273 年到 1918 年当过神圣罗马帝国、西班牙、奥地利、奥匈帝国的皇帝或国王。

些有负担的社会。但是,并不是所有的有负担的社会都是穷国,同样也不是所有的良序社会都富有。帮助的目的在于让这些有负担的社会能够自己走向良序社会状态,所以,良序社会对有负担的社会尽帮助义务要遵循以下三个原则:(1)良序社会不必是富有的。这可以从有关"正义储蓄"原则的三个基本点中得到说明,在《正义论》第44节,罗尔斯详细阐述了这三点:第一,一种正义储蓄原则的目的在于为西方自由立宪民主社会或任一良序社会确立一种正义的基本制度安排,确保一种社会世界,在其中所有公民都可能过一种有价值的生活。第二,一旦正义的或合宜(decent,正派的)的基本制度确立起来了,储蓄就可以停止,在这一点上,净储蓄可以降到零,只需保持资产存量,细心保护那些不可再生资源以备将来之用。虽然还可以以总资本积累、资源停用、技术发展来维持和更新自然界支持人口数量的能力之名要求储蓄,但是超过这个点的储蓄不再是履行正义的义务了,所以帮助义务的限度也在这里。不是让接受帮助者增长财富,而是使得它们有条件实现和维持一种正义的或合宜的制度①。第三,大量财富不是建立正义或合宜制度的必要条件。至于到底需要多少财富则要依一个社会的特殊历史及其正义观念而定。

(2)帮助的方式。在实际履行帮助义务时,应当意识到虽然政治文化是至关重要的,但是改变有负担社会的政治、社会文化是无法可循的,至少没有简单易行的方子。一个民邦创造财富的原因和该民邦所采取的形式就在于其政治文化,在于支持其政治社会制度之基本结构的宗教的、哲学的和道德的传统,也在于其成员的勤劳与合作能力——它们都为其政治德性支撑着。② 所以,履行帮助义务的方式中,提供资金通常不足以纠正基本的政

---

① 这与 J.S.密尔在《政治经济学原理》所阐发的关于储蓄的目的是一致的。在密尔看来,首先"活下来"远比"出人头地"重要;一旦生计得到保证,人类下一个强烈的个人需求就是自由,而且人类的智力和道德能力越发展,它们对自由需求不是减弱了而是增强了,这不像物质需求会随着文明的进展而变得更加温和和更易于控制。转引自《万民法》英文版,第107—108页。

② 罗尔斯还假设世上没有资源匮乏得不能成为秩序良好社会的社会,只要它得到了合理而理性地组织与治理。资源贫国日本做得相当好,而资源丰富的阿根廷却在成为良序社会上困难重重。所以,罗尔斯认为造成差别的关键因素包括政治文化、政治德性、公民社会(civic society)及其成员的诚实勤劳和创新能力等,还有国家的人口政策,要注意其土地和经济的承受能力。

治与社会不正义,使用强力又为万民法所不容,所以主要是采取一些有益的建议,如提醒其注重基本人权的保护,尤其是妇女、儿童等弱势群体的人权,这样才能一方面履行了帮助义务,另一方面又避免受到对被帮助社会施加宗教与文化的损害的指控,并且此类建议可能改变政府的无效局面,改变那些毫不关心其人民福利的统治者①的行为。

(3)与帮助的限度相联系,帮助的目的在于帮助有负担的社会使它们有能力合理而理性地处理自己的事务并最终成为良序民邦所组成的国际社会的合格成员,这即是帮助的极限。

三、人权标准及其作用

这里所谓的人权标准是《万民法》的聚讼之点,应当注意的是罗尔斯很赞赏马克思在《论犹太人问题》中对人权的批判②。《万民法》里,人权是指人之为人所享有的最起码的权利,它并不等同于自由主义政府所确保的所有权利,而是一种最紧迫的权利类型,如免于奴役的自由(freedom from slavery and serfdom)、良心自由(并非平等的良心自由)、族群安全(免于大

---

① 被誉为经济学良心的阿马蒂亚·森也认为政府应当关心其所有民众的福利,这体现出对人权的关切。通过对孟加拉(南亚一地区,分属印度和孟加拉国)(1943)、埃塞俄比亚(1972—1974)、萨赫勒地区(1972—1973)、孟加拉国(1974)等国家和地区饥荒情况的经验研究,森发现:食物供应减少不是饥荒的主要原因或只是饥荒的微不足道的原因;政府在分配和补给食物方面的失败是发生饥荒的主要原因;而之所以发生此种失败是因为政府缺乏对人权的关切,它允许它的民众挨饿至死。转引自《万民法》英文版,第109页。

② 马克思曾区分两种权利:一类是公民权利(droits du citoyen),它是与其他人共同行使的权利,涉及对社群的参与,因而最主要的是参加共同体(或社群)或国家的政治权利、政治自由;另一类是人权(droits de l'homme),它是与其他人隔离开来行使的权利,允许离开社群。马克思在其早期著作《论犹太人问题》中指出:"所谓人权无非是市民社会的成员的权利,即脱离了人的本质和共同体的利己主义的人的权利","任何一种所谓人权都没有超出利己主义[MEGA2 版的中译为"利己"——引者注]的人,没有超出作为市民社会的成员的人,即作为封闭于自身、私人利益、私人任性同时脱离社会整体[MEGA2 版的中译为"共同体"——引者注]的个人的人。"《马克思恩格斯全集》第1卷,人民出版社1956年版,第437、439页。亦参阅《马克思恩格斯全集》第3卷,人民出版社2002年版,第182、184—185页。综观马克思的思想整体,他对"人权"的批判是基于自己对"人"的独特理解,即人是一种社会存在物,而不是单个存在物;不是身为bourgeois[市民社会的成员]的人,而是身为citoyen[公民]的人才是本来意义上的人,真正的人……这种批判是在人的解放的高度上进行的。

屠杀和种族灭绝)①等,这些权利是个体的人参与社会生活的前提。所以,侵犯这些权利在任何国家都是要受谴责的。

人权被认为是任何社会合作体系的必要条件,不借助于任何特殊的关于人性的全备性宗教学说或哲学学说。但罗尔斯在一个长注里②,提醒人们要注意分辨各种国际宣言中作为人权列举出来的那些权利。他以 1948 年通过的《世界人权宣言》(the Universal Declaration of Human Rights)为例说明这些宣言对人权的界说:人权有两个层次,第一个层次的人权由宣言直接宣示,是严格意义上的人权,如"人人都有生命权、都有自由权和人身安全权"(1948 年《宣言》第三条),"任何人将不得遭受酷刑或残忍的侮辱性对待或刑罚"(第五条);第二个层次的人权则明显由第一个层次的人权所蕴涵,是特定情形里对人权的某个方面的强调,如关于种族灭绝(1948 年)和种族隔离(1973 年)的特殊协约。还有一些人权看起来是对自由愿景的陈述,如《宣言》第一条:《宣言》"人人生而自由,在尊严和权利上一律平等",以及《宣言》有些条款预设了特定类型的制度,如同工同酬的权利(第 23 条)。

《万民法》所理解的"人权"并不主张:人们是道德人格,它们在上帝的眼里有同样的价值,也不主张:人们是具有某些道德能力与智力才配受这些权利的;但是它并不否认此类学说。在《万民法》中,罗尔斯把他的人权观与其他两种人权观划清了界线,其中一种认为,人权几乎等同于合理的西方立宪民主政制下公民所拥有的权利,也就是说,它包括自由(主义)政府所确保的一切权利。万民法的人权观只是表达了那种紧迫的权利,诸如免于奴役的自由、良心自由和族群安全等;另一种认为,万民法不够自由主义,因为只有自由民主政府才能有效保护万民法所规定的那些人权。其实,从历

---

①　人权包括生命权即维持生计和生命安全,自由权即免于奴役、强力占领,确保宗教自由和思想自由的充分的、保证良心自由的措施,财产权即个人财产神圣不可侵犯,形式的平等权即相似情形相似处理的自然正义规则,见《万民法》英文版,第 65 页。这些权利马克思在《论犹太人问题》中详细分析过,它们是一些保证个体独立和尊严的基本权利。这些权利之所以重要甚至具有某种普适性,是因为人与人相分隔是它们结合到一起的基础。

②　参阅《万民法》第 10 节注 23,第 80 页。

史事实看,非自由(主义)的等级制政制并不总是压迫性的,并不总是否认人权的。实际是,有些合宜的等级制民邦是尊重其人民的人权的,它的个人观念不同于自由主义的,个人不是首先被看做公民并作为平等公民拥有平等的权利,而是被视为各自所属的群体的负责而合作的成员,它们以各种群体成员身份所包含的道德义务与职责行动。所以说,在罗尔斯那里,不是自由主义观念称霸天下,而是还允许非自由主义的合宜观念存在,这种"合宜"就以是否保护人权为基准。

总之,罗尔斯所主张的人权不同于宪法权利,或不同于具有自由民主社会的公民身份的人所享有的权利(the rights of ……citizenship),或不同于某些政治制度安排所享有的个人主义的和联合体主义的权利。它为判断国内政治社会制度的合宜性确立了一个必要而非充分的标准。[①]

在由万民法所调整的万民社会中,人权标准的作用在于它限定了对战争及其行为的证明,规定了内政自主的限度,它改变了传统的主权概念:(1)战争不再是推行政府政策的可允许手段,战争的理由只能是自卫,或在人权遭到严重违反的情况下,维护人权;(2)政府的内政自主受到了限制。具体而言,人权标准有以下三个作用[②]:首先,满足人权标准是一个社会的政治制度和法律秩序满足合宜性要求的必要条件;其次,满足人权标准是免受其他民邦强力干预(如外交封锁、经济制裁和武装入侵等)的充分条件;第三,人权标准设定了民邦间多元主义的限度。可见,在罗尔斯眼里,人权是任何类型的政府必须遵守的不容商量的底线准则,它可以说是一种道德要求,是一种普遍权利和要求,没有国界,与法律的具体规定无关。当然这是以现代人的眼光看世界。

为自由主义政体和合宜的等级制政体所共同尊崇的人权清单应该被理解为以下意义上的普遍权利:它们内在于万民法,无论它们是否被各国政府拥护,它们都有一种政治(道德)影响,这种政治(道德)影响力遍及所有社会包括法外国家。所以如果法外国家违反了这些权利就要受谴责,如果情

---

① 参阅《万民法》英文版,第79—80页。
② 参阅《万民法》英文版,第80页。

况严重,还要受强力制裁甚至干涉。

但是,良序的自由主义民邦和良序的合宜民邦根据法外国家违反人权标准的事实,为什么就有权干涉它呢? 况且万民法并未将人权理念奠立在关于人之为人的本性(the nature of the human person)的神学的、哲学的或道德的观念上。事实上,被罗尔斯称为人权的是权利的一个亚类,这些权利是为西方自由主义的立宪民主政体的公民所拥有的或者是合宜的等级制社会的成员所享有的权利。在罗尔斯看来,如果政治自由主义的政治观念是有道理的,如果发展万民法的步骤也是合乎道理的,那么自由主义民邦和合宜民邦根据万民法就有权不宽容法外国家。① 而且事实表明,法外国家极富侵略性和危险性,如果这些国家主动改变或被迫改变其行事方式,那么所有的民邦就会觉得更安全了。不然的话,法外国家的行为将深刻影响实力与暴力起决定作用的国际气氛。所以,自由主义民邦和合宜民邦对法外国家采取不宽容的态度是有正当的理由的。

四、罗尔斯理论对所谓"法外国家"的态度

罗尔斯的这种同质化的愿望在《万民法》里尤为明显,他不顾各个国家或民族有差异的文化传统、特殊需要、特殊心理以及各别的经济利益要求,依照自由主义的公平正义观念把国内社会分成五种类型②:(1)合理的自由主义民邦;(2)合宜的民邦,其中一种的基本结构有一种"合宜的咨议等级制"(decent consultation hierarchy),罗尔斯称之为"合宜等级制民邦";(3)法外国家;(4)受不利条件牵累的社会;(5)仁慈专制主义社会(benevolent absolutism)。其中,前两种社会是万民社会的合格成员,后两种是可以改造的对象,第三种即法外国家则是被排挤、被打击的对象。暂且不说这种划分是否穷尽了世界上所有的国家类型,划分标准是否合理,这些不是问题的关键。罗尔斯的这种划分最主要的问题在于他不仅仅以他的美国式的自由主义公平正义观念为划分标准,而且依据这种成问题的标准对其中的一种国

---

① 参阅《万民法》英文版,第81页。
② 参阅《万民法》英文版(导言),第4页;张晓辉等译,吉林人民出版社2003年版,第4页。

家持极不宽容的态度,视之为万民社会和平与稳定的永恒威胁。更为不合理的是对这些国家的态度是欲除之而后快,根本不顾这些国家特殊的文化传统、民族心理和价值观念,而是根据所谓的人权标准,对他所认定的法外国家采取包括使用核武器在内的干涉与威慑手段以消除这些威胁。我们不是说罗尔斯不该提出这样的自由主义人权标准,而是说他不该对特殊国家的性质"断言",更为严重的是,西方政客们依照他们对罗尔斯标准的误解,在国际事务中大打"人权牌",人权成为干涉他国内政和独立自主的幌子。由此可见,罗尔斯所认可的多元论不是什么合理的多元论,而是狭隘的、带有强烈的同质化要求的多元论,他并没有将宽容原则彻底运用到政治哲学上面,更不用说用到现实政治中了。所以,虽然罗尔斯在《政治自由主义》时期抛弃认知有效性的真之追求,改为追求更为合乎人之理性的合理性(reasonableness),但从《万民法》看,他的合理性也是经不起拷问的,他的宽容是自由主义的,是对尊崇自由主义基本理念者的宽容。

第七节　行为主体受正义规范约束的典型
——公共理性的运用

本节主要考察行为主体的实践理性的公共运用,这种运用要符合正义规范的精神,并且限于一定领域,即人们是以一般公民或公职担任者的身份,就根本的政治问题发表意见。

一、康德和罗尔斯论公共理性

理性(reason)只有一种即人之理性,诚然,理性在每个人那里是有差异的。在罗尔斯看来,人对理性的运用却有两种方式:公共地和非公共地。这与康德在《答复这个问题:什么是启蒙?》一文中所持的观点有所不同。在康德看来,理性的运用也有两种情形即公开和私下:人对自己理性的公共运用是人作为一位学者在全部听众所组成的公众面前运用其理性;理性的私下运用则是一个人在其所受任的一定公职岗位或职务上对其理性的运用。

作为学者,人就是要思考,要争辩;他有完全的自由、甚至于是应召把他关于各种教义所含错误的深思熟虑的善意意见,以及关于更好地组织教会团体的建议全部传达给公众,以使人们摆脱他们所加之于其自身的不成熟状态;作为一定共同体的成员或作为一定职务的承担者,人们则必须服从,这是秩序和公共目的的需要。在康德那里,传达的途径主要是著作,而且唯有理性的公共运用才能带来人类的启蒙,启蒙所展现的是人的尊严。① 可见,在康德看来,理性的公共运用与启蒙紧密关联,启蒙的重点在宗教事务方面;而在罗尔斯那里,公共理性与民主公民(身份)的理想相关,它适用于参与公共论坛的公民、政府官员、参与公职竞选的候选人和司法机关等,其中最高法庭是公共理性的范例,公共理性所讨论的是一些根本性的政治问题如宪法根本和基本正义问题,体现出对公共善的关切。所以,罗尔斯的公共理性所关注的是政治关系②。

在罗尔斯看来,公共理性只有一种,而非公共理性则有许多种。在非公共理性中,有各种联合体理性,如教会和大学、科学团体和行业群体等。这些法人团体和个人要合乎理性而负责任地行动就需要对将要做出的行动进行一番推理,这种推理的方式对于这些法人团体的成员而言是公共的,但对于政治社会和一般意义上的公民而言则是非公共的。所以,非公共理性由市民社会(公民社会)的许多理性所构成,属于罗尔斯所谓的"背景文化"。

---

① 参阅康德:《答复这个问题:什么是启蒙?》,载《历史理性批判文集》,何兆武译,商务印书馆1997年版,第22—31页。

② 在罗尔斯那里,政治关系是公民一出生就处于其中并在其中正常地度过终身的社会之基本结构内部的一种人际关系。在一个遵循互惠性标准的立宪民主政制中,包括政府与其公民的关系以及公民之间的相互关系。在《政治自由主义》第六讲《公共理性的理念》中,罗尔斯严肃地指出:我们不能规避政府的权威,除非我们离开政府所统辖的地盘,但是离开自己的国家通常是非常严重的一步,因而并不经常发生:它意味着离开我们一直都在其中接受教化的社会和文化,离开我们在言谈和思想中用以表达和理解我们自己、我们的目的、目标以及价值的语言之母体的社会和文化,离开我们依靠其历史、风俗、习惯来发现我们在社会世界中的位置的社会和文化。(《政治自由主义》英文平装版,第222页,参考万俊人中译,第235页)所以说,实质意义上的背井离乡尤其对成年人而言几乎是不可能的,即文化、传统意义上的改变是极为困难的。这样,处于一定的政治关系中,对公民而言就不是他个人选择的事。但一个人可以在不触犯法律的情况下终止其教徒身份,对于这些非公共的权威,人们是有一定选择的,因为良心自由和信仰自由受宪法保护。

虽然公共理性所关注的是一些根本性的政治问题,但是公共理性的限制并不适用于人们对这些问题的个人性慎思和反思,也不适用于人们作为教会和大学之类的联合体成员就这些政治问题展开的推理,这两种情况只是背景文化的关键部分。所以,人们以特定身份,就诸如宪法根本和基本正义问题,依据一定标准进行推理才能称为"公共理性的运用"。

二、公共理性的运用

如何尊重公共理性的限制呢?在宪法根本和基本正义问题这些根本性的政治问题处于危险中而需要讨论时,我们不能诉诸全备性的宗教学说和哲学学说,即不能诉诸我们作为个人或联合体成员时视为完整真理的东西,也不能靠详尽阐述那些关于一般均衡的经济理论——如果这些理论处于争议中的话;我们也不能受我们偏好和社会、经济利益的指导,我们只尽可能诉诸已为公民广泛接受或为公民普遍应用的那些朴素真理,即那些在常识中发现的、现时已为人们接受的普遍信念和推理形式及当下不存在争议的科学方法和结论。唯有如此,我们才能在宪法根本和基本正义的问题上向全体公民证明基本结构及其公共政策的正当性。[①]

讨论根本性的政治问题时,人们还要诉诸一种政治的正义观念。罗尔斯说这种正义观念是政治性的,有三层意思:第一,它只适用于社会的基本结构,及其主要的、作为一个统一的社会合作方案的政治、社会与经济制度安排;第二,其内容的表达独立于任何更为广博的全备性的宗教学说或哲学学说;第三,它是依照根本性的政治理念精心阐述的,而这些根本性的政治理念被看做是隐含在民主社会的公共政治文化之中的。[②]

这种自由主义的政治正义观念有两个方面的内容:第一,关于基本结构的实质性正义原则,它有三层意思:(1)它具体规定着某些基本的权利、自由和机会即西方立宪政体所熟悉的那些权利(平等的自由原则和机会的公平平等原则);(2)它赋予这些权利、自由和机会以一种特别的优先性,尤其

---

① 参阅《政治自由主义》英文平装版,第 224—225、220 页;万俊人中译,第 232—233、238—239 页。

② 参阅《政治自由主义》英文平装版,第 223 页;万俊人中译,第 237 页。

是对于普遍善主张和至善论价值主张的优先性(优先规则);(3)它认肯各种确保充足的、适于所有目的的、所有公民都能有效利用其基本自由权和机会的手段的措施(差异原则)。①

第二,各种探究指南即推理原则和证据规则,这些指南具体规定着各种与政治问题相关的推理方式,规定着那些判别与政治问题相关的各种信息的标准。没有这些指南,我们就无法运用实质性的正义原则,并会导致政治观念的不完善和零碎化。根据这些指南,公民便可决定实质性原则的运用是否恰当并确认那些最能满足他们的法律和政策。这些指南使得关于根本性政治问题的探究成为自由的和公共的。

在罗尔斯的公平正义理论中,公共理性的探究指南和实质性的正义原则有着相同的基础。就是说,在公平正义中,原初位置里的各方在采用规导基本结构的正义原则时,必须同时采用那些说明着这些规范的应用的公共理性指南与标准。即各方在确保他们所代表的那些个人的利益时,要坚持用可以合乎理性地期待为他们所代表的那些个人接受的判断和推论、理由和证据,来指导实质性原则的应用,这样,才是负责的称职的受托者的作为。

最高法庭的审判活动是公共理性运用的范例,在罗尔斯看来,在具有司法审查制度的西方立宪政体中,公共理性是其最高法庭的理性。通过运用公共理性,法庭将使法律免受暂时的"多数决定"立法的腐蚀,免受组织化的和占据优势地位的、擅长投机取巧的狭隘利益的腐蚀。由此可以说,公共理性的运用是对民主的多数决规则的矫正,但并不意味着,法庭是反民主的。罗尔斯在此有精细的分析,他区分高级法(higher law)和常规法(ordinary law)②:高级法是人民的选举权力的表达,具有我们人民(We the People)之意志的高级权威;常规法即普通的立法,具有国会之常规权力和

①　参阅《政治自由主义》英文平装版,第223页;万俊人中译,第236—237页。

②　参阅罗尔斯所讲的"高级法"同通常意义上的"高级法"意思不一样,通常意义上的"高级法"是指那些基于宗教、伦理原则的、高于宪法和其他法律的超法律准则,这种原则或理念层面的东西具有明显地超越世俗经验的意蕴;罗尔斯的"高级法"仍然植根于世俗意义上的人民之中,其精神体现在民主宪法中,意味着人民以某种方式进行自治的政治理想。常规法是制定法,不同于"普通法"(common law)即判例法、习惯法。在英国,普通法是衡平法的对称,衡平法的出现是为了弥补普通法的不足,更集中地体现着法律的实质公平价值。

全体选民之常规权力的权威,它是这些权威的表达;高级法约束并指导着这种常规权力。罗尔斯说,就常规法而言,法庭确实是反多数决的,因为具有司法审查制度的法庭可以认定某些法律违宪。然而,人民的高级权威仍然支持这些法律。但是,就高级法而论,法庭并不反多数决,因为法庭的决定合乎理性地与宪法本身、与其修正案、与经过政治上授权的宪法解释相一致。①

当宪法根本和基本正义问题处于危险中时,法官的作用就在于运用他们有关宪法和具有宪法意义的先例的知识,诉诸公共观念的政治价值(这些政治价值是宪法本身或早或晚、或隐或显地会求助的),给出他们所能提出的最佳宪法解释;法官们不能求助于他们自己的个人道德,也不能求助于一般意义上的道德理想和道德美德,同样不能求助于他们自己或其他人的宗教观点或哲学观点;他们所能唯一诉求的是政治价值,这是他们所认为的对有关公共观念及其正义与公共理性之政治价值的最合乎理性的理解。这些价值是他们真诚相信的,而且根据公民义务的要求,他们真诚地相信,可以合乎理性地期待同样合理而理性的公民也会认可这些价值。可见,在最高法庭上,法官运用公共理性的过程其实就是在参与公共论坛。诸如宪法根本和基本正义问题的根本性的政治问题一旦处于危险之中,就需要在公共论坛上进行辩谈,这个辩谈又接受公共理性的限制,从而被严格控制在政治的领域之内。在那里,也是理由或理性(reason)的力量最具决定性,这种理由或理性需要满足公共理性的限制条件。

实际上,罗尔斯提出公共理性理念和重叠共识理念只是为了提出自己的、适合多元社会的规范证明之公共基础或者说多元社会之统一与长期稳定的公共证明基础的合理而理性的备选,他认为他的见解是适合美国这样的自由民主社会的,但他并不霸道地宣布他在颁布绝对真理。他只是在进行一种思考,他明确意识到他的缺陷,公共理性也遇到了几个明显的困难:

第一个困难是公共理性常常允许人们对任何一个特殊的根本政治问题提出多种合乎理性的答案,因为公共理性只是要求人们对根本政治问题的

---

① 参阅《政治自由主义》英文平装版,第233—234页;万俊人中译,第247—248页。

观点建立在可以合乎理性地期待每一个人都会认可的政治价值之基础上，要求人们按照他们所认可的政治观念来进行根本政治问题的讨论，这样公共理性的运用并不总能保证问题的解决。

第二个困难关涉到通过投票来表达我们的真诚意见所包含的意义。在许多人看来，非政治价值和超验（transcendent）①价值才是政治价值的基础。在罗尔斯看来，公共理性所要求的是公民能够根据一种政治价值的合理平衡来相互解释他们的投票；至于公民个人认肯哪一种学说则是一个良心自由问题；公民们可以认为他们所坚持的合理的、全备性学说的多元性能够为这些政治价值提供更深层的、且常常是超验性的背景支持。可见，全备性学说与政治观念也可能是相互包容的。

第三个困难在于何时能具体确定公共理性成功解决了某一问题。能够对几乎所有的根本政治问题做出合乎理性回答的政治观念才是完善的，所以，问题解决对于一种政治观念尤为关键。公平正义以成年人的完全身份（作为其公民结合体的成员即成年公民身份）为起点，考察了四个延伸性的问题即（1）将正义延伸到包括我们对我们的后代的义务（时间上向前），这包括正义储存的问题；（2）将正义延伸到应用于国际法和各民族间政治关系——传统的万民法（jus gentium）的概念和原则问题（空间上向外）；（3）确定正常的医疗保健原则的问题（向内）；（4）正义是否可以延伸到我们与

---

①　对 transcendent 的翻译有两种："超验的"和"先验的"。陈嘉映在《存在与时间》中译本附录一"一些重要译名的讨论"中指出，transzendenz 是中世纪的主要哲学概念，译为"超越"比较妥帖：超出于事物之外而在事物之上。或者认为上帝内在于万物，或认为上帝是超越的。其形容词写作 transzendent(al)，在康德那里，transzendent 表示 transzendenz 的意思，"超越的"、"超验的"，transzendental 用来描述先于经验而使经验成为可能的必要条件，"先验的"；胡塞尔继承康德关于先验的提法，而很少涉及中世纪意义上的超验概念；海德格尔完全在中世纪意义（超越的、超验的）上使用 Transzendenz 和 transzendental，而不管康德和胡塞尔对 transzendental 的赋义"先验的"。韦卓民则认为把 transzendental 译为"先验的"颇为不妥，但由于此译沿用已久，所以又不便改译；他着重指出，"先"不是作为时序的"先"，康德所谓"先验"并非"在经验之先"，而是说"在经验发生的时候才起作用"，这"先验"的东西不是从经验来的，而且根本与经验无涉。参阅海德格尔：《存在与时间》中译本，第 504 页；《韦卓民学术论著选》，高新民选编，华中师范大学出版社 1997 年版，第 32 页。考虑到罗尔斯的康德痕迹，我基本接受陈嘉映的理解，将 transcendent 理解为"超验的"，其实在我看来，康德对 transcendent 和 transcendental 的区分只有时代意义（在康德那里有两种超验：源于上帝和源于人自身），二者的基本意思是一样的，即"超越于经验又对经验产生作用"。

动物的关系及自然秩序之中。这四个问题只有第二个罗尔斯本人有详细的思考,其余三个则为其他人(包括他的学生)专门研究,其实公平正义所牵涉到的所有问题都有人进行专门研究。

我们可以以第四个问题为例考察第三个困难。我们可以通过诉诸政治价值来发现动物和自然界其他生命在自然秩序中的地位与作用:对自然秩序及其生命维持能力的保护可以促进我们自己及我们后代的善;培育各个动植物物种对人类健康有潜在应用价值;保护自然美景可以满足公共娱乐目的并带来更深刻理解世界的愉悦。但是如果我们对待世界的态度是一种自然宗教态度,我们就会认为仅仅诉诸这些政治价值来确定我们与自然世界的关系是错误的,这是一种狭隘的人类中心主义观点。我们应该担起管理自然界的职责,我们应该重视的是一个完全不同的价值族类,如同基于神学理由反对堕胎的那些人所做的一样。但是自然界的地位及我们与它的适当关系并不是一个西方宪政根本或基本的正义问题,除非这个问题牵涉到我们对我们后代、对其他社会(国家)的义务与责任,所以公民们可以在这个问题上诉诸其非政治价值并在此基础上说服其他公民,但此时,公民并不受公共理性的限制。

正因为公共理性会遇到上述种种困难,所以我们要明确公共理性作为一种限制意味着什么? 罗尔斯强调指出,公共理性的限制不是法律或法规的限制,而是我们尊重民主公民理想时所尊重的一种限制。这些理想的民主公民在其政治事务中努力使其行为符合为公共价值所支持的条款,这些条款是我们可以合乎理性地期待其他人也尊崇的;这种理想也表达了一种倾听他人必须说出的声音、并根据他自己的观点而乐意接受、合乎理性的迁就通融或改变的愿望。于是,公民友谊(civic friendship)的纽带得到维护,公民义务(the duty of civility)得到履行;这些是社会实现秩序、稳定和安全的社会心理学基础,因为它们意味着公民之间的相互信任。而这一切深层的基础是人们的不同利益要求之间有众多的交合和相互依赖之处,其实,共同利益的量远远多于特殊的个体利益,基于此才有大体和谐的社会生活。

第五章　走向个体中心的正义理论

本章进一步探讨对正义的主体性建构,笔者主张在罗尔斯的基础上从互惠性(相互性)的公平正义走向一种个体中心的正义理论,实现个体自主与社会民主的和谐。通过对个人和民族-国家的具体理解,通过把正义的相互性从财物的等利害交换推进到人与人之间的彼此尊重与关切,从物质利益上的不伤害推进到心理情感上的不伤害,从而把正义精神真正落实。

第一节　个人的三重生命与个人自主

罗尔斯对人的三重生命的理解是通过引入社会首要善理念实现的,肉体生命、精神生命和社会生命按照马斯洛的需要层次理论是逐级上升的,也对应着近代西方政治思想发展的三个阶段:霍布斯对生命原则的强调,洛克对自由原则的重视,卢梭对平等原则的偏爱,在罗尔斯那里,是三个方面的一次大综合,集中体现着康德的"自律"或"自主"理想。

一、个人的三重生命

在罗尔斯那里,社会首要善是这样一个清单(或指标体系):(1)基本的权利和自由;(2)迁移自由和职业选择自由;(3)拥有权威和责任的官职和职位的权力与特权;(4)收入和财富;(5)自尊的社会基础。[①]

---

① 参阅《正义新论》中译本,第94—95页。

在《正义新论》，针对森的反对意见，罗尔斯对首要善目录的实际作用进行了进一步的阐明。森的反对意见是首要善目录是极不灵活的，以至于根本就是不合适的。[①] 森的反对意见基于这样一个重要观念：人际比较必须至少部分地在一种尺度的基础上进行。在森看来，这个尺度是人的基本能力（basic capabilities）。森认为，善与基本能力之间的关系是实质性的：善能够使我们做某些基本的事情，例如善能够使我们得到温饱，使我们自由行动，有助于我们占据一种位置或从事某种职业，以及使我们参与社群的政治生活和公共生活，等等。但是由于同样的善在基本能力不同的个人那里效果完全不一样，所以什么样的善是首要的是因人而异的。于是，森指出，罗尔斯的首要善目录所关注的东西是错误的。考虑到同样的东西在不同的个人那里，价值确实不一样；就是同样的东西对生存状况不断变化的同一个人而言，价值也是有差异的，森的批评是有一定道理的。

对此，罗尔斯的回答是，他关于首要善的说明确实考虑了基本能力，而且也没有转移对它的关注：这些基本能力就是公民作为自由而平等的个人凭借他们的两种道德能力所拥有的能力，正是这两种道德能力使他们能够成为终身的、正式的、完全的社会合作成员，使他们能够维护他们作为自由而平等的公民之地位。平等的权利和自由就是由我们所思考的这些道德能力所规定的，在某些意义重大的场合，对于这些道德能力的全面发展和充分运用来说，这些权利和自由是必要条件。罗尔斯认为：（1）平等的政治自由、言论自由、集会自由以及其他自由，对于公民正义感的发展与应用是必要的，而且公民在采纳正义的政治目标和追求有效的社会政策时，要做出合理的判断也需要这些自由。（2）平等的公民自由、良心自由、结社自由、择业自由及其他自由，对于公民发展与运用形成与追求善观念的能力是必要的：这种能力就是形成、修正和理性追求一个人在人生中视为有价值的东西的能力，这些有价值的东西又是根据某种（常常是部分的）全备性的宗教、哲学和道德学说来理解的。（3）收入和财富是一般意义上的、适于所有目

---

① 《正义新论》注185，森的反对意见首次表述于《什么的平等？》（Equality of What?），可参阅闲云的译文，《世界哲学》2002年第2期。关于这种反对意见的深入阐述，见他的《不平等再探》（Inequality Reexamined），特别是第五章。

的的手段,是达到范围更广的、可准许的目的(无论这些目的是什么)所需要的,特别是为了达到实现两种道德能力和促进完全的善观念的目的所需要的。这就是首要善的作用。首要善目录是通过下面的追问而制定出来的:在包含于自由平等的公民观念中的那些基本能力是既定的情况下,什么东西是维持他们的自由平等地位和成为正式的完全社会合作成员所必需的。在罗尔斯那里,这些东西就是首要善目录所涵括的东西即五种首要善。

森对罗尔斯的第二个指责是,由于正式的完全的社会合作成员的相关的需要和要求事实上非常的不同,以至于两个正义原则和首要善目录必定是极不灵活的,因而无法产生出调节这些差别的适当方式。实际上,罗尔斯认为他的首要善目录具有相当程度的灵活性,而且根据他所做的简化,找到了调节这些差别的方式。

罗尔斯把具有严重缺陷的人作为极端情况不予考虑,具有严重缺陷的人是指那些从来无法成为正式的有贡献的社会合作成员的人,他只考虑两种情况:第一种情况涉及到两种道德能力的发展和使用方面所存在的差别以及实现出来的自然才能方面所存在的差别,要成为一个完全的社会合作成员就必须具备某些最低限度的基本能力(minimum essentials),而这些差别位于这些最低限度的基本能力之上。

两个正义原则所体现的是纯粹背景程序正义的概念而不是配给正义(allocative justice)①的概念,这样公民道德能力方面所存在的差别不会导致在包括基本权利和自由在内的首要善的配给方面出现对应的差别。更明确地说,基本结构的安排已经包含了背景正义的必要制度,以至于只要公民的能力属于正常范围之内,他们就能够获得一般而言适于所有目的的手段来培养和训练他们的基本能力,就能够获得很好地利用这些能力的公平机会;至于保护他们的基本权利和自由,照顾他们自己的生活,利用在公平的基础

———————————

① 不同于分配正义(distributive justice),配给正义所解决的问题是如何将一批既定的商品在众多个人中间进行分配或配给,而不考虑具有不同的需要、欲望和偏爱的个人在生产这些商品时所进行的合作;分配正义的问题是社会基本结构作为一种统一的制度体系应该如何加以调整,以使一种公平的、有效的、富有生产力的社会合作体系得以持存、世代相继。与配给正义相适应的是古典的功利原则,与分配正义相应的则是公平正义的政治观念。

上所有人都拥有的机会等都交给作为自由而平等的个人的公民自己去处理。

在公平正义中,这些能力方面的差别通过纯粹背景程序正义的日益进步的社会过程来调节,而在这种社会过程中,相应的各种资格考试发挥了一种分配各种特殊官职和职位的作用。但是,正常范围之内的基本能力方面的任何差别都不会影响个人的平等的基本权利和自由。

第二种情况是公民需要医疗照顾方面所存在的差别。这种情况的独特之处在于,公民暂时降到最低限度能力之下,而这种最低限度能力是每个人成为正式的完全的社会合作成员所必需的。在思考政治正义观念的开始阶段,罗尔斯将注意力整个的从疾病和事故移开,只考虑自由而平等的公民之间的公平合作条款问题。虽然我们可以假定公民在整个人生过程中始终是正式的社会合作成员,但是实际上,公民们可能一次又一次地罹患严重疾病或遭遇重大意外。正是疾病和意外造成了公民在具体能力和需要方面存在差别,所以公平正义不仅能够有助于解决自由平等的公民间的公平合作条款问题,还要能够解决需要医疗照顾方面所存在的差别。之所以能进行这种拓展,是因为首要善目录的三个特征赋予了两个正义原则以某些灵活性:首先,在原初位置中所能进行的思考里,这些善并未得到详细规定,对这些善的进一步规定留给了制宪阶段、立法阶段和司法阶段,而在这些阶段,能够得到的信息更多了,而且特殊的社会条件也可以加以考虑了。其次,收入和财富的首要善不应该仅仅按照个人收入和私人财富来判定,因为我们不仅仅作为个人来控制或部分地控制收入和财富,也作为团体和群体的成员来控制或部分地控制收入和财富。作为某教派的成员对教会财产就有某些控制权,教师对作为达到其学术研究目的之手段的大学财富也有某些控制权。作为普通公民,我们是政府所提供的各种有利于个人的产品和服务(如清洁的空气、未受污染的水、道路、桥梁、广场等公共设施)的享用者。这些公共性的东西可以囊括到首要善目录之中。最后,首要善目录是在一个完整的人生过程中,人们对这些善的期望,而这些期望被认为是同基本结构内相应的社会地位联系在一起的,这样就能够使两个正义原则容许在需要方面存在差别,这些需要方面的差别又产生于完整人生的正常过程中所存在的疾病和意外事故。于是个人在事前对首要善的期望可以是相同的，而在事后他们实际所获得的善则是有差别的，之所以有这些差别是因为实际社会过程中会发生各种各样的意外事件。

这种事情的处理是在立法阶段进行的，因为两个正义原则在这种情形下的应用在很大程度上依赖于各种信息，如什么疾病在流行及其严重程度，事故发生的频率及其原因，等等，这些信息可以在立法阶段得到，从而在这里可以着手处理保护公共健康和提供医疗照顾的政策问题。为了使事情简单些，罗尔斯只关注最不利者群体，并且假定与可能的医疗需要有关的信息是能够得到的，但是提供医疗照顾不仅仅是为了弥补最不利者收入上的不足，相反，作为一般意义上的首要善，提供医疗照顾是满足自由平等公民的需要和要求以便他们能够支持公平的机会平等，利用我们的基本权利和自由，从而能够成为终身的、正式的、完全的社会合作成员。这样的医疗照顾是这种公民观念的必要条件，依据这种公民观念我们可以评估各种不同种类的医疗照顾的迫切性并规定医疗照顾和公共健康的要求与其他社会需要和要求之间的相对优先性。具体地说，使人们恢复健康的治疗，使他们的能力恢复到最低限度能力之上从而使得他们重新过那种作为社会合作成员的正常生活的治疗具有最大的紧迫性，而诸如美容治疗之类的需要就不是急迫的需要。

总结一下，第一，首要善的理念同拥有某些基本能力的公民观念是紧密相关的，而在这些能力中最重要的是两种道德能力。这些善是什么取决于这种公民观念即公民被视为拥有这些道德能力的人，被视为在这些道德能力的发展和运用中具有高阶利益（higher-order interest）的人。这符合森的观点即基本能力必须在人际比较时加以考虑，也必须在设计合理的政治正义观念时加以考虑。

第二，为了表明首要善目录的使用具有灵活性，我们必须区分两种不同的情况：第一种情况关注公民的能力方面的差别，这些差别属于正常范围，且处于完全的社会合作成员所需要的最低限度能力之上，可以通过纯粹背景程序正义的日渐进步的社会过程加以调节；第二种情况涉及这样一些人，他们由于疾病和事故而暂时降到最低限度能力之下。这里使用了公民作为社会之终身合作成员的观念,这种观念使我们对最低限度能力以上的能力和天赋方面所存在的差别忽略不计;但一旦由于疾病或事故我们降到最低限度能力之下,这种观念又指导我们要恢复我们的能力。可见,罗尔斯对人的社会生命是极端注重的,对肉体生命的保全和精神生命的保证之落脚点是一种公民观念,也就是说最终是为着人的社会生命的。

二、个人的自主

"自主"(Autokratie)或"自律"(Autonomie)是康德伦理学说中的核心概念,其字面意思是"自我统治"或"自己制定规则(以约束自己)",即"自己做自己的主人",而不是受外在对象或由神圣理性所赋予的道德秩序牵制甚至奴役。在康德那里,"自律"(或"自主")是自由的表现,意味着行为主体通过自我立法而自己约束自己,"意志并不去简单地服从规律或法律(law),他之所以服从,是因为他自身也被看作是在为自己立法;正因为这规律或法律是他自己制定的,所以他才必须服从它"。① 当然,自主是建立在一定的物质基础之上的,很浅显的道理:对普通人而言,生命维持是第一位的事,饱腹之欲是他们无法也不该拒绝的,诚然他们经常超越这样的艰难。所以,很多思想家把诸如生命维持之类的自然的根本性的需要置于保护财产权的人间法律之上。

我们先来分析一下康德的自我立法观念。首先必须注意的是,立法者地位非由一单个的行为主体(agent)独占,而是与其他人平等享有;而且立法行为不是由处于孤立状态的个人来实施的,而是发生在一种社会性的慎思程序(deliberative procedure,即绝对命令程序)里。这是个人作为行为主体和立法者在行动模式上的不同:作为行为主体的个人的行动往往是独立进行的;作为立法者的个人往往与同样作为立法者的其他个人共同行动。所以说,"自我立法"中的"自我"是群体层次上的,而不是单个个体层次上的。

其次,所有行为主体在应用慎思程序方面有同样的权威,这是因为每个

---

① 康德:《道德形而上学原理》,苗力田译,上海人民出版社 2002 年版,第 50 页;参照英文对苗译有些许改动,*Grounding for the Metaphysics of Morals*, translated by James W. Ellington, 3nd edn.(Indianapolis:Hachett,1993).

人所具有的相似的人性,即他们都是理性而合理的自由而平等的道德人格。与此同时,每个人对该程序的运用只有得到与之同时发生的其他人的判断的确证(支持)才可以说是成功的。这就要求:任何个人不能只为自己的利益考虑,还应当抑制自己的欲望,为其他人腾出空间。用康德式的语言说,个人要反思地使用自己的判断力,设身处地为所有其他判断者着想,并且依照其他人的可能判断而反思自己的意见。这样的意见才有机会在争论中为其他人所考虑。

参照他人意见对己见的反思使得我意识到自己判断的主观性,这种主观性由于我在下判断时有与他人不同的视域(Horizont)。视域意味着一个人的眼界、世界或出发点,每个人都活在他自己的世界中,在判断时他首先依赖于自己的世界。运用反思判断力的"扩展了的思想方式"使我们得以超越我们自己视域的界线,并且使我们得以在自己的世界和他人的世界之间来回活动。

再次,人们有义务接受道德要求的束缚是由于使这些道德要求成为有效的道德原则的那个权威的慎思程序,程序的权威性是由于这个慎思程序是自律的行为主体所创制的。这样,这些道德原则对"我"的行动所施加的限制是"我"自己的人性对"我"自己的约束;"我"的人性使得"我"为所有行为主体着想。对于理性的(rational)"我"是如何做到这一点的,康德提出关于绝对命令程序的四个步骤,继承康德的罗尔斯把这个程序进一步改造为"原初位置"理念。

最后,创制规律或法律的理性自身构成了执行规律或法律的力量,所以执行法律就是对自己负责,责任是人们自身立法意志所产生的一种道德必要性①。正是这同一个理性使得每个人的责任感和社会性成为可能。

罗尔斯对自主(自律)的说明是从两个层面进行的:第一个是人为的而非政治的层面,即理性的自主(rational autonomy);第二个是政治的而非伦理的层面,即完全(或充分)的自主(full autonomy)。这两个层面的自主构成了对人之理性(human reason)或自由的完整把握。

---

① 康德:《道德形而上学原理》,苗力田译,"代序"第3—4页。

　　理性自主依赖于个人的理智能力和道德能力,表现在个人实践的形成、修正和追求一种善观念以及按照该善观念来慎思的能力之中,还表现为在受合理约束的条件下与其他人达成一致意见的能力。

　　在罗尔斯那里,理性自主是通过使原初位置成为一种纯粹程序正义的情形而得到模型化表达的。所谓纯粹程序正义意味着,缔约各方在其理性慎思中,都不认为他们自己是去运用或受制于任何先行给予的正当、正义原则。即是说,他们作为理性代表,不承认任何外在于他们自己观点的立场,当然就不会受那些在先的、独立的正义原则的约束。这样,缔约各方是按照他们认为的有益于他们所代表者的利益或善进行慎思,规定公平的社会合作条款的。这些利益与公民所具有的两种道德能力相应,即为在最起码的程度上,发展和实践这两种道德能力所必需的更高层次的善或利益;没有这些善,个人就无法成为终身的、充分参与合作的正常社会成员。要使每个人的特殊的确定的善观念都能够得到实现,就必须有调节这些善观念的原则。于是,形成这些原则也是每个人的更高层次的利益。说缔约各方是理性自主的,是因为第一,在原初位置的限制内,各方可以在这样一种意义上保持其自由,即他们可以选择任何他们认为是最有利于他们所代表的那些人的利益的正义原则;第二,在估价这种利益时,他们考虑的是那些个人的更高层次的利益。同样的,被代表的公民在一定程度上也可以说是理性自主的。①

　　在罗尔斯那里,可以说,公民的理性自主是通过原初位置下作为其代表的缔约各方的慎思方式得到说明的。与之相对,公民的完全自主通过原初位置的结构性方面来表达。即是说,通过各方如何相处和他们的慎思所受到的信息限制来说明完全自主。

　　必须注意的是,不是缔约各方而是良序社会的公民在其公共生活中成为完全自主的。这意味着,公民们的行为不仅与正义原则相符合,而且他们的行为是出于被他们承认为正义的原则的。按照康德的观点,这样的行为才具有真正的道德价值。仅仅与正义原则相符合,而出于禀好或其他什么个人目的的行为是没有什么道德价值的。也就是说,完全自主的公民被一

---

　　① 参阅《政治自由主义》平装本英文版,第74—75页;万俊人中译本,第79页。

种有效的正义感引导着,他们承认这些原则是那些会在原初位置里被采纳的:一旦他们被作为自由而平等的人格而公平地代表着,他们会把这些具体规定公平合作条款的原则给予到他们自己身上。

为了达到这种"公平地代表",罗尔斯把个人所具有的从政治上讲不相关的特征都"悬搁"起来,而把一个共同点突出出来,即他们都拥有充分的却又是最起码的道德能力,拥有终身地成为参与合作的社会成员的正常能力。这样,公民们才能被平等地代表。在这样的无知之幕背后,代表们确定调节公民间公平合作的条款。与此同时,罗尔斯还强调:正义原则要考虑多元论事实和满足充分的公共性条件。

可见,自由或自主、自律是在实践领域才可以追求的理想。康德明确提出,人类的活动不同于物件的运动,人类在自然的影响下自己给自己立法,人的活动是有意识的,有目的的。面对自然世界,人类只有认识并遵循万物循以产生的自然规律;面对实践世界或价值世界,人类理性或意志为自己立法,并在处理人间事务上遵循这些法则。罗尔斯进一步把自主的理想限定在政治世界,即公共生活世界,一方面,他力图把非公共的事情留给个人或共同体去解决;另一方面,他又在公共生活领域追求自主理想。我认为这是极其关键的,因为受自然规律支配不能算道德意义上的他律,受其他人或受偶然的社会历史条件的支配才是他律;既然大家共同生活在一起,都是人类社会之一分子,都有大致相当的实践活动的能力,都是自己思想和行为的主体,那么每个人都是平等的,都不应受任何其他人的支配或宰制;而人类生活又是需要规范约束的,所以在形成调节社会合作的条款的过程中,每个人的作用是同样的。当然这只是一种理想,因为规范的制定过程实际上是相关者综合实力的较量过程。但是,为了过一种共同体式的共同生活,社会成员不能完全奉行"丛林法则",而是都要有所克制。这从现代西方人越来越重视家庭的社会作用的事实可以看出这一点。

如果民主、人权等观念是普适价值①,那么自主理想就是值得追求的。

---

① 关于这一点的论证,德国学者克劳斯·黑尔德(Klaus Held)所做的政治现象学方向的思考是值得重视的。参阅黑尔德:《世界现象学》,孙周兴编,倪梁康等译,三联书店2003年版。

因为自主理想与近代以来的民主、人权观念在思想深层是同脉的,都体现出对人之人性尊严的尊重,体现了主体性原则。

第二节　西方宪政的五个原则与民主

西方宪政的五个原则是作为一种社会基本政治制度的社会民主的在根本理念上和制度安排上的保证,民主制是对君主专制的反动,它意味着公民或国民当家作主。

一、西方宪政的五个原则

在解释具有司法审查建制的立宪政体中,公共理性是其最高法庭的理性(reason)时,罗尔斯提出了西方立宪主义的五个原则:第一个原则是洛克在《政府论》中所做的区分,即人民建立一种新政体的构成性(constituent power)与政府官员和全体选民在日常政治生活中所运用的常规权力(ordinary power)之间的区分。人民的这种构成性权力建立起一个规范常规权力的框架,但它只是在现行政体解体后才会再次起作用。简单地说,这是人民授权原则,统治权力最终属于人民。

第二个原则是高级法(higher law)和常规法(ordinary law)之间的区分。高级法是对人民的构成性权力的表达,它具有我们人民之意志的高级权威,而常规立法则具有国会和选民之常规权力的权威,也是这些权力的表达。高级法约束并指导这种常规权力。

作为第三个原则,民主宪法是以某种方式进行着自我管理的人民的政治理想在高级法中的原则表达。公共理性的目的也就在于阐明这种理想。政治社会的一些目的如确立正义、推促大众福利等在美国宪法的开篇就得到了表述,各种限制条款则在权利法案中得到表达或隐含在政府的制度框架中,这些目的和条款都属于政治价值,可以添列在公共理性之中。高级法的这种原则表达会得到广泛的支持,由于这样或那样的原因,这些表达最好不要附带诸多细节和限制条款,因为在基本制度安排中,人们应该见到其基本原则才行。①

第四个原则是通过带有一个权利法案的、民主地得到批准的宪法，公民结合体（citizen body）一劳永逸地确定某些宪法根本如平等的基本政治权利和自由、言论自由、结社自由以及确保公民安全和独立的那些权利和自由如迁移自由、择业自由和受法治的保护等。这表明常规法是自由而独立的公民以某种方式制订出来的，正是通过这些固定的程序，人民的合乎推理的、民主的意志才能够得到表达。

第五个原则是，在西方立宪政府中，最终权力不属于立法机构或最高法院，立法机构或最高法院只是宪法的最高司法解释者。最终权力由三个分支即立法、司法、行政三权所共同执掌，这三个权力分支处在一种恰当规定的相互关系中，都对人民负责。在这里，罗尔斯遵循的是林肯的"三民"政府即民有、民治、民享的政府（government of the people，by the people and for the people）思想。但是，应当承认，选民的绝大多数最终如何能够让宪法符合其政治意志，这是一个绕不开的关于政治权力本身的事实。确保基本民主之保障的永久性宪法保证条款不能解决这个问题，也不存在什么可靠建制（institutional）程序，它不可能被滥用或歪曲使用来通过违反西方基本立宪民主原则的法规。所以，正当而正义的宪法和基本法的理念要靠最合理的政治正义观念来保证的，而不是由实际的政治过程的结果所确保。

所以，在罗尔斯那里，西方立宪民主是二元论的，它既把选举（构成）权力和常规权力区分开来，又把人民的高级法和立法机构的常规法区分开，从而否定了议会至上。罗尔斯认为，通过运用公共理性，法庭将使法律免受无常的多数决立法的腐蚀，或者更可能地，免受组织化的、处境优越的、擅长投机取巧的狭隘利益的腐蚀。如果法庭确能发挥这种作用并有效运作，那么说它直截了当反民主就是不正确的。因为就常规法而言，如果有司法审查权的法庭能够认为它为违宪，那么这样的法庭就确实是反多数决原则的，但是更高的人民权威仍然支持一般意义上的常规法；而就高级法而言，法庭就

① 《政治自由主义》平装本英文版，第231—233页；万俊人中译本，第245—247页。

不是反多数决原则的,由于它的裁决合理地与宪法自身、与宪法修正案、与经过政治上授权的那些宪法解释相一致。

可见,在罗尔斯看来,民主不等于多数决原则。因为多数决原则如果操作不当,就很可能导致多数人暴政从而带来不民主甚至反民主的后果。按照卢梭的设想,多数决原则在参加表决的人依照其所理解的公共利益决策才是合理的,否则结果只是众意(will of all)而不是民意或公意(general will)。而众意和公意差别甚大,前者着眼于私人的利益,是个别意志的总和,后者着眼于公共的利益,前者除掉个别意志间正负相抵消的部分后的总和才是公意。① 所以,卢梭设计了一种类似于陪审团成员投票的公意形成程序。这种程序要求公民制定法律时应像陪审团成员那样,不是依据各自的特殊利益,而是依据自己对公共利益的理解来投票。这样虽然不同的人对何谓公共利益理解不同,但是依据多数决原则得到的结果会接近公共利益的真实所在。按照孔多塞的研究——他假定每个陪审团成员作出正确判断的概率在 0.5 和 1 之间,如果做正确判断的概率小于或等于 0.5 就不必设陪审团,抓阄会更省事,随着投票人的增多,多数决趋于正确答案的可能性接近于 1。② 所以,卢梭所说的“公意”要求的是“一致同意”而不只是“多数决”。达到公意的关键是,人们不能从各自的特殊意志出发,而只能按照公意投票,这样得到的结果才会更民主些。

总之,在罗尔斯那里,立法、行政、司法三权分立互制,最高主权在民。与此相应,他对政治权力的认识是它既是一种强制性的权力,更重要的是一种公共权力,政治权力的最终所有者是人民整体。对于这种最终的政治权力,每个公民都享有平等的一份,这些自由而平等的公民作为一个集体运用这种权力,具体体现为每个公民在政治生活中所发出的声音有同样的分量与效力以及公民全体有权改变政体。所以,政治权力的运用要遵循自由主义的合法性(legitimacy)原则。

---

① 参阅卢梭:《社会契约论》,何兆武译,商务印书馆 1996 年版,第 39 页。

② 参阅崔之元:《卢梭新论》,载《社会正义是如何可能的——政治哲学在中国》(论文集),韩水法主编,广州出版社 2000 年版,第 195—196 页。

二、西方社会的民主

在西方立宪政体里,公民之间的政治关系有如下两个特点:

第一,这是个人在社会基本结构内的相互关系。对于这种基本制度的结构,我们是生而入其内、死而出其外。也就是说,我们假定政治社会是封闭的:我们是慢慢地在社会世界内成长的,我们没有也确实不能随意地进出这个社会世界。这个假定是恰当的,因为移民(到他国的)权利并不意味着对政治权威的自愿接受,如同思想自由和良心自由使得接受教会权威是自愿的一样;我们是承载着特定文化传统的人,虽然形式上可以迁到别国,但实质上我们仍然摆脱不了已经融入到血液中的文化和价值观念,这也是介绍一个人时会提到他/她的籍贯特别是国籍的原因。

第二,这是自由而平等的公民之间的关系,这些公民作为一个集体享用着终极的政治权力。但是,另一方面,政治权力一直是由政府制裁权的运用所支撑着的强制性权力,因为唯有政府才有权在推行法律时使用强力。政治权力具有这种双重性:政府直接运用和作为一个集体的公民最终拥有,这种权力通常被强加到作为个体和团体成员的公民身上。有些公民也许并不接受那些支持政治权威的一般结构即宪法的理由,或者虽然接受宪法,但仍然视许多约束他们的、立法机构制定的法令为不能说明理由的。这就带来了一个政治权威的合法性的问题,提出这个问题的背景在于我们把公民视为合理而理性的、自由而平等的,同时我们把在民主社会里发现的合理的宗教、哲学和道德学说的多样性看做是民主社会公共文化的永恒特征。在此基础上,政治权力被视为作为一个集体的公民的权力,接着我们才问如何运用政治权力才是适当的,也就是依据什么样的原则和理想,作为自由而平等的公民的我们——假如我们能向其他公民证明权力的这种运用是正当合理的而且我们能够尊重其他公民的合理与理性的话——才能够认为是自己在运用权力? 政治自由主义的回答是只有当我们对政治权力的运用合乎宪法时才能说这种运用是完全适当的,这个宪法的根本是能够合乎理性地期望所有的自由而平等的公民依据那些为其通常的人类理性接受的原则和理想所能尊崇的,这就是自由主义的合法性原则。而且在立法中所产生的有关或接近于宪法根本或基本正义问题的根本政治问题都要尽可能地通过那些被同样尊崇的原则和理想来加以解决。于是,只有那种能够合理地期望所有公民尊崇的政治正义观念才能作为公共理性和公共论证的基础。①

在罗尔斯看来,由于每个公民对国家权力都有一平等的份额,而且作为合理的个人的公民在诸如宪法根本之类的问题上观点必然有不可妥协的分歧,所以运用国家权力的制裁性来强化任何一种学说都是不合理的(unreasonable),这是政治自由主义的关键之处。这是个人自主的背景和社会民主的实现框架。

撇开其自由主义的意识形态根基,可以把罗尔斯的公平正义理论归属于人民主体价值观。② 因为罗尔斯的理论是力图为着美国社会的每一个人的,他甚至把他的视野扩展到全球,主张自由(主义)社会对受不利条件牵累的社会负有帮助义务,力图在全球实现西方立宪民主自由制度,起码是合宜的制度。在罗尔斯看来,唯有如此,才能造成一个正义的世界,人们生活于其中才有意义。

第三节　从相互性正义到个体中心的正义

"人民"介于最普遍的"类"概念和各种最特殊的"个体"概念之间的、表达着一种特殊整体性的主体概念,它是排除了反人类者之后的人和人类,是人类肌体的正常的健康的部分。顺便提出一点,罗尔斯对作为国家(或社会或民族)的人民(或民邦)的理解与此种定位是相一致的,他也把诸如法外国家之类的反人类者排除在外。

众多个人之所以能够被纳入人民范畴是因为他们具有某种共同性,但是人民范畴并未抹杀或掩盖个人的多样性,相反它以凝聚的形式使普通个

①　《政治自由主义》平装本英文版,第135—138页。
②　国内学者李德顺所提出的马克思主义的人民主体价值观也是对制度即社会基本结构的要求。参阅李德顺:《邓小平人民主体价值观思想研究》,北京出版社2004年版;李德顺:《马克思主义价值论》,载李德顺:《立言录》,第309—316页,等。

人的基本权利更加突出出来。人民概念是区分敌我或敌友的,因为它总是人和人类的一部分,也正是因为此,我们不能把人民概念的政治色彩忽略了。在一个民主法治国家里,"人民"大体上等于"公民全体"。

人民是现实中的最高主体,不承认这一点,现代文明中包括政治在内的一切价值信念和判断将没有一个合理的最终标准。要自觉地使人民具有民主政治的色彩即在基本制度安排上要提供条件,真正由人民当家作主,政府要以为人民服务为行为准则,而不能染上只为少数人的既得利益服务的专制政治或其他政治的色彩。人民主体论意味着任何关于"人民"范畴的界定和把握归根到底都来源于、根据于、受检验于人民群众自身的实际和人民群众的历史实践,对"为了谁"这个问题的思考要始终紧扣人民的愿望和利益所在,这是现代任何政治体合法性的根基。

民主的本意是人民当家做主,不是什么人在替民做主;是个人的事个人做主,大家的事大家做主,不是事无巨细、无论公私都要大家投票表决,也不是一切事都是个人的私事。李铁映在《论民主》中将马克思主义民主概念的涵义区分为五种①:(1)政治制度层面的,与"(君主)专制"相区别的"由国民或公民当家做主"的政体;(2)社会权利层面的,指法定的、与义务相联系的人民大众的权利;(3)组织管理层面,指与"集中"相区别的民主管理原则;(4)思想观念层面,指发展着的民主观念、民主精神;(5)工作方法和作风层面,指与群众路线相联系的民主方式和态度等。在本书,民主主要是在政治制度层面上对一个国家所提的要求:设计一套政治制度以便国民或公民在关系到其自身的公共事务上能够自己做主并确保其基本的社会权利,这样,具体的国民或公民才能在该自己做主的地方自己做主。

谈论民主,首先得弄清谁有权在什么样的事情上做主,亦即民主是一定人群在其内部共同决定大家的事情,这些事情是与价值、判断和选择相关的,而与事实真伪、知识对错无涉,而且在这些事情上发表意见是这个群体的每个成员的权力和责任。民主总是特定人群范围内的民主,不可能是什

---

① 李铁映:《论民主》,人民出版社、中国社会科学出版社 2001 年版,第 28—38 页。

么所谓的"全民民主"。这就是民主的主体性和民主与价值的相关性。

其次,民主原则的具体推行要遵循三个规则:第一,多数决定,因为达成全体一致意见常常是不可能的,经常的情况是某种大致相似的意见占优势,而且实际上,每个人不可能仅仅出自私利,就一件与大家都有关的事做出自己的意思表示,所以各种意见相互抵消的结果还是接近于大家的共同意思的;第二,保护少数,考虑到多数决结果对少数人的直接损害,而且多数人的意见不一定正确;第三,程序化即具体操作要体现为一套共同认可与遵循的规则与程序,具体表现在宪法和法律的有关程序、原则的条款上,程序化意味着法治,意味着公共事务的处理是有规则和程序可循的,不是某个人或某个集团、团体的任意意志所决定的。

正义问题由于现实条件的缘故,不可能一劳永逸地解决,它会在相当长时期里存在。但正义问题终究是一个历史问题,不会永远存在,正义问题的解决取决于两个方面:物质的和精神的,或实质的和形式的。前者包括各种要求分配又经常不够分的、用于满足人的生存与发展的各种财物,它经常牵涉到与财物分配相关的公平感,并导致后者所指的人的倾向性态度,包括心理的、传统的、文化的等各个方面,其中反应性态度(reactive attitudes),主要有三种:嫉妒(envy, jealousy)、愤恨(resentment)与义愤(indignation)以及负罪感(guilt)。这些态度的合理作用,在物质财富日益丰裕的今天——姑且不论人们与日俱增的贪欲——对于正义问题的解决更关键。

一种正义理论至少包括对以下三个问题的回答即正义行为的动机是什么、正义规范的标准怎样以及两者之间的关系如何,简言之,正义理论要解决的就是正义规范的公共认可问题。布莱恩·巴瑞(Brian Barry)对这三个问题的回答是他的以公道为定义的正义论,即公道正义(justice as impartiality):行为主体的动机是"最低限度的相互性"即"公平待人的愿望":"如果我有公平待人的愿望,我就会按公道正义的要求行事,只要大家基本上都这样做"[1];公

---

① Brian Barry, *Justice as Impartiality*, Oxford: Clarendon Press, 1995, p.51。转引自慈继伟:《正义的两面》,三联书店 2001 年版,第 45 页。

道,确切地说是二阶公道①,即一个社会的道德和法律规则是否能够被自由而平等的人们所自由地接受,这里,公道是对正义规范的要求;个人是否愿意遵守正义规范取决于该规范是否满足公道标准、取决于他人的行为是否符合这些公道的规范。

罗尔斯的回答是他终生完善着的公平正义理论,他的特色在于通过原初位置理念给出其回答:相互冷淡的理性利己主义者在无知之幕下选择他的两个正义原则,即平等的基本自由和公平的机会平等的原则和确保最不利者受惠的差异原则,再用这些原则指导制宪、立法和法律的实施及公民对法律和道德规范的遵循,指导政治、经济制度的安排,从而将其正义原则落到实处,并考察道德心理学分析人们正义感的形成和对正义规范的遵循机制。在《政治自由主义》中,他明确地把相互性原则(principle of reciprocity)作为正义规范能否获得公共认可的标准,在公平社会合作条款中,相互性被具体化了:所有介入合作的,并按照规则和程序的要求履行其责的人,都将以一种适当的方式获益。

一、"相互性"的含义

在此有必要区分一下相互性、公道和彼此有利(mutual advantage)三个概念。巴瑞认为相互性和彼此有利基本上是一回事,他认为罗尔斯的公平正义在公道和彼此有利之间艰难地摇摆;罗尔斯本人则明确指出,他的相互性居于公道和彼此有利之间,这也与吉巴德(Allan Gibbard)②对罗尔斯的理解一致。中国香港学者慈继伟在细致考察三人理论的基础上,提出要区

---

① 巴瑞认为,公道正义理论需要的是"这样一些准则和规则,它们能够成为寻求在合理条件下取得一致的人们自由地达成一致的基础",他称这种公道为二阶公道(second-order impartiality),以区别于一阶公道,即要求人们不偏不倚地遵循这一戒律。二阶公道是对一个社会的道德和法律规则的测试,这种测试的内容是这些规则能否被自由而平等的人们所接受,也就是说,符合公道的规则才可能被自由而平等的人们一致接受;一阶公道比较宽泛,它是人们日常生活中的行为准则。简言之,二阶公道是对社会的道德与法律规则提出要求,是对立法的要求,一阶公道是对每个人提出要求,是对守法的要求。

② 参阅吉巴德《建构正义》一文,载《哲学与公共事务》第 20 卷(1991 年夏季号)。相关内容见慈继伟:《正义的两面》,第 153—154 页。

分正义理论的两个问题即行为主体的正义动机和正义规范的正当性,在涉及前者时,罗尔斯的正义观是以相互性为定义的,而在涉及后一个问题时,他的正义观则是以公道为定义的。

暂且不做评论,我们先来看看罗尔斯本人的说法。在罗尔斯那里,公道是利他主义的,因为它受普遍善的驱使;彼此有利被理解为:照目前情况看,每个人就其当下或预期的处境而言,都处于更有利的境况;相互性则是公民间的一种关系,这种相互性是通过规导一社会世界的正义原则来表达的,在此一社会世界中,每个人的得益是按照该社会世界定义的一种适当的平等基准来判断的。[1]

公道意味着居中,利他主义和利己主义一旦发生冲突就会要求某种公道,公道微妙地居于纯粹利他主义和纯粹利己主义这两个极点之间;它意味着对他人合理利益的兼顾,当然也表明着自己行为的正当性;考虑到人天生偏向自己,所以,为了达到公道,人们应当更多地偏向照顾他人的合理利益,这样才可能达到对他人和对自己的程度相当的关怀。因此,公道要求更多的他向考虑,以他人为中心才能做到,所以,罗尔斯也说,公道受普遍善的驱使,是利他主义的。公道可以说是,一方面,以他人无法合理拒绝的理由向他人证明自己行为的正当性;另一方面,天生自向的人们在做这种证明时,将如何照顾他人的合理利益作为自己关注的焦点,因为他人和我一样是具有同等内在价值的存在,他们的利益有同样的分量,而懂得如何关怀他人才能改变一个人自我关怀的性质。

彼此有利表明:一个人对他人和社会制度的认同,取决于他如何看待这两者对他的利益的影响;有利还是有害的评价取决于他当下的利益现状以及他对自己在将来的利益的预期,权衡的准星全在于这个人及其对自己利益的认识。所以,彼此有利是比较纯粹的自向考虑,常常会导致对他人、对群体、对社会利益的妨碍。

相互性虽然不可避免地包含彼此有利,但是它的主要意思是互利互惠,切实体现出"互"字;同样,它也可能由于有保障的、稳定的、长期的互利互

---

[1] 参阅《政治自由主义》平装本英文版,第 17 页。

惠而发展为相互善意。相互善意并不以互利互惠为目的,这里人们意欲回报的不是——至少是不仅仅是——他人曾给他带来的利益,而是他人曾对他表示过的善意。吉巴德在《建构正义》一文中举过这样的例子:我可能会因为别人善待过我而善待别人。在别人对我好之后,我可能也愿意对他好,即使他已经没有力量再影响我。① 在此,对我而言,重要的是公平对待的道义要求,而不是利益;而且相互善意的原因就在于有人曾经善待过我,而不是利害交换,从别人那里得到更多好处。这是一种积极的正义感或正义动机。

考虑到正义的必要与可能,以相互性作为正义的动机资源比较合适,相互性是介于彼此有利和相互善意之间的。倘若以只为自己的利益增减考虑的彼此有利作为正义的动机资源既使得正义成为不可能,也与人们现实的情感状况不符;相互善意是互利互惠的产物,是一种回顾性的情感,因此也不适宜作为正义动机的原初假设。

二、出现正义问题的条件:从罗尔斯到哈贝马斯

在罗尔斯那里,正义的必要性在于现实社会中大量存在、日趋严重的不正义事实,而他的《正义论》就是一本应时之作,他提出了自己的解决诸种不正义的方案:分散财富的拥有,保证每个人都能成为完全的、终生的社会合作成员,这样每位社会成员作为人的尊严既有自身具有的物质基础,又有社会提供的制度保障。在罗尔斯的正义社会里,他并未对人们的高尚的道德情操抱什么希望,而是尽可能在最起码的基点——主要以相互性作为正义的动机假设——上建立起符合正义原则的社会制度。虽然他考虑的主要是理想的情形,但是他所谓的理想情形是针对一个社会的制度的设想,这也合乎美国的特殊历史,大体上可以说,美国是依照建国元勋们的理想制度设计运行的。

但是,综合考察《正义论》和《政治自由主义》,我们知道,罗尔斯的正义理想着重考虑的是构成人的自尊之基础的那些东西的分配,而且人们追求

---

① 参阅慈继伟:《正义的两面》,第 153 页。

正义的初衷是那种等利害交换的相互性,而对人与人之间彼此尊重与关切这种相互性基本忽略,更不用说考虑"把每一个潜在的人视为人"这样一个原则①,这显然不合人类社会的当下现实,有失偏颇。所以,我们有必要超越罗尔斯正义理论中仅仅注重"相互利益"或"互利互惠"的方面,把其中的"平等地尊重每一个人"的正义概念的含义推行到底。

为什么要把正义概念之"平等地尊重每一个人"的含义突出出来呢?正义理念的发明不就是为了解决财物分配不公这个难题吗?这种要求有可行性吗?如果平等地尊重每一个人的正义概念变成了稳定的现实,那么正义理念本身不就失去存在理由了吗?我们相信"矫枉必须过正"的道理,达到正义我们必须超越正义,这就是我们推进罗尔斯正义理论的根本理由所在。而且,现代社会已经不再是一个可分配之物极其有限的往昔社会,人们相互之间的肯定与重视也比以前更加真实可感了,也就是说,正义的条件跟以前相比,有很大变化,所以,应该在此时把正义的平等要求的心理的、精神的层面突出出来②。

在休谟看来,正义起源于人类协议;这些协议是用以补救由人类心灵的某些性质和外界对象的情况结合起来所产生的某种不便的。③ 具体而言,正义的主观条件是人的自私和有限的慷慨,正义的客观条件是容易转移的外物不足以满足人类的需要和欲望。对休谟的正义条件的说明,罗尔斯基本上是完全继承的,"在[资源]适度匮乏的情况下,如果[相互漠然的]个人就社会利益[即资源]的分配提出相互冲突的要求,正义的条件就具备

---

① "潜在的人"这个说法需要解释,它不是说有一个固定不变的所谓"真正的人"的模式,而是说每个人的一生其实就是一个"成人"的过程。在此过程中,他们是应该被当做"人"来看的,这种待人态度是具体而不是一刀切式的,因为人们之间是相似性和差异性并存,所以,相似性要求同样对待,差异性要求差别对待、尊重与保护差异。考虑到强者由于其优势而力主差异对待、弱者由于其劣势而强调同样对待的现实以及人们常常对他们之间的相似性或共同性重视不足,我们认为,对于社会规范的正义性而言,应当强调同样对待和对弱者的援助。

② "利益"一词的英文是 interest,我们知道在英文中,它还有一个基本的意思,即"兴趣"或"旨趣"。所以,对罗尔斯正义理论的推进基于我们对人们的 interest 的理解更全面些、更合理些,它包括物质和精神两个方面。

③ 参阅《人性论》下册,第 534 页。

了"。①

在哈贝马斯看来,使得正义成为必要的是人类社会的残酷事实。人的个体化即成为有个性的人是通过社会化完成的,在个体化或社会化过程中,个人要经历许多艰难困苦,所以处于社会化过程中的个人是脆弱的、易受伤害的,进而在道德上,他们是需要关切的,这是一个比资源分配甚至比人身安全更为根本的问题。在通过社会化完成的个体化过程中,每个人都不可避免地置身于一个密集的社会网络中,在其中,人们相互承认、相互帮助,也可能相互暴露、相互伤害,每个人通过使用语言,以各种身份参与人际交往,从而外化自己,形成构成他/她个人身份的内核。由于个人身份的多重性,他人的不确定性、变幻无常,使得他人对个人身份的认同相当微妙,哈贝马斯把他人对个人身份的这种微妙的认同描述为"个人身份的本质上的不稳定性和永久的脆弱性"。在哈贝马斯眼里,他人和社会对个人身份的否认所造成的伤害远比皮肉之苦带来的伤害严重。

对此,叔本华有相似的感受,"当不义之受害者的躯体表达领域受到他人侵犯时,他所感受到的是直接的、精神上的痛苦。这种痛苦完全独立于、且不同于由他人行为或者由随损失而来的懊恼所造成的肉体痛苦,尽管后者与前者常常同时被感受到。"②所以,在叔本华那里,正义的基本原则是不伤害人,不仅不伤害他人的肉体,而且不伤害他人的自尊。资源和利益的不公平分配之所以能对人造成伤害,首先是因为它能伤害人的自尊。在分配中居于劣势的人第一个感觉是,同样为人,为何他人得到的比我更多,过得比我更体面,不就是他的……人有权势吗? 但权力又不是他私人的,干嘛可以因而得利啊? 明摆着,这是欺负人,把人不当人嘛? 而不是他在不公平的分配中损失了多少可见的物质利益。可见,物质上的损失、肉体上的痛苦不只是物质上的、肉体上的,更重要的是随着这些不公而来的尊严伤害,这是精神上的、非亲历、亲身体验不足以完全体会的伤害。对人的尊严的伤害意味着彻底否认受害者所享有的权利,所以,最严重的不正义就是这种无限度

---

① 参阅《正义论》英文修订版,第110页。
② 转引自慈继伟:《正义的两面》,第84页。

的伤害。①

于是,在哈贝马斯那里,正义之所以必要主要的不是因为物质资源的短缺,而是因为通过社会化而形成的个体的脆弱身份要求来自其他人的承认。的确,作为人的尊严对于易受伤的个人来说,性命攸关。对哈贝马斯而言,正义问题关涉的是个人身份和尊严,它所要求的是人们相互之间的体谅与同情,使人成为出于同情心而以正义待人的人,从而在力所能及的范围内,通过周到的体贴降低人的极易受伤性,进而保证每个个体的不可剥夺的主体性自由。因此,在哈贝马斯的视野里,正义问题的解决依赖的是社会不同成员相互之间的同情心,他一再强调个体之间相互体谅的重要性,通过社会化而形成的个体因其极易受到伤害而需要有保障的相互体谅,这种体谅有两方面的作用:"一方面,它维护个体的完整性;另一方面,它维系个体间至关重要的相互承认的纽带,通过这一纽带,不同个体得以互相稳定其脆弱的身份"。②

三、走向个体中心的正义

基于哈贝马斯对正义的条件的这种现代理解,我们更要重视对正义的主观条件和人们的不正义感的原因的研究,也就是要从相互性正义走向个体中心的正义,达到对每个人的尊严的完全尊重,使得我们的人类世界成为真正的人的、充满温情的世界。这一点对于日益现代化的中国和中国人来说,颇为真切,因为日益全面、深入的市场化进程把过去蜗居在家庭、家族保护之下的个人彻底抛入到市场大潮中,靠自身力量的增长才能生存和生存得更好;而在这个增长自身实力的过程中,个人常常无所依凭,过去靠得住的东西现在几乎统统失效,个人陷入前所未有的孤独与无助甚至绝望之中。个人处在这样一个崇新多变的、活力无穷的时代极为脆弱和易受伤害,可见,哈贝马斯对正义的主观条件的强调也是适合现今中国情况的。

---

① 黑格尔认为:犯罪就是在其完全意义上的否定的无限判断,因而不但特殊物被否定了,而且同时……我的法权能力也……被否定了。参阅黑格尔:《法哲学原理》邓安庆中译本,第 95 节,人民出版社 2016 年版,第 172 页。
② 转引自慈继伟:《正义的两面》,第 87 页。

（一）"个体"释义

走向个体中心的正义，首先得把握"个体"这一概念。"个"，意味着个别的、有特性的，意味着只有这一个、独一无二、不可替代；"体"则表明这个存在的一定的独立自足性，有强调该存在的现实性与整体性的意思，所以，个体是一个有个性的、有一定完整性的不可替代的存在，它不等于个人。当然，"个体中心"中的"个体"是包含于个人的。

个体的英文是 person 或 individual。其中，person 源自拉丁文 persona，persona 意为演员在戏剧舞台上表演时所带的面具或就指演员，persona 在希腊文对应的词是 hypostasis，意为伪装在……下面，与 ousia（实体）概念关系密切。这意味着 person 是一个人的身份或在社会生活中所扮演的角色，它象征着一种资格，并具有存在的现实性与独立自足性。所以，person 经常被译为"人格"，即作为人或成为人的资格、条件。

要成为一个完整的 person，得具备两个方面的条件：一方面，它得有一个身体（body）；另一方面，它有一个心智（mind），具有意识（consciousness），诚如笛卡儿所言，一个 person 是心身两方面的有机结合。它既不能被还原为心，也不能被还原为身，在此意义上，person 是一种二元论的存在。其中，意识对于是否是同一个 person 的辨别相当关键，这即是人格的同一性问题。

关于人格同一性的标准，西方哲学思想史上至少有两派观点：一派主张，人格同一性的标准是意识，尤其是记忆，以洛克为代表；另一派主张，人格同一性概念是一个虚构，根据休谟的看法，我们实际具有的是一束知觉，我们未经证明——也许无须证明——不能把它们归于一个连续的自我。同一性逻辑表示的是一种全是或全否的关系，一种不允许两个截然不同的实体同时又互相等同的关系。当代裂脑人（split-brains）思想实验表明，肉体标准的明显优势是一种幻觉，于是，英国哲学家帕菲特（Derek Parfit）总结说，虽然解决人格同一性问题的尝试失败了，但是，对我们而言，真正重要的是我们生活中的连续性和关联性以及我们作为一个人的生存，而不是给出一个人人接受的同一性标准。在通常意义上，人格的同一性是根据一个人在生活中所秉持的根本价值、目的以及与其他人的关系（如忠诚、交际）来确定的,人格的同一性就是根据这些肉眼不可见的、不确定的、精神性的东西来确定的,这是一种极其模糊而又足够有效的确定。基于此,说"个人定位"也许更为合适,因为"定位"意味着"未完成"和个人在其方位确定方面的主动作用,更符合个人身份的不确定性特征。

当然,人格的同一性问题不是简单的认识论问题,它与责任问题休戚相关,因为个体包括自然人和法人以及居于二者之间的团体在政治、社会生活中是负责任的基本单位,当然这种团体还不是完全意义上的责任单位。正因为此,同一性问题才一再地被人提起并讨论。其实,person(人格或人身)在法律上就意味着承担法律责任并处于一定的法律地位,地位与责任是相对应的,地位表现为权利。

individual 源自拉丁文 individuus,意为不可分割的,波伊提乌(Anicius Manlius Severvinus Boethius)①用该词来翻译希腊词 atom,意为一个单一的、特定的存在单位,它在现实上和观念上都不能被划分,除非其认同或同一性发生了改变。在标准的意义上,一个 individual 是指那能够个体化的东西,即在语言中得到指认的、与其他事物相区别的东西。所以,individual 一般被译为"个别"、"个人"。在西方道德、政治和社会思想传统中,一个 individual 是一个个人,以与群体或社会相对照。但是,实际上,群体、社会等都是 individual,individual 和 person 都是可以且应该划分层次的,虽然它们主要指的都是个人。

什么意义上的存在才是一个 individual 呢? individual 的本质是什么呢? 首先,它必须属于一个种类(species),具有这个种类的总特征;其次,它得有自己独特的实质特性以将自身与同一种类中的其他个体区分开。用模态逻辑的"可能世界"理论的语言说,就是一个个体本质是 X 的这样一个性质,以至于在 X 存在的每一可能世界中,X 都有这一性质,而没有这样的可能世界,在其中,有物具有这一性质又不同于 X。所以,individual 的本质即个体性是普遍性和特殊性在具体个体上的有机统一,个体性不等于特殊

---

① 波伊提乌(480—524),古罗马哲学家、政治家,曾用拉丁文译注亚里士多德的著作,后以通敌罪被处死,在狱中写就以柏拉图思想为立论根据的名著《哲学的慰藉》。

性。黑格尔对个体性也有一个现实的理解,他说:个体性是指"普遍和特殊两种规定性返回到自身内","这种自身否定的统一性(即个体性——引者注)是自在自为的特定东西,并且同时是自身同一体或普遍的东西"。①　在该节的附释中,黑格尔郑重其事地提到,如果卢梭能够老是保持着公意(volonté de tous)与众意(volonté générale)的区别,那么他的政治学说将会有更深邃的贡献②。并且告诫人们,无论是为了认识或为了行为,都不要把真正的普遍性或共相与仅仅的共同之点混为一谈。也许,在黑格尔看来,公意才能代表全体,才是个体性,才是合理的民意表达,才是真实的普遍性;而众意就是把再多的个人或团体的意志、意见加总,仍然只是特殊性,不足以作为行事、决策的依据;法律是基于这种普遍意志(公意)而不是特殊意志(众意)的概念而产生的特殊规定,唯有这样的法律才有合法的效力。

---

①　黑格尔:《小逻辑》,163 节,贺麟译,商务印书馆 1997 年版,第 331 页。抽象地看,普遍性、特殊性和个体性相同于同、异和根据,但是,对普遍性、特殊性和个体性——作为概念本身所包含的三个环节——的理解必须相互参照:在普遍性里同时包含有特殊的和个体的东西在内;特殊的东西是自身普遍的并且是作为个体的东西;个体事物必须被了解为主体或基础,它包含种和类于其自身,并且本身就是实体性的存在。(参阅黑格尔:《小逻辑》,164 节)所以,三者是不可分离的,必须结合在一起才能达到对概念、对事物、对现实的具体理解。

②　在《社会契约论》中,卢梭明确区分了四种意志,即个别意志(volonté particulière)、团体意志(volonté de corps)、众意和公意。其中团体意志亦可称为集团意志或派系意志,每一个这种集团的意志对它的成员来说就成为公意,而对国家、社会来说则只是个别意志;个别意志并不就指单个人的意志,它还指许多这样的派系意志;众意只是个别意志的总和,它着眼于私人的利益;只有公意才永远是公正的,它永远以公共利益为依归。在第二卷第三章中,卢梭还特意说明了公意的形成方式:如果当人民能够充分了解情况并进行讨论时,公民彼此之间没有任何勾结;那么从大量的小分歧中总可以产生公意,而且讨论的结果总会是好的。(参阅卢梭:《社会契约论》,何兆武译,商务印书馆 1996 年版,第 39 页)可见,公意是在个别意志、个别利益真诚协商的基础上产生出来的,而且形成公意的关键在于国家之内不能有派系存在,并且每个公民只能是表示自己的意见。因为如果公民在表达意见时,拉帮结派,形成一个个利益集团,那么利益、意见分歧在数量上会越来越少,最后占优势的很可能只是一个集团的意见、一个个别意见,而根本不是公意。这样难免出错,而且常常是出大错。但是国家、政府无法禁止利益集团的形成,所以,唯一的办法是增殖集团或派系的数量以让它们相互制衡。应该说,卢梭的这些思想是相当深邃的,其实,卢梭区分了国家作为主权者的行为和作为行政官的行为,也分析了每个公民作为臣民所应尽的义务与作为人所应享的自然权利等等。可惜的是,解释卢梭思想的那些人过分强调公意而忽略了对公民个人的那些不可转让的权益的维护,他们没有清楚地意识到,公意其实只是一个政治、法律理想,在现实的政治社会生活中不可能绝对地达到。这导致许多人把卢梭当作极权主义的始作俑者,特别是"大革命"时期红色恐怖的罪魁祸首。具体可看《社会契约论》第二卷第四章:论主权权力的界限。

个体的特异性在于它所承载的文化性,在于它所担当的特殊的职业职责,在于它作为社会、国家、民族乃至人类这个大家庭的一分子的不可缺少性——这种不可缺少性还是广泛社会分工的要求,在于它为人类整体和人类文明所增添的丰富性,简言之,在于它所做的独特贡献,或者说就在于它的生存样态。个体的特异性即个体性,在此,个体性的含义跟马克思主义价值论所讲的"主体性"基本一样。

考虑到现实存在的民族、国家间的文化、传统和综合实力的差异,我们还要把"这一个"无可替代的个体从个人层次推进到群体层次包括各种社团、阶级与阶层、民族、国家等,所以,个体是分层次的。我们所讲的"个体中心"是包含个体的诸多层次的,之所以如此,是因为各层次个体的利益与愿望是独立的、独特的。在罗尔斯那里,作为"中心"的个体主要是公民个人,而且是把公民物质方面的利益或兴趣作为"中心"的。这种要求是片面的,在国际层次上武断推行更是不合理的,因为国际社会或舞台上的行为主体是民族-国家,而不是公民个人。

(二)从物质利益上的不伤害到心理情感上的不伤害

正义首先是一种给予每个人以其应得的相对稳定而持久的愿望,它作为人的一种道德性的态度具有某些稳定的特征,我们称之为"正义倾向"(just disposition,指人类行正义、求正义的天性,慈继伟将之译为"正义禀性")。正义倾向包括两个方面即内容和形式(结构),其中,内容是指人的是非观念,即人们通常所说的正义感,它一般来自于人们所在社会的具体而特殊的正义规范。正义规范的具体内容会由于源于各自的传统、习俗与文化而异,会因时而易,所以说,罗尔斯的正义理论只是正义理论之一种,不可能适合于所有社会。

但是正义倾向既然作为人的一种共同的愿望或禀性,其中就应该有某些不随规范的具体内容而变动的、类似于心理特征的东西。这些心理特征很难说是人先天就有的,但确实为不同社会历史条件下的行正义者所共有,它们只是对人的某些共有的心理倾向的描述与剖析,不涉及正义规范的具体内容,可以称呼它们为正义倾向的结构特征。对正义倾向的解释作为对正义动机的说明,主要涉及以下因素即愤恨(resentment)、相互性或有条件性(conditionality)、对法律制裁的依赖性(reliance on legal sanctions)以及表面看来与前几个因素不一致的无条件性或自律(autonomy)等①。

愤恨是一种反应性态度,它是对伤害或冷漠的反应,它是受害者对施害者的情感。在尼采那里,愤恨是与报复联系在一起的;罗尔斯认为愤恨类似于妒忌②,它基于一种不平等或不公正的感觉。愤恨是正义者对非正义者怀有的一种既含利益计较又含道德愤慨的情感。有愤恨的反应需要有这样几个条件:第一,其他人对"我"有伤害行为;第二,这种伤害行为导致了对于"我"的不利后果,或损害了"我"的物质利益,或没有给予"我"足够的尊重以至于"我"有被忽视、被侮辱等感觉;第三,"我"有愤恨反应并不全因为"我"个人受到了伤害,还因为其他人对"我"的伤害行为导致我们的社会进入一种非正义流行的局面,这违背了人类的正义天性,等等③。这第三点表露出"我"有一种利他主义的考虑,于是如果是替别人抱不平,那么"我"所表达的就是义愤了;在有愤恨情感的基础上,如果是"我"伤害了他人,"我"很可能就有负罪的感觉。所以,人们的反应性态度主要有三种:愤恨、义愤和负罪感,彼得·斯特劳森(Peter Strawson)指出:"如果这类态度不以某种方式存在的话,世界上就难以存在我们所理解的人际关系体系,或人类社会本身。"④

这三种反应性态度是正义倾向的必要属性,是我们为了自己而对别人提出的要求,也是我们为了别人而要求于别人、要求于自己的考虑。但是这三种情感在我们的心理上并不占有同样显著的位置:在经验的层面,我们最

---

① 这里主要借鉴慈继伟《正义的两面》一书中所表达的观点,参阅该书第一章,第11页。

② 妒忌是非道德情感(nonmoral feeling),在《正义论》第80、81节,罗尔斯精细地分析了"妒忌"(envy)这种特殊心理倾向,分析了他的正义理论如何通过人类的这种特殊心理倾向的检验。具体内容包括妒忌的分类、定义、可能的危害和与愤恨(resentment)、吝惜(jealousy)、悭吝(grudgingness)等情感的区别以及与平等要求的关联,这里显示出罗尔斯对人的自我价值感和自尊这种主要的首要善的强调。

③ 罗尔斯也指出,愤恨或不满之所以是一种道德情感,是因为"我"认为他人境遇好是不公正的制度或他们的不义行为所造成的;"我"表达愤恨必须说明为什么某种制度是不公正的或他人的行为如何伤害了"我"。《正义论》英文修订版,第467页;何怀宏等中译本,第536页。

④ 转引自慈继伟:《正义的两面》,第12页。

初产生的考虑是为自己而对别人提出要求，与之相应，我们最先体验到的是愤恨，在此之后，我们才学会为他人而对自己提要求，并为他人而对另外的他人提要求。我们只有先感受自己的遭遇，然后才能体会他人的不幸，所以愤恨是义愤和负罪感的基础，而且愤恨的强度和易产生程度常常高于义愤和负罪感，愤恨也更能体现正义的相互性特征。

在心怀愤恨时，我会以为，我对别人不满，是因为别人做了错事，而不仅仅是因为别人损害了我的个人利益；一旦作为受害者被动反应的愤恨被我体验为道德情感，它就会给我带来某种心理上的满足，使我觉得自己在道德上优于那些损害他人利益的人。

造成愤恨还有一个重要原因就是社会或国家垄断了惩罚权，于是愤恨情感成了受到伤害或损失却又不能报复的人们的唯一的宣泄方式。社会收走了个人的报复权，受伤害的个人在不能直接要求不义者对之进行物质补偿或对不义者进行惩罚的情况下，不得已而接受了心理补偿，可见，愤恨并未消除人的报复欲、并未解除人的等利害交换冲动，而是以道德的手段满足了这一欲望或冲动，用道德情感的交换代替了物质利益的交换。如此，宽恕的权利便独属于每个社会成员，社会作为一个整体则必须奉行以怨报怨的原则，对不义者施行惩罚，因为社会必须遵守国家与个人之间的最根本的契约关系，给每位成员造成一个等利害交换的确定预期。不然的话，个人便没有遵循社会道德、法律规范的动力，亲自报复施害者的欲望会重新强烈起来，而这不利于社会的秩序与稳定。同样，宽恕行动也会给受伤害者带来一种道德上的优越感，"我不跟他/她一般见识！"通过降低施害者、违法者的道德地位，我已经在一定程度上讨回了公道，这同时也为法律惩罚提供了正当性或理由。

通过法律惩罚，个人的愤恨情感得到了社会的承认，同时愤恨也在另一个意义上得到了宣泄。这种宣泄就像密尔所说的惩罚的快感，惩罚让我们认为不正义的行为得到纠正，遭到破坏的正义相互性终于得到了合法的、恰如其分的恢复，受害者的愤恨也得到了释放，这"总会给我们快感，并与我们的公平感一拍即合"，从而心理平衡得到了恢复。

其实，真正能够伤害你的只有你自己，嘲笑和侮辱本身实际上并不伤人,如果被辱者没有通过发觉它们或通过产生愤恨、受辱而自我伤害。尼采也说,"没有任何东西能比愤恨的情感更快地耗尽一个人的精力",而宽恕则具有保健作用,宽恕使人从愤恨中解脱出来,不再用无法释怀的屈辱感来消耗自己,所以,宽恕不是弱者的自欺欺人,而是强者的健康之道和精明之所在。但是,芸芸众生中,又有几个有这样的内心修养呢?

义愤和负罪感都是以愤恨情感为基础的他向的情感,看到他人遭受侵害或侮辱而感同身受或者自己伤害或侮辱了他人而如同自己也受到了同样的伤害,我们会对施害者产生愤恨情感和为受害者打抱不平,或者对自己所伤害的人有一种罪疚感,所以义愤和负罪感是通过同情心实现的。

为了分析同情心对正义动机的影响,我们有必要区分前道德的同情和道德化的同情。人的一个基本心理特征是,我们不同情伤害别人的人,只同情受到伤害的人,这种情感是原初的、自然的和本能的,它可以帮助人们作出道德判断,但是还不足以让人克服利己主义倾向,不足以导致利他主义的行为,也不能让人产生充足的正义行为动机。所以前道德的同情的认知功能离意动功能是有一定距离的。弥补这一距离有两种办法:第一,前道德的同情的认知功能的发挥足以使人们得出正义规范应该是什么的合理结论。例如,如果人们愿意投票建立一种如何为建设公共设施捐款的制度,但同时又不愿为某一项目主动捐款,那么,利用前道德同情心的认知功能,解决方法很简单,就是再投票确定一套制裁措施以确保人们捐款。第二,如果同情心有足够的力量影响我们的判断,使我们产生赞同或责备的情感,那么社会就可以从这些"判断"和"情感"出发,培养人们的义务感,促使人们产生具有足够意动力量的道德情感。一旦形成这样的局面,同情心就成了道德化的同情心或以同情心为基础的义务感,这种道德化的情感可以成为发展稳定而持久的互利局面的充足动力。

根据道德化所使用的不同原则,同情心可转化为正义的义务感(运用"不伤害他人"的原则)也可转化为高于正义的仁爱的义务感(运用"尽可能帮助他人"的原则),也可称之为不以道德化的同情心为基础的义务感即纯粹的良心和以道德化的同情心为基础的良心,这即是叔本华所说的两种同情心。

　　纯粹的良心类似于加布利埃尔·泰勒（Gabriele Taylor）所说的"负罪感"或"内疚感"，依照泰勒的分析，造成内疚的原因不是我的作为或不作为让别人受到了伤害，而是我对这一伤害负有责任，是我触犯了社会禁忌。也就是说，此时，我关注的不是受伤害者的痛苦或损失及其程度，而是自己良心的安宁。在此意义上，源于纯粹良心的负罪感仅仅是一种自爱的行为，而不是关注他人意义上的道德。

　　以道德化的同情心为基础的良心则不同，它包含对他人的关切，这一关切不只是对他人痛苦的同情，更重要的是解除他人痛苦的愿望。泰勒称这种良心为"悔恨"（remorse），因为在这种情况下，行为主体关注的是自己的行为对他人的影响，并且有采取补救措施的打算，因而自我沉溺的可能性就减少了。

　　以同情心为基础的良心虽然已经是道德化了的情感，但是它的表现形式仍然是人对道德原则的尊重而不是人对他人的直接的尊重，所以说，这种良心只能通过原则间接地作用于正义者的具体行为，这表明拥有道德化同情心的正义者缺乏足够的、关怀他人的恻隐之心，同情心纵然道德化了，但仍然包含着强烈的自爱情感，也正因为此，它才能成为常人所力所能及的道德品质。

　　愤恨、义愤与负罪感、宽恕、同情心与良心等有助于正义的情感都超越不了一个自向的维度，虽然它们都有关切他人的追求，所以对于正义，我们不能要求过高，但也不能要求过低，正义规范要成为普遍性的要求除了满足相互性标准之外，还必须进一步满足一种对等性原则：每个人愿意而且能够为别人做的也是他期待别人愿意而且能够为他做的，即为了保护我的利益，我至少需要他人为我做些什么；在不过分勉强自己的前提下，我至多能为他人做些什么。从道德的角度看，也就是，我找到了我有资格期待他人为我做的事情和我有义务为他人做的事情之间的对等，即权利与义务、权力与责任之间的对等。满足对等性原则的正义规范才能得到我和他人的自觉遵循，才具有对所有人而言的同等的约束力，因为履行对等性的义务没有超出我们的能力范围。所以，对罗尔斯正义理论的推进是个人心理情感的层次上的，我们认为这是同背景制度一样根本的人们行正义、求正义的保证。

结　语

正义要解决什么样的问题？它是如何与主体性关联在一起的？通过本书的论述，我认为，正义主要涉及的是社会合作中利益与负担（或权力与责任）的分配，特定的人或人群被对待的方式，以及对侵害的补偿或矫正，其目的是恢复或保护人们之间的某种平衡或比例。亚里士多德在《尼各马可伦理学》第五卷第一至三章向人们展示：正义主要与维护或恢复人们之间的某种恰当平衡或比例有关，正义的基本含义是依法行事。约翰·奥斯汀（John Austin）在《法理学的范围》（The Province of Jurisprudence Determined）一书第六讲的一个注释中指出，正义是被讲话者假定为比较标准的、与明确的法律相联系的一个用语，这表明法律适用中的正义是正义问题的关键方面。在本书中，正义也是作为一种规范问题被加以研究的。

正义与否的评价不是在任何情况下都是恰当的，它是比好坏、正确与错误评价相比更为具体的道德批评形式。人们经常会说，法律是正义的因而是好的法律。正义昭示着一种比较，它的基本内涵是公道和应得。视人如己、待人如待己，意味着不偏不倚，人们作为裁判时更要做到这一点：保护各方，不让任何一方不正义地占据优势；给予每个人以他所应得，意味着对每个人的尊重和对其尊严的维护。这里，应得意味着属于一个人自身的、无待他人的、作为其有意行为之结果的赏或罚。"应得的"就是有权利或有资格要求、得到的东西。当然这只是对应得的一种解释①。"平等地尊重每一个

---

①　罗尔斯所提倡的"应得"明确反对严格意义上的道德应得观念，认为"应得"指合法期望观念和伴随它的资格观念，即"应得"不是按照个人行为的道德价值来奖惩个人，而是一个正义的制度体系分配给每个人以正义的规范体系规定的他有权要求得到的东西，包括政治权利和经济社会利益等。这种资格以每个人做了正义的公共规则所鼓励的某些事从而尽了自己维持正义制度的义务和尽自己份额的责任为前提。

人"是应得的应有之义。公道与应得都意味着一种比较，一个人的"世界"不会存在什么正义问题，在有了两个及以上的人的世界里谈论正义问题才是切题的。例如，如果同为某一家庭的子女，儿子因为他是儿子而得到父母的各种优待，女儿的愿望与要求经常受漠视，且常常成为兄弟的替罪羊，更遑论她是否真的做了错事，那么我们就会说，这样的父母是不正义的；与此对照，如果父母对其子女一概虐待，那么我们只会说这样的父母是残酷的，在道德上是恶劣的。

而正义之所以可以作为比较标准是因为它要求着有着种种差异与相同之处的人们之间的某种恰当比例，这种比例意味着平衡、秩序与合理。

总体而言，人们之间的共同点远多于差异点，这样，一方面人们之间的交流、合作在此基础上成为可能，另一方面它要求满足正义的主要准则，即同样情况同样对待（treat like cases alike）。但是，毕竟人们之间总是存在着这样或那样的差异，而差异点往往是个人的主观意愿和个人努力难以改变的，如先天的身体残疾、种族、肤色、智力水平、家庭条件、精神疾病和早期受教育的水平等，这些差异点要求"不同情况不同对待"（treat different cases differently）的格准，以作为正义主要准则的补充。所以，在确定对待方式时既不能一刀切、简单化，也不能特事特办、没有任何规则可循，而是要具体分析相关者的具体情况。

于是，正义问题的解决就与分析人们之间的这些同异之处紧密相关，对于具体的事态，相关当事人的哪些情况是他们的共同点，哪些情况是他们的不同点，哪些是相关于具体事态的，什么样的相同点、不同点应该在这样的具体事态中受到尊重与保护。诚然如何对待相关情况以人们特殊的道德观或善恶观为依据。我们说重男轻女的父母是不正义的，是因为从现代的观点看，子女的性别不足以证明差别对待他们的正当性，性别在此时是不相关的差别；但是如果我们确认重男轻女在道德上的正当性，面对同样的事态，我们不会得出这样的父母是不正义的结论。对人们之间的同异点进行具体分析正是主体性分析的工作。而且在我看来，主体性分析在价值诉求上是尊重每个人的利益与愿望的。因此，正义问题的解决有赖于主体性原则的贯彻。

　　主体性分析要做的工作是首先在具体的对象性关系中确认谁是主体，把握具体主体的具体结构、功能、特性及其作用，探讨不同层次主体之间的相互关系，而不能将某一层次或主体的某个方面抽象化、一般化，不同层次的主体和主体的不同侧面不能混淆和相互替代，即不能将主体等同于个人，进而主张极端个人主义；也不能将个人的特定群体的成员身份固定化、一般化，主张绝对的"群体本位"或所谓的"社会本位"；更不能将主体等同于人的主观，认为讲主体性就是主张主观随意性，没有客观性可言。其次，在明确价值为人性的基础上把握主体性的具体体现，即人作为主体时的能力、作用等方面的特性："为我"的目的性、自主与负责的统一。最后也是最重要的，就是要明确个人在现实生活中的具体角色、身份，个人行为要符合具体的角色要求：在纯属个人的事情上，让各人自己做主；在涉及他人（包括亲友、同事、所属的群体、国家、民族与社会乃至全人类）的事情上，明确"他人"的权力即是自己权力的界限，明确自己对"他人"的责任，自觉争取自己的权利、权力，承担自己的责任。这里权力与责任是个人所担当的角色或所占据的职位赋予的，这类似于我们传统伦理规则所讲的"君君、臣臣、父父、子子"。从现代的观点看，我们所讲的权力与责任的统一是与"把人的权力与责任还给人自己"并行的，当然这里的"人"是需要具体分析的，不是简单地讲"群体本位"或"个人本位"，而是主张一种多元化、多级化的"主体本位"。

　　规范问题是价值①问题之一种，因为规范是为人而设的，一定规范的存在是必然与他人发生关系的、有着种种差异的人们之间成功交往互动的必需，也是人之"社会性"的一个方面；有着不同追求的人需要一定规范调整他们的利益、愿望的表达与追求行为；正是差异导致了对规范的需要，而人们之间的诸多共同之处则是规范产生实效的前提与保证；对同异的分析是对主体性原则的贯彻。

　　一定的规范要真正照顾到所有相关者的利益，还要弄清与规范相关的

---

　　①　价值是以人的主体性为尺度的关系态，它意味着……（包括物与人的某方面的能力）对于人（人类整体或某一部分人或某个人，这个"人"总是具体的）的意义。这种对"价值"的理解揭示出"价值"的为人性和分析、研究价值问题的独特方法：主体性分析。

主体性问题,即立法者与规范的价值主体、规范客体及行为主体等。立法者往往作为规范的价值主体的代表制定各种层次的规范,每个人作为自己思想和行为的主体的同时还是被规范约束的客体;作为立法者的人和作为行为主体的人往往不一致。所以,在规范问题上,不仅在规范制定层次上实际的立法者强势群体有一个照顾非立法者弱势群体的利益与愿望的问题,而且在规范的执行与遵循即规范的贯彻层次上,有一个执行者向遵循者说明遵循规范的理由的问题,并且还有一个作为执行者的行为主体和一般行为主体共同贯彻规范的问题。

对于这些问题,罗尔斯在其关于正义理论的思考中有或直接或间接的论述:罗尔斯的正义理论是一种规范理论,因为他所提出的以两个正义原则为核心内容的公平正义观念是用以调整社会基本结构的,进而为每个人的生存与发展提供一个正义的背景;确切地说,社会基本结构即基本的经济政治社会制度决定所有社会价值①的正义分配,从而每个人大致有一个差不多的成功前景,可以成为正常的社会成员和自由而平等的公民。当然这里的"每个人"指那些有正常体力、智力和其他能力的成年人。之所以每个人应该受到如此对待是因为在是自由而平等的民主社会公民这一点上,每个人是没有差异的,应该受到同样对待。在政治生活领域,每个人是平等的。但是一种合理的正义追求不可能完全抛开效率或功利原则,完全不顾社会现实,所以他又提出差异原则将他的正义构想拉回到活生生的现实土壤之中,差异原则允许社会和经济方面的不平等,只要这种不平等满足以下两个条件:(1)这些不平等必须依系于公平的机会平等条件下的地位和职位向所有人开放;(2)这些不平等是为着社会最不利成员的最大利益的。所以,虽然罗尔斯的正义理论可以归入到"平等主义"的名下,但是它不是以消极的妒忌为心理基础的粗俗的平等主义。可见,在罗尔斯那里,"同样情况同样对待"是需要"不同情况不同对待"做补充的,只是有时这个补充是很不够的,这在《万民法》中表现得尤为突出。当然在罗尔斯那里,正义理论是

---

① 在罗尔斯那里,社会价值包括自由权与机会、收入与财富以及自尊的社会基础,这基本上与社会首要善目录是一致的。具体参阅前文第三章第三节第三部分。

完整的,虽然他用力主要在正义问题的宏观制度层次上——这是个人和各种群体行动的背景,是对社会基本制度的基本要求,他明确意识到,完整的正义理论还包括适用于个人的正义规范和适用于国际间关系的国际法规范。

对弱势群体的利益与愿望的兼顾,罗尔斯是通过提出差异原则实现的。首先他通过平等的自由原则和公平的机会平等原则以及所有社会首要善的正义分配保证每个人都有一个平等的位置,即保证每个人都是终身的充分参与合作的社会成员,他们的自尊和自我价值感得到尊重与维护。这里的制度保障是财产分散拥有的西方立宪民主制。

规范贯彻层次上的两个问题,罗尔斯通过给出公平正义观念的公共性论证及公民的正义感进行解决。

综观罗尔斯的整个理论思考,我认为他对与正义规范相关的主体性问题的解决是比较精致和成功的,但也存在明显的缺陷:第一,对个人和国家-社会之间的各种联合体(即所谓的"公共领域")的独立性和独特性关注不够;第二,对民族-国家的主体性权力、权利尊重不够,在罗尔斯那里,似乎只有公民个人及其利益与愿望才是真实的,这导致了他对所谓的"法外国家"的极端不宽容态度;第三,罗尔斯正义理论的最大特色和最大不足在于他的自由主义立场和美国公民眼界。

附　　录

附录一　基本善、可行能力与对治贫困之道

从现象的层面看,贫困几乎是一种与人类生存发展的实践始终伴随的现象,但对什么样的生存境遇算贫困、贫困形成的原因和解决贫困的方法等问题进行专门思考则应当是一件很现代的事情。这也许是因为在人类的生产力被资本主义生产方式魔法般地召唤出来之前,人们认定自己缺乏谈论与解决贫困问题的条件。

思考贫困问题首先是经济学家、社会学家的职责,尤其是发展经济学、福利经济学等学科研究的重点。实际上,贫困是一个牵涉到社会的方方面面的综合性问题,贫困的缓解是社会公平正义能否实现以及在多大程度上得到实现的重中之重。所以贫困问题需要经济学、社会学、政治学和法律、哲学等学科的共同努力。在贫困现状的描述、贫困程度的测量、产生贫困的原因分析和对治贫困的具体措施等方面,学界已经有了较多的研究成果。但为何要研究贫困、贫困的识别以及对治贫困的根本方法等,则始终是一些学者们愈研究愈觉有新意的问题。本部分从政治哲学视角,借鉴罗尔斯和森的相关思想,集中分析这些愈研究愈有新意的问题。

一、描述意义上的贫困

从字面看,"贫困"由"贫"和"困"组成:"贫"首先意味着缺少钱财或资源,"困"乃陷入困境、不能施展手脚之意;"贫"是因,"困"是果。在中文

里，"贫穷"也是对 poverty 的翻译，对"贫"和"穷"可以做类似于"贫困"的
解释。基于贫困的字面意义，人们对"贫困"的第一印象往往是某（些）人因
为缺少钱财而缺衣少食进而陷入穷途末路。更确切地说，贫困首先意味着
缺乏保持起码生活水准、满足基本生存需求的最低生活支出。因为最低生
活支出是维持基本生存所需，所以人们通常认为这个最低生活支出能够客
观地确定下来。这种意义上的贫困因而通常被称为"绝对贫困"、"客观贫
困"或"以收入定义的贫困"。这是世界银行确立"最低生活标准"的直接
依据。

　　在中国，有"富不过三代"、"创业难，守业更难"的讲法。一般而言，"富
二代"是不会缺钱的，守业阶段不会比创业阶段更缺钱。如此，贫困的原因
除了缺钱之外，一定还有更深层、更隐蔽的。如果说确立"最低生活标准"、
采用"输血"的方式解决的是陷入贫困者收入过低或完全缺乏收入的问题，
那么这种反贫困策略就不能解决获取收入的能力的问题或者说"造血"问
题。就是说，如果缺乏获取收入的能力，给予贫困者再多的救济也难以从根
本上解决问题；而且长期的救济会导致对贫困者获取收入能力的实际剥夺。
这就是所谓的"以能力定义的贫困"，它比"以收入定义贫困"更深一层。救
治这种意义上的贫困就要首先考虑培育和提升贫困者获取收入的能力，也
就是培养"贫血者"自身的造血能力。

　　"以收入定义贫困"和"以能力定义贫困"似乎意味着测度贫困的标准
可以客观而毫无争议地确定下来，而且贫困只是意味着贫困者由于缺乏一
定的资源或获取资源的能力因而不能维持基本生存，这样贫困似乎是一个
只牵涉贫困者本人拥有的资源量或获取资源的能力大小，而这要求救助者
客观而不偏不倚地对待贫困者，它是以救助者为中心的考量。

　　其实，贫困还是一个比较概念，并跟贫困者的主观感受密切相关。我们
知道古希腊有吃穿用度的"标准"实际上极低但感觉比国王还幸福的犬儒
主义者第欧根尼、古代中国有"一箪食，一瓢饮"却不改其乐的颜回。这里，
是否算"贫困"取决于贫困者在特定的社会环境和群体比较中对其是否达
到最低收入、最低生活水准和基本生存需求满足与否的判断，这是贫困的主
体性问题，它是以贫困者为中心的考量。本部分试图综合考察贫困的客观

性和主体性两个方面,达到基本的生活水准所需要的条件基本上可以客观地确定下来;后一方面则要求救助者尊重贫困者的主体性能力和特殊心理感受等,不蛮横地推己及人。罗尔斯的基本善理念即是这样一种考量贫困问题的综合性路径。

二、为什么研究贫困问题——罗尔斯的平等观

既然贫困是一个复杂而又似乎不可能彻底解决的问题,那我们为什么还要研究贫困问题呢? 如果我已然处于贫困状态,那我所操心的是如何找到基本的吃穿用度,哪有思考贫困问题的闲情逸致? 如果我处在衣食无忧的优裕状态,那我又何必劳心费神去思考这个与我并无直接相关性的复杂问题呢? 我们认为人类研究贫困问题的最基本的理由在于我们是人,而人是一种不满现实、追求理想的超越性存在;理想往往会成为我们立身处世的基础。在这里我们通过阐发罗尔斯的平等观所代表的人类平等理想来说明我们思考贫困问题的最基本理由。

作为自由主义的捍卫者,罗尔斯一生致力于为现代社会的统一与稳定奠基:在《正义论》中,这个基础被他称为"定义为公平的正义"(justice as fairness,简称为"公平正义"),基本内容是他的正义原则,这是一种笼罩性的(comprehensive,意为"无所不包的"、"包罗万象的")道德学说;在《政治自由主义》中,他基于讲理的多元论的事实把公平正义进一步改铸成一种政治的观念,基本内容是经过重新表述的正义原则。这样,在罗尔斯那里,自由主义就从一种笼罩性的道德学说变成为一种讲理的(reasonable)、政治的自由主义,这表明其关于正义问题或社会统一的基础问题的思考更深入地基于西方社会启蒙运动以来的成就(造成了讲理的多元论事实)与缺陷(康德、密尔等思想家提供的笼罩性的自由主义学说影响至深)和自由的个人必须生活在一定社会中的事实,更加尊重具有理性的个人的社会性(sociability or social nature,或译为"群性")。罗尔斯就这样把政治哲学的主题从理性个人的自由变成诸理性个人之间的平等。

罗尔斯的平等观具体体现为政治的社会与个人观念。政治的社会与个人观念(conceptions)是与那些隐含在民主社会的公共政治文化中的根本性

的理念(ideas)联结在一起的,为了形式化地表述(formulate)和理解其政治自由主义或民主的平等观,罗尔斯把这些理念改铸成一组观念:这组观念中,排在第一位的是政治的正义观念本身,其次是三个根本性的理念,包括定义为长期的公平社会合作体系的社会的观念和社会观念的两个伴行理念,即定义为自由而平等者的政治的个人观念和良序社会观念。①

定义为公平的合作体系的社会理念在罗尔斯的思想体系中是起组织作用的、居于中心位置的,这体现在:一方面,他通过说明该理念被完全实现时(良序社会)会产生什么结果以及该理念适用于什么(基本结构)来使得这个理念更加确定;另一方面,他进一步展示公平合作条款如何(由原初状态里缔约各方来)详细规定,进一步说明参与合作的个人如何被(当做自由而平等的公民来)看待。②

罗尔斯所说的社会是政治的,它不同于政治社会内部的众多团体(associations),不同于跨越政治边界的团体,后者如教会和科学协会。这些团体中有一些是共同体(communities),教会和科学协会、大学和其他文化机构就是共同体。罗尔斯所说的政治社会不同于这些共同体,因为这种共同体的成员是在追求某些共享的(并非经济的)价值和目的的过程中被统一起来的,这些价值和目的引导他们支持该团体并在一定程度上让他们受其约束;而在公平正义中,除了那些属于政治的正义观念或同这种观念本身相关联的价值和目的,民主的政治社会没有任何这样共享的价值和目的,良序社会的公民所确认的宪法及其政治价值体现在他们的制度之中,公民们共享的目的止于按社会的基本制度安排的要求给予彼此以正义。

政治社会也跟其内部的共同体不同,因为我们能够按意愿离开共同体(宪法自由确保了这一点:叛教不是犯罪),但在某种意义上我们不能按意愿离开我们的政治社会。③ 罗尔斯所讲的社会是一种个人"生入其内、死出其外"的、具有或多或少完善与自足性的合作框架。就个人终其一生必须参与到社会合作中、必须待在一定的社会中而言,这样的社会是封闭的,而

---

①　参阅罗尔斯:《政治自由主义》,万俊人译,第39页。

②　参阅罗尔斯:《作为公平的正义——正义新论》,姚大志译,第41页。

③　参阅罗尔斯:《作为公平的正义——正义新论》,姚大志译,第34页。

227

且是永久存在的:它世世代代生产着和再生产着它自身以及它的制度和文化,生生不已。①

总之,政治社会不同于共同体:一个民主的政治社会可以接纳存在于它内部的众多共同体,并努力成为一个社会世界,在这个社会世界内,多样性繁荣昌盛、和谐共处;但它本身不是一个共同体,从讲理的多元论事实的观点看,它也不能够是一个共同体,因为它要成为共同体就只有压制性地使用政府权力,但这又与基本的民主自由权不相容。

这种社会观念是人们观看世界的方方面面以及人与世界的关系的一种视角或方式。在这种观看方式下,自然禀赋(native endowments)被视为公共资产。不同的个人有不同的自然禀赋,同一个个人在其人生的不同阶段上或由于所处的环境发生改变(包括所受的教育与培训),其所拥有的自然禀赋也有差异,这是一个不能也不应被改变的自然事实。在这里,不是我们的自然禀赋本身被视为共同资产,被看做共同资产的东西是具体的自然禀赋的分配。于是,如果存在自然禀赋的所有权问题,那么拥有其禀赋的正是个人自己:个人心理上、身体上的完整性已经由落在正义的第一原则之下的基本权利与自由权确保了。② 自然禀赋的差异不仅体现在同类才能的不同上,比如不同的个人具有不同的体力、想象力等,还体现在不同类才能的不同上;这种才能上的差异之能够被视为共同资产,这是因为这些才能一旦以合适的方式被组织起来,才能之间的差别就会发挥出"比较优势"。在此意义上,才能不同的个人是相互成就的,谁也离不开谁,因此需要有某种能够被自由而平等的公民彼此接受的政治原则来指导社会使用自然禀赋的分配,不然的话,社会世界的结构和自然的一般性事实就会同民主的平等这个理念敌对起来。③ 原初状态理念正是一种解决这个敌对的观点,从这种观点看,自由而平等的公民代表会同意差异原则以便把禀赋的分配当做共同资产来使用。于是,禀赋更好的人(在自然禀赋的分配中占据更幸运位置的人,他们在道德上并不应得这个位置)被鼓励去获取更进一步的益

---

① 参阅罗尔斯:《政治自由主义》,万俊人译,第17页。
② 参阅罗尔斯:《作为公平的正义——正义新论》,姚大志译,第21页。
③ 参阅罗尔斯:《作为公平的正义——正义新论》,姚大志译,第21页。

处——他们已经在禀赋分配的幸运位置中得到了好处——的条件是他们要以有助于禀赋更差的人（在禀赋的分配中占据更不幸位置的人,他们在道德上也不应得这个位置）的善的种种方式来培训和使用其自然禀赋。① 因此,罗尔斯的社会观和差异原则表达的是相互性（reciprocity）理念,这种道德理念居于利他主义的公正无偏（impartiality）和相互利用之间（mutual advantage）。

在如此重视个人之间的相互性和主张政治的社会观的罗尔斯那里,社会是否跟个人一样是终极的实在呢? 从前述的作为公共资产的自然禀赋的分配中,我们可以推知,在罗尔斯那里个人才是最终的实在。所以,要对罗尔斯的社会观获得一个恰当的理解,必须结合其个人观和他对人的社会性的理解。

罗尔斯的个人观是政治的个人观,在这种个人观看来,个人是自由而平等、合理而讲理的公民。公民在如下三种意义上自视为是自由的:其一,他们设想自己和相互设想拥有一种把握善观念的道德能力;其二,他们自视为各种有效要求的自证之源;其三,②他们被视为能够对其各种目的担起责任,而这又影响到对其各种要求的评价。③

说“诸个人是平等的公民”,意思是他们全被看做拥有最低限度的道德能力以便参与终生的社会合作并作为平等的公民参加到社会中,所以,这里的“平等”是指拥有这些能力至这样的程度,基于这样程度的道德能力,公民才能完全地参与到社会的合作生活中。④ 这种公民的平等在原初状态中被模型化为他们的代表的平等,就是说,这些代表在原初状态中处于对称的位置并且在达成协议的程序中拥有同等的权利。拥有这些道德能力的平等是公民完全而终生参与到社会政治生活中的前提条件,是公民参与政治生活的最低限度的条件。这些道德能力有两种: 一是拥有正义感的能力,它是

① 参阅罗尔斯:《作为公平的正义——正义新论》,姚大志译,第23页。
② 在《正义新论》中,公民只在两个方面被视为自由的个人（第35页）,没有这第三个方面。根据《政治自由主义》第二讲所阐发的讲理这一理念,我们能够明白罗尔斯不讲这第三个方面的原因在于第三个方面牵涉他人,牵涉讲理理念。
③ 参阅罗尔斯:《政治自由主义》,万俊人译,第27—31页。
④ 参阅罗尔斯:《作为公平的正义——正义新论》,姚大志译,第33页。

理解、应用和践行(不是仅仅服从)规定了公平的社会合作条款的政治的正义原则的能力;另一是拥有善观念的能力,它是拥有、修订和合理地追求善观念的能力。与这两种道德能力大致相应的是公民身份的讲理方面和合理方面。[①]

罗尔斯对人的社会性的理解较集中地体现在其社会联合的理念(the idea of social union)上。[②] 罗尔斯通过跟私有社会(private society)的观念进行比较来说明人的社会性。私有社会的主要特点首先是,构成这个社会的人格,无论他们是人类个体还是团体,具有各自的私人目的(private ends),这些目的或相互竞争或彼此独立但任何情况下都不是互补的。第二,制度被认为没有任何自在价值(value in themselves),参与到制度中的活动不被算作一种善,如果算什么的话,是被算作一种负担。这样,每个人格都把社会安排仅仅评估为达到他们私人目的的手段,每个人都偏爱于选择那种给他最大财富份额的最有效的方案。简言之,私有社会中的人之间是一种相互利用的关系。

作为人的社会性之体现的社会联合理念则意味着作为伙伴,我们需要彼此,他人的成功与享受对于我们自己的善而言是必要的、补充性的。社会联合是一种人类共同体(the community of humankind)的概念,这个共同体的成员们从彼此的由自由的制度激发的卓越性和个性中得到享受,同时他们承认每一个人的善是完整活动(the complete activity)中的一个因素,这活动的整体(the whole scheme)是大家都赞成并给每个人带来快乐的。科学和艺术、家庭和友谊包括博弈(游戏)等这些生活形式都是社会联合的例子,它们有共享的最终目的、有自身就有价值的共同活动。罗尔斯所讲的良序社会事实上是包括无数不同种类社会联合的社会联合。

罗尔斯对社会和个人之社会性的见解恰恰体现了其对个人之自主性或主体性的尊重。

---

① 关于如何理解讲理和合理这个区分,详见拙文:《论罗尔斯对 the reasonable 与 the rational 的区分》,《哲学分析》2014 年第 5 期。亦见本书附录二。

② 参阅罗尔斯:《正义论(修订版)》,何怀宏等译,第 79、411—419 页。

三、如何对治贫困——差异原则与基本善

罗尔斯虽然极其重视个人的社会性,但社会在他那里是政治性的,不是通常意义上的共同体;而且政治社会是为个人服务的,即社会的基本制度安排要能够确保自由而平等的政治性的个人终生、完全地参与到公平的社会合作中。为了把全部的政治性的个人都考虑在内,罗尔斯还具体地提出了最少受惠者问题和基本善(primary goods)理念。① 可以说,最少受惠者正是贫困者,基本善和差异原则则正是罗尔斯关于如何解决贫困问题的思考。

差异原则是罗尔斯的正义原则的一部分,罗尔斯的两个正义原则的最终表述由《正义新论》提供:(1)每一个个人对于一种平等的基本自由权的完全适当的组配方案都拥有同样的不可取消的权利,这种自由权的组配方案跟适用于所有人的同样的自由权组配方案相容;(2)社会和经济的不平等必须满足两个条件:第一,这些不平等附属于机会的公平平等条件下向所有人开放的公职和职位;第二,这些不平等必须是为了社会的最少受惠成员的最大利益(差异原则)。② 其中,差异原则的意思是说那些让最少受惠者的最大利益得到实现的社会与经济的不平等是能够得到辩护的。最少受惠者是谁,他们如何被遴选出来? 为了回答这些问题,罗尔斯引入基本善理念。基本善是指按照与公民作为自由而平等的个人的地位相应的政治观念来规定公民的需要(这些需要跟偏好、欲望和终极目的相对立)。在《正义新论》中,罗尔斯就是从政治的个人观来界定基本善的,就是说,基本善是指公民们作为自由而平等的个人度过完整一生所需要的东西;它们不是这样的东西,想要这样的东西只是简单的合理之事(they are not things it is simply rational to want)。基于政治的个人观和社会生活的一般事实、要求,罗尔斯区分出五种这样的基本善:(1)基本的权利和自由权:思想自由、良心自由等等。这些权利和自由权对于两种道德能力的充分开发、完全而明

---

① 在罗尔斯那里,基本善大致上是指"社会基本善",即由社会基本结构来分配的那些基本善,它们不同于健康和精力、智力和想象力这样的自然禀赋即自然的基本善;虽然对这些自然善的占有受基本结构的影响,但这些善并不在基本结构的控制之下。

② 参阅罗尔斯:《作为公平的正义——正义新论》,姚大志译,第70页。

智地锻炼而言是本质重要的制度性条件。罗尔斯的思想同贡斯当和伯林所代表的自由主义一脉相承,所以,思想自由和良心自由(现代人的自由)比平等的政治自由(古代人的自由)相比,其内在价值更多。这意味着在现代民主社会中,政治不再是人们生活的中心。(2)在存在各种各样机会的背景下的迁移自由和择业自由,这些机会允许追求多种目的和实际地改变这些目的。(3)拥有权威、承担责任的公职和职位所具有的权力和特权。(4)收入和财富,它们被理解为适于一切目的的手段(有交换价值),一般而言,无论这些目的是什么,这些手段是实现广泛多样的目的的必要条件。(5)自尊的社会基础,它们被理解为:如果公民们对其作为个人的价值有鲜活的感觉、能够充满自信地推进其目的的实现,那么这些基础就是基本制度的通常而言为本质重要的那些方面。①

基本善观念是公平正义中出现的六个善观念(six ideas of the good)之第二个,其中前四个善观念之间的关系是:从定义为合理性的善观念(1)(连同政治的个人观、人类生活的一般事实和合理人生规划的正常结构)开始,我们得到了基本善(2)。一旦我们用这些基本善去规定原初状态中缔约各方的目标,从原初状态开始的论证便给出了两个正义原则。可容许的(完全的)善观念(3)就是那些跟两个正义原则相容的追求。然后政治德性(4)被规定为对于永保正义的基本结构来说非常重要的那些公民道德品质(qualities of citizens' moral character)。最后两个善观念直接说明了人的社会性,它们是:(5)被两个正义原则安排得井井有条的社会的政治性的善的观念;(6)定义为社会联合的社会联合的社会的善的观念。②

这样,对照两个正义原则和五种基本善,我们知道两个正义原则正是按照它们如何调整公民所享有的基本善的份额来评估基本结构的。享受不到一定的基本善份额的公民,我们视之为贫困者。而每个公民都应享有的基本善份额与前述的政治的个人观一致,就是说,给公民提供一定的基本善以便能够实现公平的机会平等、能够利用其基本的权利和自由进而成为正

---

① 参阅罗尔斯:《作为公平的正义——正义新论》,姚大志译,第 94—95 页。
② 参阅罗尔斯:《作为公平的正义——正义新论》,姚大志译,第 235—237 页。

常的、完全的、终生社会合作成员。

四、森对罗尔斯的批评

森对罗尔斯的批评集中在他所提出的"可行能力方法"（capability approach）上。他认为：跟罗尔斯聚焦于基本善相比，这是一个更好的认识个体优势（individual advantages）的视角，该视角超越了对于生活手段（the means of living）的关注，而将聚焦转向实际的生活机会（the actual opportunities of living）。前者如功利主义者基于效用来评价个体优势，现代经济学基于收入、财富或资源来评价个体优势。

可行能力在衍生的意义上是根据功能①来定义的，它主要包括关于一个人能够选择的诸功能组合（combinations of fuctionings）的一切信息，而实际上选择的功能串（the cluster of functionings）显而易见只是所有可行的功能组合中的一个。这样，可行能力意味着真实的选择做什么的机会，而不是最终实际上做了什么；意味着自由地做某事与实际上做了某事这两种情况之间的区分。就是说，可行能力方法关注的焦点不在于一个人实际上最后所做的（what a person actually ends up doing），而在于她实际上能够做的（what she is in fact able to do），无论她是否使用该机会。

在森眼里，罗尔斯的基本善方法就是一种只专注手段的方法，他的可行能力方法则将注意力放在实现目的（fulfil ends）的机会上，放在实现那些经过了理性审查的目的（those reasoned ends）的实质自由上。在森看来，拥有做某事的手段不等于真的就能做某事，最后做了某事不等于自由地做了这事。前一种情况说明的是价值的主体性，比如鞋子对于没腿的人而言就没用：缺腿的人有鞋子但他并不能真的穿上鞋子（除非装假腿）。后一种情况说的是自由问题。森把自由区分为机会和过程这样两个方面：其一，自由是我们获得我们所珍视的事物的能力，而不论实现该目的的过程如何；其二，

---

① 我们可以在亚里士多德目的论的意义上来理解森所讲的"功能"，即：植物的功能是生长、营养，动物的功能是感觉，人的功能是灵魂合乎理性的实现活动；作为一切选择所趋的最高目的的幸福在这种种实现活动之中，幸福作为最高目的只为自身而不为他物，是自足的。参阅亚里士多德：《尼各马科伦理学》，苗力田译，中国社会科学出版社 1999 年版，第 11—14 页。

我们可以将注意力放在选择的过程本身上,例如,我们希望不要因他人施加的限制而被迫处于某种状态。[①] 森举如下例子来说明自由的这两个方面的不同:金决定某个星期天待在家里,不出去进行任何活动。如果他所做的正如他所想,我们称之为"情景 A"。另一种情况是,一些彪悍的暴徒打乱了金的生活,把他拖出去扔在一个大水沟里。这种可怕的、确实令人不愿看到的情形可以被称为"情景 B"。第三种情况,"情景 C",这些暴徒限制了金的行动,命令他不得走出他的房子,并以严厉的惩罚相威胁。很容易看出,金的自由在情景 B 中受到了严重的影响:他不能做他想做的事,并且失去了自己做决定的自由。因此,金的自由在机会方面(他的机会受到严重削减)和过程方面(他不能决定自己要做什么)都受到了侵犯。而在情景 C 中,金的自由在过程方面受到了影响(即使他在被胁迫的情况下做了他本想做的,但选择不是他做出的):他做任何其他事情都会受到严厉惩罚。在情景 A 和 C 中,金做了同样的事情,不同的是在 A 中金是自由地选择待在家里,而在 C 中他是被强制待在家里,就是说,在是不是待在家里这件事上,他没有选择的自由。森正是在区分这三种情况的基础上提出其对机会的狭义理解和广义理解:前者仅仅关注人们最终是否做了他们在不受限制的情况下会选择做的事情,而认为其他选择和选择的自由都不重要,这是实现"终极结果"(culmination outcome)的机会;后者则从取得"全面结果"(comprehensive outcome)的角度来定义机会,它注意到实现最终结果的方法(例如,是通过自己的选择还是受制于其他人的命令)。可行能力就是从取得全面结果的角度来定义机会,它不是简单地关注最终的结果,而是注重选择的自由,因为被迫选择与没有其他选项的选择都不是真正的选择。

于是,一方面,可行能力是我们获得各种功能组合的能力,我们根据我们有理由珍视的事物(in terms of what we have reason to value)来比较与判断这些功能组合。[②] 这些人类功能包括良好的营养、避免夭折、参加共同体

---

① 参阅阿马蒂亚·森:《正义的理念》,王磊、李航译,刘民权校,中国人民大学出版社,2013 年版,第 212 页。

② 参阅阿马蒂亚·森:《正义的理念》,王磊、李航译,刘民权校,中国人民大学出版社,2013 年版,第 216 页。

生活、开发有利于实现事业抱负的技能等,这表明可行能力方法的着眼点在
人类生活,而不仅仅在一些便于分派的对象物(some detached objects of con-
venience)上,就像在经济学分析中,一个人所占有的收入和商品常常被看
作人类成功的主要标准。另一方面,自由关心的是一个人能否获得他有理
由选择的对象物(the objects of her reasoned choice)。① 可见,森所讲的自
由、可行能力都要通过理性的审查,这种审查表现为既考虑人类生活的完整
性,包括物质生活、精神生活与社会政治生活等,就是说,我们要从一个人所
能达到的组合成就(combined achievements)的角度来看待他的总体的可行
能力(overall capability)②,又考虑其他个人或群体类似的、有理由得到实现
的诸种功能。这说明理性审查"不仅仅只是个人孤立进行的以自我为中心
的评价,而是指向公共讨论与互动的公共推理(public reasoning)的丰富内
容"。③

五、罗尔斯对森的回应

在《正义新论》中,罗尔斯专辟一节"基本善指标的灵活性"来回应森的
批评。④ 他强调指出:对基本善的解释确实考虑了基本可行能力(basic ca-
pabilities),而且该解释没有把基本可行能力抽象掉,就是说定义为自由而
平等的个人的公民的可行能力是根据其两种道德能力来说明的。实际上,
基本善的指标是通过以下追问而草拟出来的:在考虑包含在规范性的自由
而平等的公民观之内的基本可行能力的条件下,为了维持其自由而平等者
的地位、成为正常的、完全合作的社会成员,公民们得要求什么东西。在罗
尔斯那里,基本善指标是其正义原则的题中应有之意。他相信,如果其考虑
基本善指标的背景假设立得住脚,那么,森是能够接受基本善的运用的。

---

① 参阅阿马蒂亚·森:《正义的理念》,王磊、李航译,刘民权校,中国人民大学出版社,
2013 年版,第 281 页。
② 参阅阿马蒂亚·森:《正义的理念》,王磊、李航译,刘民权校,中国人民大学出版社,
2013 年版,第 216 页。
③ 参阅阿马蒂亚·森:《正义的理念》,王磊、李航译,刘民权校,中国人民大学出版社,
2013 年版,第 223 页。
④ 参阅罗尔斯:《作为公平的正义——正义新论》,姚大志译,第 276—288 页。

针对森的反对意见所基于的更深入的观点:正常的、完全合作的社会成员的相关需要和要求实际上是足够不同的以至于带着基本善指标的两个正义原则必然太不灵活因而不能产生适应这些不同的适当方式,罗尔斯说他的基本善指标(an index of primary goods)是有足够弹性的。他把具有严重缺陷以至于不可能是正常的、能作出贡献的社会合作成员的个人抛开,而只考虑两种正常范围内的情形:其一考虑的是两种道德能力的开发与运用方面的差别、实现出来的天赋上的差别,这些差别位于最低限度的必要能力(minimum essentials)之上,要成为社会的完全合作成员必须具备这些能力;其二考虑的是公民在医疗照顾(medical care)需要方面的差别。我们这里只考察第二种情形以说明罗尔斯基本善指标的灵活性。

公民在需要医疗照顾的情况下暂时(一段时间)降到最低限度必要能力之下,而这些能力是个人成为正常的社会完全合作成员的必需。的确,在提出一种政治正义观念的开始阶段,罗尔斯没有考虑疾病和意外事故,而把政治正义的根本问题简单地视为规定自由而平等的公民之间的公平的合作条款。但是他希望能够拓展公平正义以解决产生于疾病和意外事故的需要方面的差别。为了这个拓展,一方面,他假定公民终其一生都是正常的社会合作成员以便应对公民有可能一次又一次地罹患重病或遭遇严重事故;另一方面,他依赖基本善指标的三个特征,这三个特征赋予正义原则以某种灵活性以便能够调整公民在需要医疗照顾方面所存在的差别。三个特征如下:

第一,在原初状态中所能进行的思考里,这些善没有在细节上得到规定。例如,在原初状态中,基本权利和自由权的一般形式和内容被勾勒出来了,它们的优先性的根据能够得到理解。关于这些权利和自由权的进一步规定则留给宪法阶段、立法阶段和司法阶段,因为在这些阶段,能够获得更多的信息,能够考虑各种特殊的社会条件。

第二,收入和财富这样的基本善并不仅仅等同于个人的收入(personal income)和私有的财富(private wealth)。因为我们对之拥有控制力或部分控制力的收入和财富,不仅有属于个人的还有属于团体和群体的成员的。

例如,宗教派别的成员对教会财产具有某种控制权。

第三,基本善指标是在一个完整人生中对这些善的期望之索引,这些期望被认为是与基本结构内的相关的社会位置联系在一起的。这种跟社会位置的联系使得正义原则能够处理产生自疾病和意外事故的需要的差别问题,一个正常的完整人生是会遭遇到这些变故的。这样,个人对基本善的期望在事前是一样的,而在事后,由于各种偶然性(在此指疾病和意外事故的降临)他们实际上得到的善是不同的。

在《正义新论》的第 51 节第 6 小节,罗尔斯还对两个正义原则如何应用于公民的医疗需要和保健需要这个问题做了具体展开。如果考虑基本善指标的这三个特征,如罗尔斯一样,我们可以得出结论:正义原则或基本善是能够抵住森的批评的,基本善理念跟拥有某些基本可行能力(其中最重要的是两种道德能力)的公民的观念是紧密相连的。

六、结语

对比罗尔斯和森思想的上述内容,我们知道:社会基本善在罗尔斯那里并不直接标志着某个人的自由与福利水平,诚然基本善是判断分配公正(distributional equity)与否的核心议题,但这是就基本善对于个人的自由与福利水平的重要性而言的;在罗尔斯那里,真正居于核心位置的是政治的观念,具体言之是政治的个人观或者说平等观、公民观:为了确保个人成为正常而完全的终生社会合作成员,个人需要这样一些可称为"基本善"的条件。而在森那里,可行能力却是其思想体系中的核心概念,他在社会选择、福利分配和贫困问题等领域的长期耕耘都跟可行能力这个核心概念相关。就是说,社会基本善和可行能力在罗尔斯和森各自的思想体系中不是同一个层级的概念,森抓住基本善概念的不足而提出可行能力概念,他表达出的思想实际上跟罗尔斯是一样的。所以,社会基本善和可行能力两者之间是一种相互阐发、相得益彰的关系,它们共同构成对治贫困的根本方法。

附录二 论罗尔斯对 the reasonable 与 the rational 的区分

一生致力于思索正义问题的美国哲学家约翰·罗尔斯(1921.2.21—2002.11.24)在《政治自由主义》(简称《政》)平装本导论的结尾这样问道:"如果一个在讲理的意义上为正义的社会——在其中,社会的目的高于权力——是不可能的,人们大部分——如果不是不可救药的愤世嫉俗与自我中心的话——是非道德的,人会以康德的口吻发问:人类活在这地球上是否还有意义?"①的确,正义是人类追求的基本价值之一。在《政》中,罗尔斯区分了道德哲学与政治哲学,把"作为公平的正义"界定为一种政治观念,并把现代政治哲学的基本问题表述为在讲理的多元主义事实(the fact of reasonable pluralism)这样的社会文化条件下如何建立和保持民主社会的秩序与稳定。《政》对《正义论》(简称《正》)的最大改进就在于对这种讲理的多元主义事实的清醒意识与讲理地(reasonably)应对,最集中地体现为对 the rational(合理)与 the reasonable(讲理)进行区分和对后者的强调。我们认为这一区分与强调在罗尔斯的政治哲学中具有基础性的地位,是恰当理解其思想转变问题(如政治(political)与形而上学(metaphysical)的区分、政治哲学与道德哲学的区分、正当对善的优先等)的枢轴。

本部分的任务首先在于简要考察 the rational 和 the reasonable 的中译,接着简单展现罗尔斯这一区分的内涵,并把这一区分关联到他的大学毕业论文(Senior thesis,也称为 undergraduate thesis,BA thesis)上,以此为契机解析合理与讲理区分的原因。

一、the rational 和 the reasonable 的中译

罗尔斯在表述其思想时使用了许多跟 reason 有关的词,如 rational、rea-

① Rawls, *Political Liberalism* (Introduction to the Paperback Edition), Columbia University Press, 1996, p.lxii.参考万俊人的中译本之平装本导论(译林出版社 2011 年增订版),第 50 (45)页。

sonable、reasonably、reasonableness、rationality、public　reason（s）、nonpublic reason(s)等,如何译成恰当的中文一直是大陆学界确切理解罗尔斯思想的令人头疼的问题。比如:张国清有时把 rational 翻成"理性的",如:理性直观主义(rational intuitionism)、理性代理人(rational agent),有时又翻成"合理的",如:合理的慎思(rational deliberation),把 reasonable(与 rational(理性)对举时)翻成"合理"①。何怀宏在《正义论》(1988 年中译)中把 rational choice 译为"合理选择",但后来又译为"理性选择"(《正义论》修订版中译,2009 年)②。万俊人、姚大志、顾肃、杨通进等用"理性的(合乎理性的——万俊人)"和"合理的"译 reasonable 和 rational③,陈肖生则用"理性"和"合情理性"来译④。

the reasonable 和 the rational 在罗尔斯那里是有严格区分的,但这个区分在中文读者那里却显得有些无关宏旨,其中的原因最主要的首先是 rational 和 reasonable 的意思都与 reason 相关,或者说二者是从属于 Reason;而 reason 在现代汉语中有一个非常漂亮的对应词"理性"。这样,到底 the reasonable 和 the rational 对应的中译是"合理"和"理性"还是"理性"和"合理"抑或其他就无关紧要了,反正它们跟 Reason、(human)reason 是相关者,对它们的理解只要含有"理"字就差不多了。

实际上,这种复杂混沌的情形在外文文献中也存在。在英语、德语文献中跟 reason、die Vernunft 相关的词的运用也是没有统一的方式的。理性是西方思想的核心概念,自希腊时代以来,贯穿着整部西方哲学史;但用得很

---

① 参阅罗尔斯:《道德哲学史讲义》,张国清译,上海三联书店 2003 年版。

② 李业兴发表在《中山大学学报(社会科学版)》2006 年第 5 期上的论文《罗尔斯政治哲学中"理性"的界定与作用》中坚持何怀宏在 1988 年的译法。

③ 参阅万俊人译《政治自由主义》,译林出版社 2000 年版;2011 年扩充版;姚大志译《作为公平的正义——正义新论》,上海三联书店 2002 年版;顾肃(和刘雪梅)译《道德哲学史讲义》,中国社会科学出版社 2012 年版;杨通进(和李丽丽、林航)译《政治哲学史讲义》,中国社会科学出版社 2011 年,特别见第 54—63 页,在第 61 页的注 1 中,杨通进指出:根据上下文的联系,我们在某些地方也把 rational 一词翻译成"理智的"、"合算的"。

④ 参阅陈肖生等译《罗尔斯论文全集》,吉林出版集团有限责任公司 2013 年版。在第356—367 页,陈肖生有一个交代他如何翻译 the reasonable 和 the rational 的注,简略引用如下:"rational"可以从工具论(instrumental)意义来理解或从深谋远虑的(prudential)意义来理解;"reasonable"是一个面向公共世界和处理主体间关系的理念。

滥,歧义也不少。① 赛博雷(W.M.Sibley)撰文②指出:道德理论文献经常使用 rational 和 reasonable 及其反义词,但这些术语在应用到行为上时意味着什么,在哲学讨论中争议很大。许多理论家把"理性(reason)"看做为一个原则,它要求道德行动主体在行为问题上是某种类型的功利主义态度:"合理的(rational)"人是这样的人,他行动为的是"最大化价值"。而像康德那样的其他理论家则试图从"理性"那里派生出一种像绝对命令那样的形式化的衡平(formal equity)原则。还有人同意休谟的格言所表达的意思,"去毁灭全世界而不是刮伤我的手指头,这并不与理性(reason)相反对。我选择去承受灭顶之灾来避免让一个印度人或一个我完全不认识的人感到一丁点不快,这也不与理性相反对。"③赛博雷总结道:哲学家们在如此关键而又得到长久讨论的问题上有如此巨大的分歧只能说明:他们在区分"理性"一词及其派生词的诸多含义时遭遇了失败。

理性的英文是 reason,20 世纪以来与 rationality 掺杂着使用,大抵言之,哲学著述常用前者,社会学文献多用后者。但这两个词有不同的拉丁词源:reason 来自 ratio,指判别与联系事物以及控制情感的能力;rationality 源于rationari,乃思想和计算之意④。分析这段引证,我们得知:reason 的含义跟人的大局意识、处理关系的能力、节制、度(恰如其分)等相关;rationality 大致对应的是启蒙时代以来的现代性社会历史状况,理性(rationality)在西方社会逐渐取代宗教的地位,成为统合社会的力量,即韦伯所谓的西方社会经历的全方位的 rationalization,在经济、法律、行政、宗教和科学等领域尤为明显。

---

① 参阅 Charles Webel,"Reason Within History,Ph.D Dissertation,University of California at Berkley",1976。转引自张德胜、金耀基等:《论中庸理性:工具理性、价值理性和沟通理性之外》,《社会学研究》2001 年第 2 期。

② 参阅 W.M.Sibley,"The Rational Versus the Reasonable",*Philosophical Review* 62(Oct. 1953),pp.554-560。

③ W.M.Sibley,"The Rational Versus the Reasonable",*Philosophical Review* 62(Oct.1953),pp.554-560.

④ 参阅张德胜、金耀基等:《论中庸理性:工具理性、价值理性和沟通理性之外》,《社会学研究》2001 年第 2 期。

在韦伯那里,本来属于形而上学领域的、观念形态的、亘古不变的"理性(reason)"在经验层面即社会行动的层面被分解成工具合理性(instrumental rationality)和价值合理性(value rationality)两部分。[1] 工具合理性跟技术合理性、形式合理性大致同义,价值合理性跟实质合理性同义。前者以计算为核心,经济计算越精确,它在形式上便越合理性;后者与绝对的价值有关,但跟前者的可计算性相比,它充满了模棱两可之处。[2] 就是说,理性在韦伯那里被祛魅了、世俗化了:之前,理性跟自然、跟神(上帝)相联系,是绝对的、普遍的,现在下降到世俗层面,成为社会学探索的启发性工具,理性变成了合理性,是相对的、分领域的和不断演化的。但是理性的这种祛魅(之所以可能从思想观念上讲是因为"上帝死了")和西方社会普遍地走向合理化(典型表现是工业化、资本主义和科层制的高度发展)会危害人类社会的基本价值:为了生存与在竞争中胜出,必须讲求效率与实绩,但由此而膨胀的工具合理性会导致价值上非理性的生活方式,把工具合理性这一手段性的东西当做终极目标来追逐,因而在社会各个领域造成林林总总的异化现象。韦伯认为,现代人的这种命运有其结构性的社会根源,即合理化过程中工具合理性与价值合理性之间的内在紧张,于是,他提出以学术、以政治为志业来应对工具合理性的这种膨胀。在此意义上,20 世纪的大哲哈贝马斯、罗尔斯、伽达默尔等的理论思考与构建工作都是在韦伯所揭示的社会背景上进行的。

rational 指人的行动要遵循一定的技术规则,是一种保证人做事成功、有效因而必须共同遵循的规则,可具体地称作"工具合理性"或"技术合理性"、"形式合理性",我们把它译成"合理的",这个"理"是人做事时必须符合的。必须承认的是将之译为"理性的",比较符合现代汉语习惯,比如经

---

① 韦伯虽以合理性为现代社会的特征,但他未清楚界定合理性和合理化;据布鲁贝克的统计:韦伯使用的合理性一词起码有 16 种不同的含义;卡尔伯格尝试把韦伯的合理性用法归纳为四类,即实践合理性、理论合理性、形式合理性和实质合理性。参阅张德胜、金耀基等:《论中庸理性:工具理性、价值理性和沟通理性之外》,《社会学研究》2001 年第 2 期。

② 参阅【瑞典】理查德·斯威德伯格:《马克斯·韦伯与经济社会学思想》,何蓉译,商务印书馆 2007 年版,第 53 页。译者把 rationality 译为"理性"。

济学中的理性人（rational man）假设、理性选择（rational choice）理论等。这"习惯"影响到周保松，估计他意识到了问题所在，因为中文表达后他往往附上英文①。但如果考虑到西方哲学史从 reason 到 rationality 再到 reasonableness 的历程②、考虑到 human reason 包含 rationality 和 reasonableness 两者在内，而且既然把"理性"给了 reason，把 rational 译为"理性的"的不妥显而易见。

reasonable 的基本意思是"合情合理的"、"通情达理的"、"能够给出理由或道理的"、"讲理的"等，是人跟人打交道必须遵循的原理，是人就要"讲理"。对比"合情合理"、"通情达理"，"讲理"更简洁且更具动态意蕴，它还把冲突解决诉诸理由，诉诸推理、论证这样的商谈过程突出了出来；"合情合理"与"通情达理"则把处理人格间关系的情感原则透露出来，把人之实存的依赖性、社会性这样的存在论事实凸显出来了，但不够简洁。考虑到"道理"总是由人来讲，而且不同的个人对同一个事所讲的"道理"或"理由"是不同的，我们主张"讲理"这个译法。而且"讲理"跟儒家的"中庸"、亚里士多德的"明智"（phronesis）等这些有关实践智慧的思想有明显的沟通之处，跟哈贝马斯的交往合理性（communicative rationality）与商谈伦理、伽达默尔的存在理性等也是能够沟通的。

简言之，如果可以说合理是"道弘人"，这个"道"指做事的规则，事关成败与效率，那么就可以说讲理是"人弘道"，这个"道"是人际相处的规范，事关社会团结与公平正义。总之，我们主张用"合理"和"讲理"译 the rational 和 the reasonable，把 reason 译为"理性"，把 rationality 译为"合理性"③。

---

① 参阅周保松：《自由人的平等政治（增订版）》，生活·读书·新知三联书店 2013 年版，尤其是第 129 页。

② 参阅童世骏清理 reason/Reason 的概念史的文章《理性、合理与讲理——兼评陈嘉映的〈说理〉》（《哲学分析》2012 年第 3 期）中的讲法：西方哲学有一个从 reason（理性）经过 rationality（合理）到 reasonableness（讲理）的思想演化过程。

③ 如此理解与翻译罗尔斯思想中的这些概念，还得益于陈嘉映、李泽厚和林语堂等学者的著述，尤其从陈嘉映的《价值的理由》（中信出版社 2012 年版）、林语堂的《生活的艺术》（外语教学与研究出版社 1998 年版）和《哲学分析》"发刊词"（童世骏撰写）中获益良多。

二、《政》对合理和讲理的区分

《政》第二讲第一、二节是专门论述这个区分的，①其中的一个注明确地交代了该区分的思想来源。罗尔斯明言，合理（合理性，the rational）和讲理（合情理，讲道理，the reasonable）的区分在康德那里表现为假言命令和绝对命令之间的区分：绝对命令代表的是纯粹实践理性，假言命令代表的是经验实践理性。罗尔斯说，在康德那里，vernuenftig 表达的是一种完全的理性观……一旦应用到人的身上就既意味着讲理又意味着合理，运用"讲理的和合理的"这样的表达是为了标示康德对实践理性（纯粹的和经验的）的两种形式所做的区分……术语"讲理的"和"合理的"提醒我们注意康德的实践理性观念的完全性，注意这种观念所理解到的理性的两种形式的完全性。② 所以罗尔斯用"讲理"和"合理"表达的是从康德那里继承的对理性的完全理解，单讲任何一个都是不完全的，因而都算不上"理性的"（vernuenftig）。

罗尔斯通过引述赛博雷论文的结语展示其基本思想，并承认他所讲的讲理的两个基本方面与赛博雷对讲理的阐述之间的一致性：我们知道人们是合理的（rational），我们只知道他们会聪明地（intelligently）追求他们的目的，而不知道这些目的是什么；我们知道人们是讲理的，因为他们关心他人，我们知道他们愿意他们的行为受衡平原则（a principle of equity）的支配，根据这个原则，他们和其他人能够做共通的推理，并且讲理的人考虑他们的行动对他人的福祉的影响。讲理的性情（disposition）既非源自合理也不与合理对立，但它与利己主义（egoism）不兼容，因为讲理的性情与道德地行动的性情相关联。可见，赛博雷也是接续着康德的。

---

① 参阅 Rawls, *Political Liberalism*（paperback edition），Columbia University Press，1996，pp. 48-58。同时参阅万俊人的中译本，第50—61页；中译本增订版，第44—54页。

② 参阅 Rawls, *Lectures on the History of Moral Philosophy*，edited by Barbara Herman，Harvard University Press，2000，pp.164-165。同时参考顾肃、刘雪梅中译本，中国社会科学出版社2012年版，第143—144页。讲理与纯粹实践理性、定言命令相应，合理与经验实践理性、假言命令相应。

罗尔斯没有直接地界定讲理,而是通过界说 reasonable comprehensive doctrines(讲理的全备性学说)、对比讲理与合理、界定公共理性、公共性条件的三个层次、将之作为正确的标准与真理相对照等间接的方式来阐明讲理。本部分围绕公平的社会合作详细说明讲理作为人之德性的两个基本方面。

第一,讲理是一种乐于提出和尊崇公平合作条款的意愿,如果人们乐于提出作为公平合作条款的原则与标准并自愿遵守之——在确保其他人会同样如此的情况下,那么他们就是讲理的。①

讲理是作为公平合作系统的社会理念的一个因素,这种社会的被所有人接受的、讲理的公平条款是这种社会观的相互性理念的一部分。相互性(reciprocity)理念居于不偏不倚(impartiality)理念和互利(mutual advantage)理念之间。前者是利他主义的,受一般善(the general good)驱动,后者则要这样理解:每一个人都能在物质上得利,相关于其现在或预期的境况。讲理的人欲求的是一个能够满足相互性要求的社会世界,在那里,他们作为自由而平等者能够根据所有人都会接受的条款跟其他人合作。所以,讲理既不是利他主义的,即它不是无偏私地只为他人的利益行动,也不是只有对自我的关切,即只是为自我的目的与情感驱动。这样,一个讲理的社会既不是圣徒的社会,也不是自我中心者的社会,它就是我们通常人类世界的一部分。

在下述情形里,人就是不讲理的,即:如果他们计划参加合作但又不愿尊崇甚至不愿提出任何用来规定公平合作条款的一般的原则或标准;或者一旦环境允许,他们就会违反这些条款以适合他们的利益。

第二,是一种意愿,即:承认判断的负担的意愿,以及在指导西方立宪政体中政治权力的合法行使时,在运用公共理性的过程中接受这些负担的后果的意愿。要说明判断的负担,需要先说明现代民主社会存在的讲理的多元主义的事实。前者是后者的原因,后者是前者的积淀。罗尔斯讲西方立宪政体的公共文化有两个一般性事实:一是讲理的多元主义的事实;二是这

① 参阅 Rawls,*Political Liberalism*,p.49。

种多样性只有压制性地使用国家权力才能被克服。在现代民主社会,讲理的全备性的(comprehensive)宗教、哲学与道德学说的多样性不是很快就会消逝的历史状况,它是民主制的公共文化的一个永久特点。第二个事实是说欲保持对同一种全备性的宗教、哲学与道德学说的持续的共有理解,只有诉诸国家权力的压制性使用。比如在中世纪,整个社会在确认天主教信仰这个点上统一起来,异端裁判所不是意外事件,而是保持统一的宗教信仰的需要。罗尔斯甚至指出,一个社会如果要在一种讲理的功利主义上或在康德或密尔的讲理的自由主义上统一起来,它也同样需要国家权力的压制性使用。

存在判断的负担或讲理的不一致不是简单地因为多数人对如何促进他们各自不同的狭隘利益的见解不同,因为人们经常不合理、不很灵光,这些与逻辑错误混杂在一起往往会导致相互冲突的意见。但罗尔斯说这样的解释太肤浅,他的解释是:讲理的不一致是讲理的人之间的不一致,这些负担是讲理的人在通常的政治生活中正确而有良心地运用推理能力和判断力时会遭遇的情况。① 这种情况在于针对特定的案情,相关人根据各自的视角会提出相互冲突但都有经验证据支持的判断。在某种程度上,人们下判断的方式是由他们的总体经验、由他们迄今的全部生活历程所形塑的。而在有着大量公职与位置、有着各种各样的劳动分工、有着许多社会群体和族裔多样性的现代社会里,公民们对多数有意义的复杂性情形的判断大不相同,因而他们的总体经验是非常不同的。而且任何社会制度体系允许的价值都是有限度的,这样就必须在全部有可能实现的道德与政治价值中做出挑选。所以在被迫在各种受到珍视的价值中进行挑选时,在必须根据他者的要求限制每一种价值时,我们在设定优先性和做调整方面都难于下判断。

罗尔斯在此展示了道德决定问题的复杂性和在道德认知方面达成一致意见的困难,因而正如他所言,除非压制性地使用国家权力,否则无法保证社会在同一种全备性的宗教、哲学与道德学说的基础上统一起来。而压制性地使用国家权力在西方宪政民主社会中是不合法的,所以为了增强其思

① 参阅 Rawls, *Political Liberalism*, pp.56–57。

想的可行性,罗尔斯把他的公平正义思想从道德哲学修改为政治哲学,在他看来,一种政治观念要尽可能地避免那些争议性的哲学论题并把对判断的负担的解释置于对所有人都公开的平常事实之上。

与讲理相对照,合理被运用到这样一种单独的、统一的行为主体(或者是个体的人或者是法人)身上。这种行为主体的判断力和慎思能力在他追寻独属于它自己的目的和利益的过程中体现出来,比如:这些目的和利益如何被采纳和确认,如何给予其中一些以优先性。合理还意味着采取最有效的手段达到目的或者在其他条件相同的情况下挑选那概率更大的替代选择。合理行为人并不局限于目的—手段推理,他们还会根据其对整体人生规划的意义、根据这些目的的相互融贯与补充的程度来权衡这些最终目的。

另外,合理行为人不单单是自利的,就是说他们的利益不仅仅在于对他们自身有利:一切利益都是行为主体的利益,但不是一切利益都利于那个拥有这些利益的行为主体(in benefits to the self)。最后,合理行为主体还具有所有种类的感情与依恋:对个人(persons)、对共同体、对场所,包括爱国和热爱自然;他们会以各种各样的方式挑选他们的目的并为这些目的排序。但这一切都是以自我为主体、为中心的。所以,在罗尔斯那里,合理的含义比通常认为的更丰富、更全面,合理行为人的利益并不总是单单利于他们自己,而且情感之类的需要也在他们的利益范围内。这表明合理可以与激情或欲望相关联。如此理解的合理就与人的道德层面、道德视角关联起来了,以讲理为参照,合理行为人缺乏的是那种道德敏感性的独特形式,这种道德敏感性隐藏在介入公平合作本身的欲望中,隐藏在根据作为平等者的其他人在讲理的意义上有望肯认(endorse)的条款来介入公平合作的欲望中。罗尔斯没有假定讲理是道德敏感性的全部,但讲理包含那与公平社会合作理念相连的部分。这样,合理和讲理也就是理性可以成为道德的发源处。

在罗尔斯那里,合理和讲理之间的关系是这样的:首先,合理和讲理是公平正义理论中两个独特而各自独立的基本理念,不能企图从合理派生出讲理。因为如果有那样的企图,就意味着讲理不是基本的,它需要一个合理并不需要的基础。

其次,讲理在某种意义上是公共的,合理则不是。这就是说,通过讲理,我们作为平等者进入公共的他人世界,立于其中乐于提出或接受公平合作的条款;这些条款是作为原则提出来的,它们详细说明了我们在面对彼此时共有和公开承认的、为我们的社会关系奠基的理由。所以讲理关注的是我与他人这两个人格之间的关系,是他人视角的。讲理的前提是在我们面前已经有一个公共世界,如果没有这个公共世界,在很大程度上我们就只有与合理相伴,这将会是人对人像狼一样地相互厮杀的内战状态(in foro interno)。讲理当然也许会约束合理、约束那种内战状态,但效果常常不尽人意。

最后,在公平合作的理念中,两者是相互补充的:无论是讲理还是合理都不能离开对方而单独成立。单单讲理的行为主体会没有他们自己的、需要通过公平合作来促进的目的;单单合理的行为主体缺乏正义感,会没法承认他人要求的独立有效性。讲理和合理都是公平合作这个根本性理念的要素,讲理与获得正义感的能力相连,合理与形成善观念的能力相连。两者同心协力考虑社会合作问题,规定公平合作条款的理念、说明缔约各方的本性及其相依而存的性质。原初状态这个思想实验,就是在考虑社会基本结构内的社会合作问题时把作为讲理而合理的行为主体的公民代表置于讲理的,即公平的或对称的境地,没有谁对其他人拥有更好的交易优势。所以,罗尔斯指出,如果认为公平正义是力图从合理派生出讲理,那就是对原初状态的误解①。

总之,合理和讲理是罗尔斯在考虑现代民主社会的稳定性问题或基础问题时关于人性或人类理性理解的重要部分,这是作为理性存在者的社会成员或公民必须具备的两种基本素质。

---

① 在《正义论》中,罗尔斯说:"(他的)正义论是合理选择(rational choice)理论的一部分,也许是其最有意义的一部分"(1971年版,第16页;修订版1999年版,第15页)。在《政》(1996年平装本版)第53页的一个注中,他明确承认如此理解他的正义论是不正确的,应该这么说:在说明缔约各方及其推理时——尽管只是以一种直觉的方式——运用了合理决策(rational decision)理论,但正义论本身是一种政治的正义观的一部分,这种正义观力图要做的事情是给讲理的正义原则一种说明;没有这样的思想,即认为这些正义原则是从作为唯一的规范性概念的合理性概念那里推论出来的。应该说,《政》中的这个补充说明的注是罗尔斯对其正义论的恰切定位。在《正义论》中有这样的明显错误也许跟当时的学术氛围相关:社会决策理论、博弈论、概率论、统计学等社会科学研究方法方兴未艾。

三、"学士论文"关于 the natural 与 the personal 的区分

罗尔斯的学士论文题为《罪与信的意义简探：基于共通体概念而做的解释》，论文得到指导老师（Walter Stace 和 Theodore M.Greene）的一致好评，两人都给了罗尔斯 98 分（满分 100）的好成绩。该论文把青年罗尔斯的观点与倾向鲜明而独特地呈现出来了："一盎司圣经抵得上一磅（可能一吨）亚里士多德"[1]，对圣经、对神学极为器重，对希腊传统极为不满，打算献身神学研究、宗教，重新定位伦理学。这篇论文可谓雄心勃勃：一方面驳斥作为一种思维模式的自然主义（第二章、第三章），他把希腊哲学和中世纪神学都归入这种思维模式；另一方面是使用共通体和人格这样的概念重建神学，具体工作是根据共通体概念分析罪与信的意义（第四章、第五章）[2]。青年罗尔斯重建共通体思维的工作表现为基于 the natural 和 the personal 的区分而探讨罪与信的意义，我们认为这个区分大致关联着、对应着《政》对 the rational 和 the reasonable 的区分。弄清了这样的区分，我们才可能对罗尔斯何以一生执着于构建一种正义理论（以作为现代西方社会特别是美国这样的宪政民主社会的稳定与秩序的基础）有一种贯通的理解。

根据第一章的交代，natural（自然）和 personal（人格）的区分来源于四个存在论或形而上学层面的根本性预设。这四个预设是上帝、人格（personality，位格）、共通体（community）和自然界（它与人格界、共通体界在质上根本不同）等。[3] 前三个预设是三种存在物（being），第四个预设关涉到自然和人格的区分。第一种存在物，基督徒称之为上帝，他在基督·耶稣里显示他自身（Himself），圣经已经告诉我们有关上帝我们需要知道的一切。

第二种存在物是称之为人格的东西。罗尔斯说，人格不是个体（individual），人格是某种高于诸个体本身的东西，人格都是个体，即都是分离

---

[1]　J.Rawls, *A Brief Inquiry into the Meaning of Sin and Faith：with"On My Religion"*, edited by Thomas Nagel, Cambridge, Massachusetts：Harvard University Press, 2009, p.107.以后对此文献的引用简写为 *Meaning of Sin and Faith*，并标页码。

[2]　第一章是概论，交代了论文的基本思想，本部分对"学士论文"原文的引述主要来自这一章。

[3]　参阅 *Meaning of Sin and Faith*, pp.111−113.

的、独特的单位,但是个体不都是人格;人格等同于精神(spirit)一词所意味的东西。它意味的是这样的信念(belief),即相信有某种东西,它在世界上存在着,我们称之为人格,并且诸人格本身存在着;相信人格是某种独特的东西,它既不能还原为一种特殊的身体的占有物,也不能还原为心理状态的总和。

第三个预设"共通体"跟人格一样都是世间有的东西。它不是诸个体的聚集,不能说森林是树的共通体。共通体和人格是相互蕴涵的:如果我们没有人格,我们就没有共通体;进一步说,除非我们有共通体,否则我们不会有人格;个体生活在共通体中才成为人格;这样,人格和共通体是互为前提的,而且在人格是独一无二的意义上,共通体也是独一无二的、不能还原的。

最后一个预设是自然界(the realm of nature, nature),"自然界"一词的通常含义是充满了身体的空间的拓展,是我们所看到、感到、触摸到的一切。比较而言,前三个预设关涉的都是无形的、无法为人的感觉所把握的东西、精神性的东西。

这四个预设共同构成一种宇宙观,这种宇宙观认为,精神层面的宇宙是一个诸人格的共通体,组成共通体的诸人格都宣示了上帝的荣光,并与他(Him)相联系。上帝创世的目的就在于建立这样一种共通体。在作为人格的意义上,人属于这个共通体,有关人的独特的东西就是这种成员身份,正是成员身份把人从自然的造物中分离出来。作为一个人格,人生活在与上帝、与天使、与魔鬼、与他的同胞的关系中,他不能摧毁对共通体的依恋。这样,宇宙在根子上(at its root)就是一个精神性或人格性的东西;世界在本质上(in its essence)是一个造物主与受造物构成的共通体,上帝是它的源头。

从罗尔斯的叙述看,我们知道罗尔斯的这四个预设和他对世界的理解是依照圣经、特别是依照"创世记"的,而这也可以看做是"　盎司圣经抵得上一磅(可能一吨)亚里士多德"的具体体现;而且前三个预设和第四个预设其实就构成自然和人格的区分。

为了说明这种区分,罗尔斯进一步区分事物间关系,他认为有三种关系类型:其一是人格关系和共通体关系;其二是自然关系;其三是因果关系。第一种关系是两个人格之间的关系,是"我"和"您"之间的关系;第二种关

系是一个人格和某个对象物(object)之间的关系,是欲望主体"我"与欲望
对象(如吃的、喝的)之间的关系;第三种关系两个物之间的关系,比如吃
的、喝的东西与置放这些东西的桌子之间的关系。为了发展出道德的视角,
也就是理解人之为人的那个独特点,罗尔斯在其论文中处理的是前两种关
系,为了更清楚地表明人格关系的特点,罗尔斯从八个方面对照着说明自然
关系和人格关系的特点①,我们择要转述如下:第一,在人格关系中,我们意
识到我们是与跟我们自己相似的"他人"发生着关系,站在我们对面的不是一
个对象物,而是"您"。自然关系则把某对象物作为有待超越的东西,对象物
是一种非人格的存在,它没有意识,不能认知并且总是没有位格的;它的存在
是一个客观事实(brute fact),无论是被欲望、被抓取还是被忽略、被避免,它都
作为某物在那儿。第二,人格界里的事件是人格地关联在一起的,比如,我们
通过虐待一个人的孩子来虐待他,带着别人的爱人潜逃,我们会发现自己身
陷这个人制造的重重困难之中。在最终的意义上,我们彼此关联在一起,尽
管我们也许还未曾谋面,因为我们都在上帝面前存在着,都与他相关联。这
引导我们达到这样的结论,即:宗教和伦理学不能相互分离。第三,人格关系
的另一边的"您"构成人格关系中的法官,就是说,我们知道我们在某人面前
存在着,是这个某人在裁断我们;也是这个"您"在奉献着、分享着、爱着;这个
"您"同上帝,他对我的裁断如此关键是因为他如同上帝一样是舍身为我的
(self-giving)。在自然关系中,"他者"只是在"那儿"而已。

第四,在人格关系中,"我"寻求与"您"建立一种确定的人格关系。这
种关系分两类:一类是真正的共通体的关系,因为它是伙伴关系和被给予性
(givenness)的关系;另一类关系是被骄傲感染了的罪恶的关系,是反-共通
体的关系,是病态的共通体关系,因为在这种关系中,他者是我的仰慕者或
拥护者。在极端立己主义(egotism)②的情形里,骄傲的人为了赢得特定的

①　参阅 *Meaning of Sin and Faith*,pp.115-118。

②　青年罗尔斯以自然和人格这个基本区分为基础,进一步区分了利己主义(egoism)和自
我中心主义(egotism),并给出了罪和信的含义。何怀宏把那种走向极权主义的自我中心主义称
为"政治上的立己主义",鉴于此,我们可以把 egotism 翻成"极端立己主义"。参阅何怀宏:《青
年罗尔斯论共同体及对"自我中心主义"的批判》,《中国人民大学学报》2011 年第 5 期。

仰慕者经常会不惜丢掉自己的性命。在对象物的世界里不可能有骄傲，全部欲望现象——尽管似乎在某种程度上包含人格——都在生物学的因果水平上移动，是一种把对象物仅仅用作手段的非人格状态。人与人的关系也存在类似人与对象物关系的情形，在其中，"您"被用作物，当然这种关系是一种罪，不是人格关系自身（in itself），而是一种非人格化的人格关系。

第五，在人格关系中，我们不仅应该把每一个关系看成独一无二的，而且甚至在有罪行动的情形里，我们也经常意识到人格关系的独一无二性。比如，极端立己主义者想把一个特殊的人格变成他的仰慕者；我们妒忌的是某些人格而不是泛泛的他者。自然关系则是容易交换的。比如，桌子上有几个苹果，这个苹果跟另一个苹果是一样好的，因为它们都将满足口腹之欲。

第六，在自然关系中，"能量"是愿望、欲望、身体的渴望、对美的追求等；而在人格关系中，"能量"是憎恶、妒忌、骄傲、羡慕，有时是舍己为人、伙伴关系等。因此，自然关系就是利己主义的（egoistic）、自我中心的（self-centered），它们是对具体对象物的欲望或对对象性关系的欲望，不能发现追求出人头地的图谋，而人格关系就由极端立己主义或伙伴关系、爱驱动着。

在对自然关系和人格关系做了这些对照之后，罗尔斯评论道，这些对照是不完全的，他触及的只是自然和人格两者差别的表面。贯穿人们经验的二元论就是这两类关系，它们分别代表着质上不同的经验世界和作为一个整体的宇宙（the universe as a whole），罗尔斯认为以这样的方式说明二元论会比用心和身、精神和物质、合理的（rational）和不合理的（irrational）等术语更充分，因为人格关系为我们打开了精神世界，自然关系为我们打开了自然界，人同时介入这两界。

四、罗尔斯为什么做这样的区分

青年罗尔斯为什么要在"学位论文"如此细致地说明人格关系与自然关系的不同？这当然与其论文的主题直接相关，而他之所以选择从人格和共通体的角度探讨罪与信这些神学中的根本性问题是因为他认为西方哲学与神学思想传统犯了"自然主义"的谬误,而作为自然主义的表现的个体主义(individualism)已经盛行了几个世纪,于是他相信时代的趣味似乎要指向共通体思维("communal"thinking)的复兴。①

他所讲的"自然主义"不同于唯物主义,它是这样一种思想的类型,它用自然主义的术语谈论一切关系,构造出一个自然化的宇宙(natural cosmos);其中包含的对象物无论是什么类型都没有质的分别,包含上帝或太一(the One)这样的对象物的自然系统被称为有神论的自然主义,包含理想那样的对象物的系统被称为人文主义的(humanistic)自然主义,其他更加实证主义的见解则被称为唯物主义的自然主义②。在罗尔斯看来,无论是柏拉图或奥古斯丁,还是亚里士多德或阿奎那,他们的伦理学都是自然化的伦理学。这种伦理学关心的问题是如何把欲望转到其恰当的对象与目的上:它讨论性格(character)的训练问题,以便在正确习惯恰当养成后能够尽情地正当活动;还讨论通向作为自然欲望的恰当目的的"善物"(the "good")的道路问题③。这种扩展的自然化宇宙实际上排除了人格、共通体和上帝,尽管会用上帝的名,所以这些自然主义思想家彻底失掉了那形成宇宙的深层内核的精神与人格的因素。

青年罗尔斯否定的是这种扩展的自然化宇宙,而不是自然本身。相反,他明言:人凭天性确有欲望,他要吃喝,追求美,追求真以及欲求作为一个整体的自然的诸善物④。而且,他还特别指出,这些欲望是善的,它们的对象物是善的,被造的自然界因为上帝造了它而是善的。自然主义的错误不在它接受自然,而在于它把自然关系扩展到包含宇宙中的一切关系,这样上帝就只是欲望的另一个对象而已,他是自然的一个部分。罗尔斯的工作恰恰就是指出并改正这样的错误,他说,我们的问题是把自然领域限制在它恰当的界限内,给宇宙的心(即共通体和人格)腾出地方;这种依赖于上帝并与

---

① 参阅 *Meaning of Sin and Faith*,p.108。
② 参阅 *Meaning of Sin and Faith*,p.119。
③ 参阅 *Meaning of Sin and Faith*,p.120。
④ 参阅 *Meaning of Sin and Faith*,p.120。

上帝相联系的精神的界域决不能与自然相混淆。

青年罗尔斯之所以指责西方的哲学神学思想传统犯有自然主义的错误,并在神学的基础上作出自然和人格的区分,直接原因是他联系着神学而对人的独特理解:人之最独特的东西不在于他的理性,不在于他能欣赏美,不在于他有各种各样的能耐;人不同于其他俗世的受造物的地方在于他是为着共通体而被造出来的,他是一个必然与共通体相连的位格。人与上帝的相似之处在于他有这种进入共通体的能力,而上帝自身就是共通体,他是三位一体的神(the Triune God)①。总之,人是一种共通体性的存在(communal being)。

不仅如此,人还由于有上帝的形象而是一种道德存在,是一种尊重与承认其他人的人格的存在,因此他就是一种道德的存在。为了加强对人的这种理解,罗尔斯进一步指出,人天生就是一种共通体性的存在,这个事实意味着人从不曾能够逃出共通体,因此他总是负责任的,总是承担诸多职责的。在此,罗尔斯还批评了卢梭、伊壁鸠鲁派和瑜伽哲学的救赎之道:卢梭嘱咐我们回到原始森林,伊壁鸠鲁派要求我们从社会中退出来,瑜伽哲学则敦促我们进到一种宁静的"空无"之境(a state of peaceful"nothing")②。在罗尔斯看来,人的真正救赎不在于逃离共通体而在于恰当地整合到共通体中,救赎就是恢复和完成人的天性。在此意义上,罗尔斯一生就是在为构建这样的共通体而殚精竭虑,他把他正义讨论的主题限定在社会基本结构上,在《政》中更是明确地把作为公平合作体系的社会理念确定为其"公平正义"的起组织作用的根本性理念,在这个理念之内,其他基本理念得以系统地关联在一起;而且这社会是封闭的,其成员只有凭出生才能进入,只有凭死亡才能离开。③ 在此意义上,社会基本结构和作为公平合作体系的社会的理念等都是罗尔斯对"共通体"把握的具体化,他一生关注与思索正义问

---

① 参阅 *Meaning of Sin and Faith*,p.121。

② 参阅 *Meaning of Sin and Faith*,p.122。

③ 罗尔斯坦言,"社会是封闭的"是一个相当高度的抽象,暂不考虑国家间关系为的是集中精力考虑一个社会之内的某些主要问题。晚年罗尔斯提出的"万民法"是适用于一个封闭的、宪政民主社会的正义理论在国家间关系层面的拓展。

题的原因也在于他坚持努力恢复、保持与完成人的共通体天性；而罗尔斯恢复人的天性的第一次尝试是神学化的，他试图通过克服自然主义谬误，特别是自然主义伦理学、重建神学来完成任务。如果说《正义论》是罗尔斯恢复人的天性的道德哲学尝试，那么可以说《政治自由主义》是一次面对讲理的多元主义事实、基于讲理的政治哲学尝试，《万民法》则是他面对国际社会内多元主义事实、基于讲理更进一步把这种政治哲学尝试拓展开来。罗尔斯之所以有从神学到道德哲学再到政治哲学的步步倒退，在我们看来是因为：第一，从个人的生存经验讲，罗尔斯在二战期间基于具体事件对宗教、神学问题所做的深入思考使他放弃了神学路径，改为基于西方现代的思想与制度成就的道德哲学路径。① 第二，从 20 世纪人类思想的基本状况看，人类已经进入到后形而上学时代，反思、批判西方思想特别是哲学传统与启蒙理性的潮流很猛。这样，提出一种思想或观念就不能诉诸某种全备性的"主义"或"教义"或者奠基于思想与观念的受众秉持同一种"主义"或"教义"。现代西方民主社会的基本事实之一就是表现为各种不同乃至相互冲突的"主义"的并存的多元主义，在这种情况下要为民主社会提供统一或稳定性的基础就必须首先是各种"主义"者就涉及基本正义问题和西方宪政精要的政治正义问题相互讲理、商讨以逐步达成"交叠共识"。这在学术界大致表现为两派之间的争论：一派是捍卫启蒙理性的自由主义思想家，如罗尔斯、哈贝马斯等；另一派是反对启蒙理性、主张回归亚里士多德或黑格尔传统的共通体主义者，如查尔斯·泰勒、麦金泰尔等。借用李泽厚的话讲，这是"现代社会性道德"与传统的"宗教性道德"之间的争论。② 罗尔斯感受到的时代精神或思想氛围是共通体思维的复兴，因而他对自由主义的辩护与修善就特别注意用共通体思维来补个体主义思维的不足，这首先表现为自然与人格的区分、合理与讲理的区分，以及在此基础上为当代宪政民主

① 详情参阅罗尔斯《关于我的宗教》（1997 年），载 J. Rawls, *A Brief Inquiry into the Meaning of Sin and Faith：with"On My Religion"*, pp.261-269。
② 参阅李泽厚：《伦理学纲要》，人民日报出版社 2010 年版。

社会"立心"①。

五、结语

根据罗尔斯的基本区分,我们可做如下的概括:人的存在(human being)包括动物(animal)和人格(person)两个基本层面。

在动物层面,人是合理的(rational),能以最有技巧的手段有效地达到或实现其目的;在这个意义上,"人为财死,鸟为食亡"乃天经地义、无可指责,是与理性相一致的。在这里目的本身不被质疑,没有哪个人会质疑自己的目的,目的在各自的眼里是神圣的,为达目的可以甚至必须不择手段;不考虑他者,这是因为在形而上学的层面,人是独立自足的。现代社会在技术的层面所极大地加强了的正是人的这个方面的能力,工具合理性的逻辑、资本的逻辑能在全世界的通行也正是因为此。于是,现代社会是一个世俗的世界,为了一定的目的,一切神圣的东西包括原则、规范都被、都可以和能够被亵渎、践踏。所以,在现代社会,人们才会问"为什么要有政治"、"为什么要做道德的人"、"为什么要讲理"(why to be political/be moral/reasonable)这样完全不知天高地厚的根本性问题。必须承认,能问出这样的问题是人类在思想上得到了极大解放与自由的结果。

在人格层面,人是讲理的(reasonable)。因为人对人、人对物是有感情、情谊(情义)的,而且这里的人与物都被看成人格性的存在物。之所以如

---

①　如果考虑到罗尔斯对康德的态度("对康德,我几乎不做任何批评"、"就我对作为一个整体的康德学说所获得的理解来说,我从来没有感到满意过"、"康德是道德哲学史上最卓绝的人物"等。参见《道德哲学史讲义》(编者前言,第6、7页。对照原文对中译有些微改动))、考虑到他康德讲座中的告诫(康德道德哲学的这些宗教的甚至是虔敬派的方面似乎是显而易见的;忽略这些方面而对之所做的任何说明只会错失康德道德哲学的大部分本质重要的东西。参见第141页,英文p.161)以及标志罗尔斯思想转变的论文《道德理论中的康德式建构主义》(1980年),我们可以肯定地说罗尔斯是康德主义者,而且对康德所做的启蒙理性(工具合理性)的深度批判(主要体现为"三大批判"和《单纯理性限度内的宗教》等)之于现代社会危机的意义有清晰把握。在此意义上,我们可以说罗尔斯是经验论特色的康德:他要以不同于康德的方式阐发人们的道德感、道德律这一自由的最终保证,换言之,他借由合理与讲理、自然与人格的区分说明或拯救人的共通体性、情理性。或说,罗尔斯思想1980年代发生的转变在某种意义上可以看做往"学士论文"的回归,这种回归当然是带着浓厚的经验论色彩的。

此,是因为有如下的形而上学假设:人是社会的动物,在根本上是依赖性的、不完整的、孤独的;自性(identity)需要他性作参照。在经验的意义上,人在情感的层面需要他人甚至他物,否则会寂寞难耐、精神上感到空虚孤独。从人格的观点看,人们所处的世界是一个神圣的世界,一切异质的东西都被尊重。

动物层面的人们之间的冲突的解决方式是丛林法则,是强力和狡计,那里每一个人在争取自己利益上都是当仁不让的,结果往往不是你死就是我亡,霍布斯的绝对主权者应对的正是这种人人自危的战争状态。人格层面的人们之间也有利益冲突或者说目的、价值或善观念的不一致,如何处理这种不一致甚至根本上的不可通约性呢? 需要讲情理、讲理。在个人层面,每个人要有不忍之心、谦让之心,要有同情心,如儒家讲的"仁"与"恻隐之心"、基督教讲的"爱"和"宽恕"提供的就是对人的情理性(reasonableness)、道德感的说明。可以设想的是,人类社会如果没有这种情理性、道德感作为支撑,它的存续会大成问题的,遑论什么好社会、正义社会(good society, just society)。

应该强调的是,人的存在的这两个基本层面是共时性的,人既是合理的动物(rational animal),同时又是讲理的人(reasonable person);既是自然存在物,同时又是社会存在物、社会关系中的存在物:社会关系是存在,人是存在者。而且,作为动物的人因为具有合理层面的人性能力,所以他的野蛮、血腥程度与能力是普通动物们难以"望其项背"的。正是在此意义上,罗尔斯主张突出的说明人的人格性或共通体性,主张用讲理来约束合理,从而让完全的理性(full reason)、人性(humanity)行于天下。

主要参考文献

一、英文部分

（一）英文著作

1. Rawls, John.*A Theory of Justice* (revised version).Cambridge：Harvard University Press, 2001.

2. Rawls, John. *Political Liberalism*. New York：Columbia University Press, 1996.

3. Rawls, John. *The Law of Peoples*. Cambridge：Harvard University Press, 1999.

4. Freeman, Samuel(ed.).*John Rawls：Collected Papers*.Harvard University Press, 2001.

5. Freeman, Samuel(ed.).*The Cambridge Companion to Rawls*.Cambridge University Press, 2003.

6. Baynes, Kenneth(ed.).*The Normative Grounds of Social Criticism：Kant, Rawls, and Habermas*.State University of New York Press, 1992.

7. Richard, Henry S., and Weithman, Paul J. (eds.). *The Philosophy of Rawls：A Collection of Essays*(esp.the first one and the third of 5 volumes：Development Main Outline of Rawls's Theory of Justice and Opponents and Implications of *A Theory of Justice*).Garland Publishing, Inc., 1999.

8. Kukathas, Chandran (ed.).*John Rawls：Critical Assessments of Leading Political Philosophers*(4 volumes).London：Routledge, 2003.

9. Daniels, Norman(ed.).*Reading Rawls*.New York：Basic Books, 1975.

10. Habermas, Juergen. *Moral Consciousness and Communicative Action*. Trans. by Christian Lenhardt and Shierry Weber Nicholsen. Cambridge, Mass.: MIT Press, 1990.

11. Habermas, Juergen. *The Theory of Communicative Action*, vol. 1, Reason and Rationalization of Society. Trans. by Thomas McCarthy. Boston: Beacon Press, 1980.

12. Strauss, Leo and Cropsey, Joseph (ed.). *History of Political Philosophy*. Chicago and London: the University of Chicago Press, 1987, the 3rd edition.

(二)英文论文

1. Hampton, Jean. "Should Political Philosophy Be Done without Metaphysics?" *Ethics* 99(1989):791-814.

2. Miller, Richard. "Rawls and Marxism," *Philosophy and Public Affairs* 3 (1974):167-191.

3. Bloom, Allan. "Justice: John Rawls vs. the tradition of political philosophy," *American Political Science Review* 69(1975):648-662.

4. Kelly, Erin and McPherson, Lionel. "On Tolerating the Unreasonable," *Journal of Political Philosophy* 9(1): 38-55.

5. Hart, H. L. A. "Rawls on Liberty and its Priority," *University of Chicago Law Review* 40(3)(Spring 1973):534-555.

6. Sandel, J. Michael. "The Procedural Republic and the Unencumbered Self," *Political Theory* 12(1)(1984):81-96.

二、中文部分

(一)罗尔斯著作的中译本

1.《正义论》,何怀宏、何包钢、廖申白译,中国社会科学出版社 1988 年版;《正义论》修订版中译本,中国社会科学出版社 2009 年版。

2.《政治自由主义》,万俊人译,译林出版社 2000 年版。

3.《万民法》,张晓辉、李仁良、邵红丽、李鑫译,吉林人民出版社 2003 年版;陈肖生译本,吉林出版集团有限责任公司 2013 年版。

4.《作为公平的正义:正义新论》,姚大志译,上海三联书店 2002 年版。

5.《道德哲学史讲义》,张国清译,上海三联书店 2003 年版。

（二）相关著作

1.《马克思恩格斯选集》(1—4 卷),人民出版社 1995 年版。

2.《马克思恩格斯全集》第 1、3、46(上、下),人民出版社 1956、1960、1979 年版。

3. 马克思:《1844 年经济学哲学手稿》,人民出版社 2000 年版。

4. 李德顺:《价值论——一种主体性的研究》,中国人民大学出版社 1987 年版。

5. 李德顺:《邓小平人民主体价值观研究》,北京出版社 2004 年版。

6. 李德顺:《立言录——李德顺哲学文选》,黑龙江教育出版社 1998 年版。

7. 李德顺 孙伟平 孙美堂:《家园——文化建设论纲》,黑龙江教育出版社 2000 年版。

8. 江畅:《自主与和谐:莱布尼兹形而上学研究》,武汉大学出版社 1995 年版。

9. 江畅主编:《现代西方价值哲学》,湖北人民出版社 2003 年版。

10. 李德顺 马俊峰:《价值论原理》,陕西人民出版社 2002 年版。

11. 江怡主编:《走向新世纪的西方哲学》,中国社会科学出版社 1998 年版。

12. 慈继伟:《正义的两面》,三联书店 2001 年版。

13. 夏勇:《人权概念起源:权利的历史哲学》,中国政法大学出版社 2001 年修订版。

14. 夏勇:《中国民权哲学》,三联书店 2004 年版。

15. 王海明:《新伦理学》,商务印书馆 2001 年版。

16. 王焱主编:《宪政主义与现代国家》,三联书店 2003 年版。

17. 哈佛燕京学社 三联书店主编:《儒家与自由主义》,三联书店 2001 年版。

18. 储昭华:《大地的涌现——关于自由与自然之间关系的思考》,中国社会科学出版社 2003 年版。

19. 石元康：《罗尔斯》，广西人民出版社 2004 年版。

20. 高全喜：《法律秩序与自由正义——哈耶克的法律与宪政思想》，北京大学出版社 2003 年版。

21. 邓正来：《法律与立法的二元观》，上海三联书店 2001 年版。

22. 何怀宏：《契约伦理与社会正义——罗尔斯正义论中的历史与理性》，中国人民大学出版社 1993 年版。

23. 黄克剑：《心蕴——一种对西方哲学的读解》，中国青年出版社 1999 年版。

24. 康德：《实践理性批判》，韩水法译，商务印书馆 2001 年版。

25. 康德：《道德形而上学基础》，苗力田译，上海人民出版社 2002 年版。

26. 康德：《历史理性批判文集》，何兆武译，商务印书馆 1997 年版。

27. 卢梭：《社会契约论》，何兆武译，商务印书馆 1996 年版。

28. 维特根斯坦：《哲学研究》，李步楼译，陈维杭校，商务印书馆 2000 年版。

29. 休谟：《人性论》（下册），关文运译，郑之骧校，商务印书馆 1996 年版。

30. 洛克：《政府论》（下篇），叶启芳、瞿菊农译，商务印书馆 1981 年版。

31. 黑格尔：《法哲学原理》，范扬、张企泰译，商务印书馆 1982 年版。

32. C.D.布劳德：《五种伦理学理论》，田永胜译，廖申白校，中国社会科学出版社 2002 年版。

33. 霍布斯：《利维坦》，黎思复、黎廷弼译，杨昌裕校，商务印书馆 1996 年版。

34. 列奥·施特劳斯：《霍布斯的政治哲学》，申彤译，译林出版社 2001 年版。

35. S.卢克斯：《个人主义》，阎克文译，江苏人民出版社 2001 年版。

36. M.桑德尔：《自由主义与正义的局限》，万俊人等译，译林出版社 2001 年版。

37.S.霍尔姆斯:《反自由主义剖析》,曦中等译,中国社会科学出版社2002年版。

38.约翰·格雷:《自由主义的两张面孔》,顾爱彬、李瑞华译,江苏人民出版社2002年版。

39.约翰·凯克斯:《为保守主义辩护》,应奇、葛水林译,江苏人民出版社2003年版。

40.丹尼尔·贝尔:《社群主义及其批评者》,李琨译,宋冰校,三联书店2002年版。

41.尤尔根·哈贝马斯:《包容他者》,曹卫东译,上海人民出版社2002年版。

42.尤尔根·哈贝马斯:《合法化危机》,刘北成、曹卫东译,上海人民出版社2000年版。

43.尤尔根·哈贝马斯:《在事实与规范之间:关于法律和民主法治国的商谈理论》,童世骏译,三联书店2003年版。

44.尤尔根·哈贝马斯:《交往行为理论》(第一卷 行为合理性与社会合理性),曹卫东译,世纪出版集团、上海人民出版社2004年版。

45.罗尔斯等:《政治自由主义:批评与辩护》,万俊人等译,广东人民出版社2003年版。

46.哈特:《法律的概念》,张文显等译,中国大百科全书出版社1996年版。

47.德沃金:《认真对待权利》,信春鹰、吴玉章译,中国大百科全书出版社2002年版。

48.米尔恩:《人的权利与人的多样性——人权哲学》,夏勇、张志铭译,中国大百科全书出版社1997年版。

49.迈克尔·H.莱斯诺夫:《二十世纪的政治哲学家》,冯克利译,商务印书馆2002年版。

50.以赛亚·伯林:《自由论》,胡传胜译,译林出版社2003年版。

51.川本隆史:《罗尔斯:正义原理》,詹献斌译,河北教育出版社2001年版。

52. 乔德兰·库卡塔斯、菲力普·佩迪特:《罗尔斯》,姚建宗、高申春译,黑龙江人民出版社 1999 年版。

53. 哈耶克:《自由秩序原理》,邓正来译,三联书店 1998 年版。

54. 哈耶克:《经济、科学与政治——哈耶克思想精粹》,冯克利译,江苏人民出版社 2000 年版。

55. 埃马纽埃尔·勒维纳斯:《塔木德四讲》,关宝艳译,栾栋校,商务印书馆 2002 年版。

56. 海德格尔:《存在与时间》,陈嘉映修订,三联书店 2000 年版。

57. 孙周兴选编《海德格尔选集》(上),上海三联书店 1996 年版。

58. 胡塞尔:《欧洲科学的危机与超越论的现象学》,王炳文译,商务印书馆 2001 年版。

59. 倪梁康:《现象学及其效应——胡塞尔与当代德国哲学》,三联书店 1996 年版。

60. 倪梁康:《胡塞尔现象学概念通释》,三联书店 1999 年版。

61. 莱昂·罗斑:《希腊思想和科学精神的起源》,陈修斋译,段德智修订,广西师范大学出版社 2003 年版。

62. 诺齐克:《无政府、国家与乌托邦》,何怀宏等译,中国社会科学出版社 1991 年版。

63. 麦金太尔:《追寻美德》,宋继杰译,译林出版社 2003 年版。

64. 文德尔班:《哲学史教程》上、下卷,罗达仁译,商务印书馆 1996、1997 年版。

65. 黑格尔:《哲学史讲演录》第二、四卷,贺麟、王太庆译,商务印书馆 1997、1996 年版。

66. 罗素:《西方哲学史》上、下卷,何兆武、李约瑟、马元德译,商务印书馆 1997 年版。

67. 梯利:《西方哲学史》(增补修订版),葛力译,商务印书馆 2001 年版。

68. 查尔斯·泰勒:《自我的根源:现代认同的形成》,韩震等译,译林出版社 2001 年版。

69.顾肃:《自由主义基本理念》,中央编译出版社 2003 年版。

70.克劳斯·黑尔德:《世界现象学》,孙周兴编,倪梁康等译,三联书店 2003 年版。

71.李德顺:《选择的自我——一位哲学家眼中的人生》,北京出版社 1998 年版。

72.熊十力:《十力语要》(一)、(二),辽宁教育出版社 1997 年版。

73.安东尼·德·雅赛:《重申自由主义》,陈茅等译,中国社会科学出版社 1997 年版。

74.埃德蒙·柏克:《自由与传统》,蒋庆等译,商务印书馆 2001 年版。

75.J.R.沙克尔顿和 G.洛克斯利编著:《当代十二位经济学家》,陶海粟等译,胡代光等校,商务印书馆 1999 年版。

后　记

初秋时节的武汉,忽热忽凉,有时甚至还有些寒意,对我着实是一种考验。面对电脑显示屏上的书稿,心中感慨万千。

本书在我的博士论文的基础上修改而成,虽然今天离我通过博士答辩的日子已有 14 个年头了,但这次出版前的修改,我还是有很多力有不逮之处,留待后续努力吧! 在论文修改过程中,当年论文写作和博士阶段求学的情景时时历历在目。

我对罗尔斯的兴趣由来已久,硕士论文做的就是《社会主义市场经济条件下分配正义的实现》(2002 年),指导老师是林剑教授。可惜的是当时对罗尔斯著作的英文原文直接阅读不多,所使用的主要资源也只是罗尔斯《正义论》的中译本,硕士论文通过答辩之后,我定下了进一步研究分配正义问题的目标,这目标让我下定了"弄懂罗尔斯正义理论"决心。但是决心易下,做起来还相当难。阅读罗尔斯的著作并不是一件轻松的事;加上我的专业是马克思主义哲学原理,阅读、研究罗尔斯总让很多人觉得、自己也时不时觉得是"不务正业",这些让我徘徊了一段时间。这种徘徊在跟随我的博士导师李德顺教授学习价值论后,慢慢有了改变。不知从哪里来的一股牛劲儿,我给自己下达的任务就是沟通"主体性价值论"和罗尔斯的正义理论,并且自认为这是研究罗尔斯的一个独特视角。我的这个想法得到了李老师的首肯。他同时告诫我,第一要注意自己的专业,不能是西哲史的做法;第二要找好切入点,找到二者确实可以贯通的地方。

秉承导师的指导,我开始着手阅读罗尔斯的著作,琢磨主体性价值论思想,思考可以把二者贯通起来的东西。一次次的"山重水复",一次次的"柳暗花明",我把握到:主体性分析方法是研究规范问题的一种有效工具。因为规范牵涉不同个体的利益的界分与保护,所以规范的制定与执行必须考虑多元利益主体之间的相似性与差异性,这样的规范才是促进人们利益实现的,才是为人们服务的,才是尊重人的;罗尔斯的正义理论是一种规范理论,可以运用主体性分析方法进行研究,主体性分析视角的研究需要思考与规范的制定和贯彻相关的主体性问题,如作为立法者的强势群体如何照顾并非现实的立法者的弱势群体的利益,因为强势群体成员和弱势群体成员都是规范的价值主体;人们应当如何调整自己作为行为主体的行为和作为规范客体的行为……这些问题罗尔斯有或直接或间接的回答。运用主体性分析方法解读罗尔斯,我更加明确罗尔斯"方法论个人主义"的方法特色,在他那里,唯有个人层次的个体才是真实的;明确罗尔斯理论研究的层次,即社会基本结构安排的宏观规范层次,后来他进一步把着力点确定到政治领域;明确罗尔斯在国家间关系处理上的"合理性"限度……所有这些"把握"与"明确"离不开导师的激励与启发,与导师讨论论文的场景仿佛就发生在昨日,最难忘导师帮我修改论文的认真细致,特别是导言部分,来来回回回不下 10 次。

在此,我要对李德顺教授表示我最诚挚的感谢,感谢他 2002 年以来对我的持续不断的关爱。

感谢社科院哲学所里诸位老师,吴元樑研究员、甘绍平研究员、江怡研究员、朱葆伟研究员、李鹏程研究员、李景源研究员等。

感谢林剑教授、高新民教授、储昭华教授、李世琳教授等,他们在我离开华中师大在北京求学期间以及在工作中仍然在学习、生活上悉心关照我。

感谢我的师兄师姐们,孙伟平教授、杨学功教授、孙美堂教授等。

感谢我的爱人程英女士和我们的家人对我的支持和包容。爱人对我鼓励与支持最大,她让我这颗漂泊的心找到了停靠的永久港湾,她给我力量和信心。

感谢在心灵"成长"路上陪伴我的犬子泊鑫,感谢他总能原谅我的不时急躁甚至失控,尽管他的成长速度远高于我的,但我还是老嫌他"长"慢了。

最后,我的感谢还要献给翻译、研究罗尔斯的诸多学者,尤其是廖申白教授、万俊人教授、何怀宏教授、龚群教授等。

是这些爱我的人的无私奉献"生成"了今天的我。我当不断努力，不辜负这些爱我的人，才算挣得了这些"应得"。

路漫漫其修远兮，吾将上下而求索！

舒年春

2019 年 9 月于喻家山下

责任编辑：洪　琼

图书在版编目（CIP）数据

正义的主体性建构：罗尔斯正义理论研究/舒年春 著. —北京：人民出版社，
　2020.10
ISBN 978－7－01－021362－0

Ⅰ.①正…　Ⅱ.①舒…　Ⅲ.①罗尔斯（Rawls,John Bordley 1921-2002）-
　正义-理论研究　Ⅳ.①B712.59

中国版本图书馆 CIP 数据核字（2019）第 219599 号

正义的主体性建构
ZHENGYI DE ZHUTIXING JIANGOU
——罗尔斯正义理论研究

舒年春　著

人民出版社 出版发行
（100706　北京市东城区隆福寺街 99 号）

北京汇林印务有限公司印刷　新华书店经销

2020 年 10 月第 1 版　2020 年 10 月北京第 1 次印刷
开本：710 毫米×1000 毫米 1/16　印张：17.25
字数：270 千字

ISBN 978－7－01－021362－0　定价·59.00 元

邮购地址 100706　北京市东城区隆福寺街 99 号
人民东方图书销售中心　电话（010）65250042　65289539